LA
GRANDE
ARCHE

FRANÇOIS CHASLIN · VIRGINIE PICON-LEFEBVRE

LA
GRANDE
ARCHE
DE LA
DÉFENSE

Electa Moniteur

Ce livre n'aurait pas pu voir le jour sans le concours de l'Établissement public de l'Arche de la Défense, de la Société d'économie mixe Tête-Défense, et de la Caisse des dépôts et consignations.

This book couldn't exist without the help of the EPAD, the SEM Tête-Défense, and the Caisse des dépôts et consignations.

Le texte de Virginie Picon-Lefèbvre est issu d'une recherche menée dans le cadre du CEBTP, financée par le programme « Lieux de travail et construction publique » du Plan construction et architecture du ministère de l'Equipement, du Logement, des Transports et de la Mer.
L'auteur remercie toutes les personnes qui ont bien voulu répondre à ses questions, ainsi que Catherine Brin et Maïté Hudri pour leur aide efficace.

The text by Virginie Picon-Lefèbvre is the fruit of research done in the framework of the CEBTP, and financed by the Working Places and Public Building Programme of the Construction and Architecture Plan drafted by the French Ministry of Facilities, Housing, Transports and the Sea.
The author would like to thank all those who kindly answered her questions, as well as Catherine Brin and Maïté Hudri for their invaluable help.

Traduction :
Ronald Corlette Theuil

Translation :
Ronald Corlette Theuil

Conception graphique :
François Mutterer
assisté de The Hung
Couverture : Moniteur

Layout :
François Mutterer
assisted by The Hung
Front cover : Moniteur

Texte de François Chaslin :
● pour les pages 18 à 67, © Gallimard 1985, *les Paris de François Mitterrand*, p. 155 à 185.
● pour les pages 68 à 123, © François Chaslin.

17

PREMIERE PARTIE

Un monument en perspective
par François Chaslin

125

DEUXIEME PARTIE

Les défis de l'Arche
par Virginie Picon-Lefèbvre

126

Les forces en présence

138

Programme public ou bureaux privés?

148

Les études : théories et pratiques

160

Le chantier

202

Plans

214

Maîtrise d'ouvrage et maîtrise d'œuvre

215

Entreprises

216

Crédits illustrations

17

PART ONE

A monument in perspective
by François Chaslin

125

PART TWO

The challenges of the Arch
by Virginie Picon-Lefèbvre

127

The forces on the scene

141

Public facilities or private offices?

151

The studies : theories and practices

165

The worksite

202

Plans

214

Contracting authority, architect engineer

215

Enterprises' listing

216

Illustrations credits

UN MONUMENT
EN PERSPECTIVE

A MONUMENT
IN PERSPECTIVE

Le site de la Défense en 1936 ● *The la Défense site in 1936.*

C'est une aventure de trente ans que vient clore, ou plutôt ne pas clore, l'Arche de Spreckelsen. Plus qu'aucune autre opération d'urbanisme, la Défense témoignerait, si l'on pouvait en faire l'histoire, des hésitations de l'Etat confronté aux décisons d'architecture, de la tentation de marquer un site, une époque, par quelque chose « de grand » et de l'incapacité à choisir, finalement, ou à maintenir durant plusieurs années, face aux aléas de l'économie, aux manœuvres des uns et des autres, aux mouvements de l'opinion, un dessein suffisamment ferme. Georges Pompidou a hésité, manquant de conviction ; Valéry Giscard d'Estaing, louvoyé trop longtemps ; et quand il a enfin tranché, c'était à quelques semaines des élections qu'il devait perdre. François Mitterrand, instruit de ces échecs, a joué vite et, conscient de ce que ses successeurs pourraient ne pas poursuivre ce qu'il entreprenait, il a hâté, à la limite du possible, l'effort fourni par l'administration, les concepteurs, les bureaux d'études, les entreprises, afin de créer l'irréversible.

Pourtant, ici, à la différence des Halles, il n'y a pas affrontement de deux pouvoirs : celui de l'Etat et celui de la Ville. On est dans une zone neutre, contrôlée par la puissance publique depuis la création, en 1958, de l'établissement public pour l'aménagement de la Défense, EPAD, pourvu d'un bail de trente ans, au carrefour du territoire de deux municipalités (Courbevoie et Puteaux).

LES GRANDS SERVITEURS DE L'ETAT GAULLISTE

L'affaire a commencé vers 1955 ou 1956 lorsque, d'initiative privée, fut décidée la construction du palais d'expositions du Centre national des Industries et des Techniques, le Cnit aux superbes voûtes triangulaires, sur les hauteurs de la butte de Chantecoq. C'est là-même, et pas en n'importe quel autre point des 160 hectares qu'englobe le périmètre piriforme de l'opération de la Défense, c'est là-même, face au Cnit, que depuis plus d'un quart de siècle se succèdent les décisions gouvernementales les plus contradictoires : à elles seules, un condensé des politiques ou des idéologies urbaines de toute cette période.

Les premiers projets d'aménagement de la Défense, un moment suspendus à un espoir d'exposition universelle, datent du début des années cinquante. Ils furent l'œuvre de la trinité des concepteurs du Cnit : Camelot, de Mailly et Zehrfuss, auxquels, après sa création, l'EPAD associa Auzelle et Herbé.

C'était l'époque de pleine autorité des Grands Prix de Rome. Vers l'été 1960, on se mit d'accord sur un plan de masse définitif ; le parti était figé dans ses grandes lignes, il restera pratiquement inchangé jusqu'à la fin des années soixante.

C'était un étrange mélange d'académisme Beaux-Arts et de modernisme bien aéré, un dispositif assez semblable à ceux qui furent adoptés dans les ensembles de logement social. Régularité, calme, symétrie, quelques discordances subtilement dosées, et un point d'orgue, un « événement » unique parmi cette belle ordonnance d'art urbain volontariste et cartésien : une tour très haute, ou plutôt quatre tours, déboîtées en trépan, solidaires, noble sculpture qui pouvait culminer à 250 mètres si l'on voulait.

« Nous allons montrer aux Américains un gratte-ciel de conception française », confiait Bernard Zehrfuss, de sa « voix égale », à *France-Soir* : « Mon gratte-ciel sera conçu comme une avenue verticale ; le long de cette avenue, il y aura cinq places, distantes de 40 mètres, qui seront les plates-formes et distribueront chacune quatre buildings. Si bien qu'il s'agit non pas de la conception genre gratte-ciel Etats-Unis, mais de vingt immeubles posés les uns au-dessus des autres. »

Un symbole de la puissance du pays, dressé seul au sein d'un urbanisme retenu, où les tours de même hauteur (100 mètres, bien entendu, chiffre parfait) alternaient avec des immeubles bas, fermés en rectangle autour de cours inspirées de celle du Palais-Royal : une silhouette homogène, « et non plus déchiquetée tels les gratte-ciel de New York ».

L'ensemble composait un parterre « à la française », simple, de grand goût, un peu ennuyeux, produit et image d'une société dans laquelle coopéraient des aménageurs dotés de pouvoirs absolus et des hommes de l'art héritiers de deux ou trois siècles de tradition nationale.

Les choses allèrent ainsi assez longtemps, de ce pas souple et cadencé, tant que la Défense ne fut pas pleine. Le plan de 1964 avait la même sénérité physique ; lui aussi était un « grand serviteur » de l'Etat. Aux belles heures de l'ère gaullienne, en 1967, *Paris-Match* faisait sa couverture d'une gouache figurant « dans vingt ans » la Défense terminée, de part et d'autre d'une future « avenue du Général-de-Gaulle » (l'actuelle dalle) ; au fond de la perspective, face au Cnit, régnait la tour quadripode de Zehrfuss, soixante étages, « un équilibre de volumes, et non une symétrie ».

If the story could be told, that of la Défense would bear witness more than any other urbanism operation to the State's dithering in decisions concerning architecture, to the temptation to mark a site and a period by something «grand», and all in all, to the incapacity to choose or even to maintain for a few years running – what with the hazards of the economy, the manoeuvres of one party or another, and the shifts in opinion – a sufficiently firm project. Georges Pompidou was hesitant, lacking conviction. Valéry Giscard d'Estaing kept tacking about too long, and when he at long last made up his mind, it was just a few weeks before the elections he was to lose. François Mitterrand, schooled in adversity, took rapid action and, knowing that his successors might not keep up the good work he had begun, stepped up to the utmost the effort made by the administration, the designers, the consultancies and the firms in order to create the irreversible.

Even so, unlike at Les Halles, there was no confrontation here between two powers : that of the State and that of the City. We are in a neutral zone, controlled by public power since the setting up in 1958 of the establishment for the planning of la Défense, EPAD, with a thirty year lease, at the territorial crossroads of two municipalities (Courbevoie and Puteaux).

THE GREAT SERVANTS
OF THE GAULLIST STATE

The affair began around 1955 or 1956 when, on private initiative, the decision was taken to build an exhibitions hall for the Centre national des Industries et des Techniques, the Cnit, with its superb triangular vaults, on the heights of Chantecoq (literally «cockcrow») hill. And it has been right there and not just in any old point of the 160 hectares included in the pear-shaped perimeter of the la Défense operation, there and nowhere else, opposite the Cnit, that for over a quarter of a century the most contradictory government decisions have followed one after the other; in themselves a condensed version of the urban policies and ideologies of the entire period.

The first development schemes for la Défense – attached at one time to hopes of a universal exposition – date back to the early Fifties. They were the work of the Cnit's trinity of designers : Camelot, de Mailly and Zehrfuss, to which the

EPAD, after its creation, associated Auzelle and Herbé. Those were the high tide days of the Grands Prix de Rome. Towards the summer of 1960, a definitive development plan was agreed on; the entirety was frozen to attention in its guidelines and was to remain practically unchanged up until the end of the Sixties. It was a strange mix of Beaux Arts' academism and airy modernism, a plan of action not unlike those that had been adopted in social housing complexes. Regularity, calm, symmetry, a few subtly evoked discordances, and one soaring organ burst, an «event» unique in this handsome order of strong-willed and Cartesian urban art: a very high tower, or rather four towers in the shape of a trepan, standing together, that could rise up 250 metres if so desired. «We're going to show the Americans a French-designed skyscraper», Bernard Zehrfuss remarked to France-Soir in his even voice. «My skyscraper will be designed as a vertical avenue; at forty metre intervals along this avenue there will be five platforms each of which will distribute four buildings. In this way the design is not that of a US skyscraper but of twenty buildings stacked on top of each other. »

A power symbol for the land, set alone amidst subdued urbanism where towers of equal height (100 metres of course, a perfect figure) would alternate with lower buildings, huddled in rectangles around Palais-Royal inspired courtyards : a homogeneous silhouette, «and not pulled to pieces like that of the New York skyscrapers». The whole constituted a flowerbed à la française, simple, in the best taste, a trifle boring, the product and image of a society where planners with absolute powers cooperated with practitioners of the art – the heirs of two or three centuries of rational tradition.

Things went on at this easy and steady pace for quite some time, as long as la Défense was not full. The 1964 plan had the same physical serenity; in its own way it too was a «great servant» of the State. In 1964, in the heyday of the Gaullian era, Paris-Match made a cover of a gouache representing la Défense «in twenty years' time», completed and lying either side of a future «avenue du Général-de-Gaulle» (the present-day «slab»); throning in the distance, opposite the Cnit, was the four-tipped, sixty-four floor Zehrfuss tower, «an equilbrium of volumes, and not a symmetry».

De haut en bas : deux
esquisses pour le Cnit
et la future Tête-Défense
élaborées en 1953-54
par les Grands prix de Rome
Camelot, de Mailly et
Zehrfuss.
Etude pour la région de la
Défense par Camelot, de
Mailly et Zehrfuss. Montage
de la fin 1955 : un univers
spatial proche de celui des
grands ensembles. A gauche
de l'axe, le site d'une
exposition universelle à
l'étude.

Page de droite, de haut en
bas :
esquisse de traitement du
site jusqu'à Saint-Germain-en-
Laye avec l'hypothèse d'une
exposition universelle. Eté
1955 : Camelot, de Mailly
et Zehrfuss.
Dessin d'étude de 1955 où
apparaît une tour signal,
reliée au Cnit par un parvis
surélevé. Camelot, de Mailly
et Zehrfuss.
Croquis d'ambiance le long
de l'avenue urbaine avec, au
fond, le Cnit et la tour
signal. 1956-57 : Camelot,
de Mailly et Zehrfuss.
●

From top to bottom : two
futuristic sketches for the
Cnit and the Tête-Défense
elaborated in 1953/54 by
the Grand Prix de Rome
winners Camelot, de Mailly
and Zehrfuss.
Study for the la Défense
region by Camelot, de
Mailly and Zehrfuss. A
montage dating from late
1955 : a spatial
environment close to that of
big complexes. Left of the
axis, the site of the
universal exposition under
study.
Opposite page, from top to
bottom : sketch for treatment
of the site as far as Saint-
Germain-en-Laye, with the
hypothesis of a universal
exposition. Summer 1955 ;
Camelot, de Mailly and
Zehrfuss.
Draughted study dating
from 1955 showing a signal
tower linked to the Cnit by
a raised open space.
Camelot, de Mailly and
Zehrfuss.
Atmosphere sketch along the
urban avenue with, in the
distance, the Cnit and the
signal tower. 1956/57 ;
Camelot, de Mailly and
Zehrfuss.

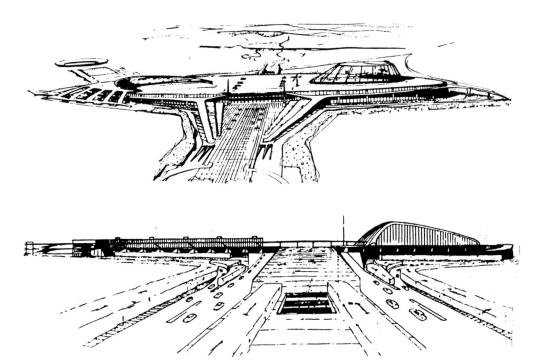

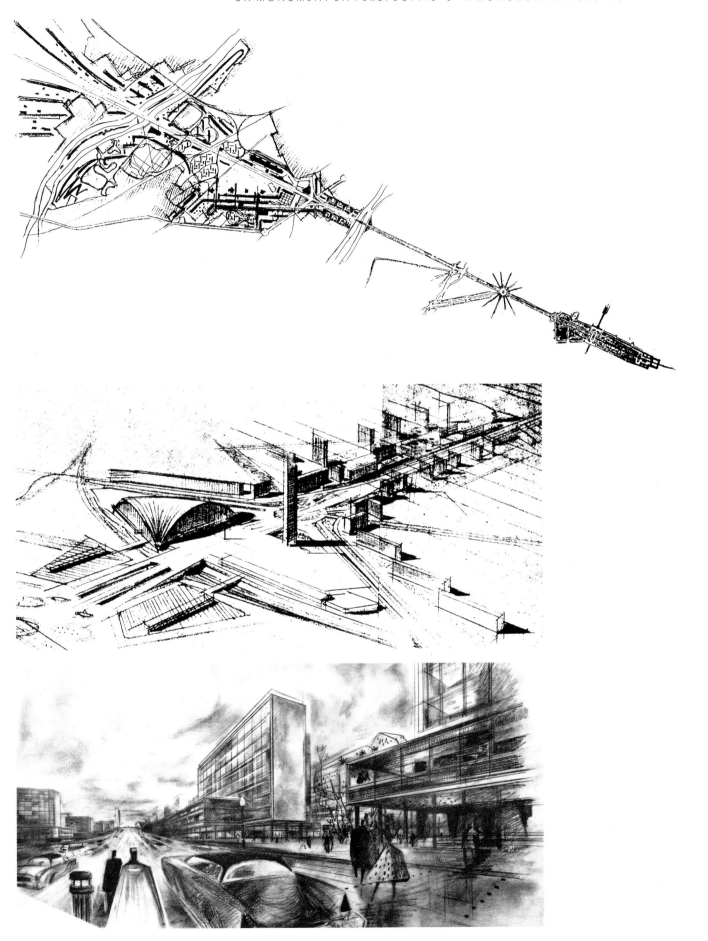

De haut en bas : deux
esquisses de tour par Robert
Camelot, 1957.
Le projet de 1957. Le
principe d'une tour de
200 mètres est arrêté ; elle
figure au plan-masse.
Page de droite : la
construction du Cnit en 1957
s'effectue au bord de l'ancien
rond-point de la Défense,
dans un paysage de vieille
banlieue pavillonnaire. Le
bâtiment avait été conçu par
les trois prix de Rome
Camelot, de Mailly et
Zehrfuss, et l'ingénieur
Esquillan.

●

*From top to bottom : two
sketches of a tower by
Robert Camelot, 1957.
The 1957 project. The
principle of a 200 metres
high tower is settled ; it
figures in the block plan.
Opposite page : the
construction of the Cnit in
1957 beside the old la
Défense roundabout, amidst
an old suburban landscape
of small houses. The
building was designed by
the three Grand Prix de
Rome winners, Camelot, de
Mailly and Zehrfuss, with
the engineer Esquillan.*

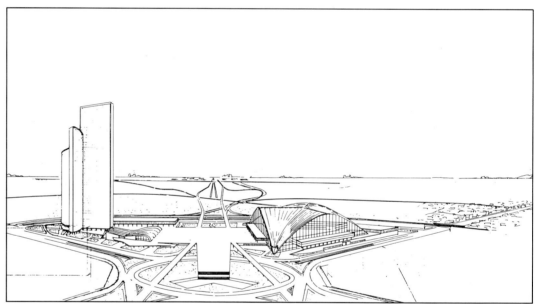

De haut en bas : projet EPAD de 1958, avant la dalle ; une autoroute court dans l'axe du quartier.

Projet EPAD de septembre 1959 ; une dalle couvre l'ancien rond-point ; la tour Zehrfuss se dresse à gauche du Cnit. Noter le vélodrome circulaire, longtemps projeté, et les grecques de logements qui enlacent les tours de bureaux.

Projet EPAD de 1960 ; il sera pratiquement inchangé jusqu'à la fin de la décennie. Logements en « palais-royal » et rythme régulier des tours de 100 mètres. La tour signal de Zehrfuss s'est précisée.

Page de droite : maquette des circulations de 1960. De fluides réseaux routiers, une dalle piétonne générale. Le réseau des voiries aux alentours du Cnit : une logique en partie souterraine.

●

From top to bottom :
EPAD project from 1958, before the slab; a short motorway along the axis of the quarter.

EPAD project from September 1959; a slab covers the old roundabout; the Zehrfuss tower stands to the left of the Cnit. Notice the circular velodrome, projected for a long time, and the frets of housing blocks lacing the office towers.

EPAD project from 1960; it was to remain virtually unchanged till the end of the decade « Royal palace » housing and the regular rhythm of 100 metres high towers. Zehrfuss's signal tower has come into focus.

Opposite page : circulation model from 1960. Fluid road networks, an overall pedestrian slab.

The network of roadworks round the Cnit : a partly subterranean logic.

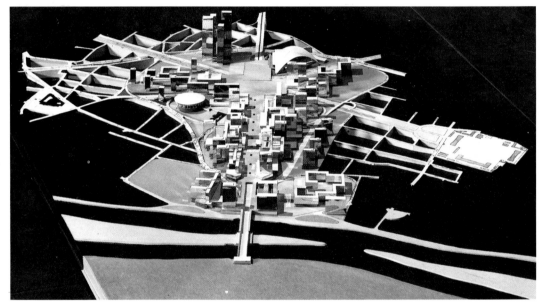

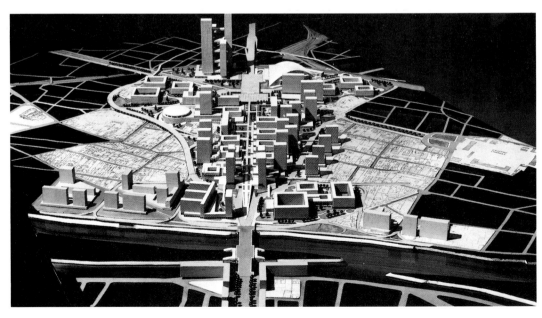

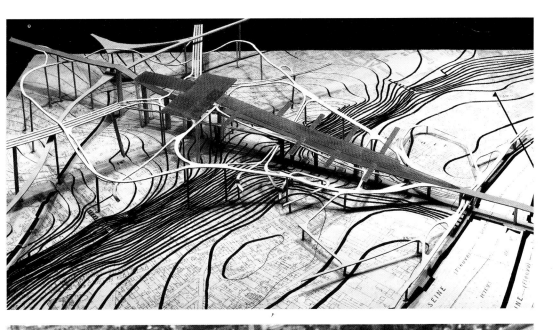

Le projet de 1960, pratiquement inchangé, est publié dans le fameux numéro de Paris-Match de juillet 1967 : « Paris dans vingt ans ». Mais le plan-masse très régulier des prix de Rome va bientôt être bouleversé, à la demande du ministre Albin Chalandon, dans l'atmosphère plus libérale que dirigiste de la fin du gaullo-pompidolisme. Et la tour de Zehrfuss, trop chère, sera abandonnée au profit d'autres propositions. Le problème de la Tête-Défense sera le grand débat des années soixante-dix.

●

The 1960 project, virtually unchanged, was published in the famed July 1967 number of Paris-Match – « Paris in twenty years' time ». But the regular block plan of the Prix de Rome winners was soon to be bowled over on the demand of then minister Albin Chalandon, in the more liberal than managerial atmosphere prevalent at the end of the Gaullo-Pompidolist era. And Zehrfuss's tower – too costly – was to be abandoned in favour of other proposals. The la Défense problem was to be a major topic of discussion during the Seventies.

Voici la Défense achevée : 100 000 personnes travailleront dans ces 24 tours climatisées

La Défense qui est actuellement un immense chantier va devenir le principal centre d'affaires de Paris : dès 1980, 100 000 personnes travailleront dans ses 950 000 m² de bureaux climatisés (on voit la centrale dispensatrice de chaud et de froid à l'arrière-plan du dessin), et 20 000 Parisiens y habiteront. A partir du pont de Neuilly toute la circulation à la Défense se fera sous une dalle de béton de 1 200 mètres de long qui recouvrira 11 km de routes, 25 000 places de parking et le plus grand échangeur souterrain du monde. Coût total des travaux : 3 milliards de francs (dont 25 % seulement supporté par l'Etat).

TOUR A TOUR :
LE LIBERALISME ET LES TABOUS

Et puis, en juillet 1972, éclata subitement le scandale : une tour désinvolte faisait son apparition derrière l'arc de triomphe de l'Etoile, insupportable irruption dans le ciel parisien de ce quartier qui ne gênait pas la ville tant qu'il faisait discrètement ses petites ou grandes affaires à plus de quatre kilomètres de là et ne se montrait pas. En fait, cette hurluberlue de tour (celle du Gan), tout étonnée sans doute d'être vue, était, avec ses 170 mètres, l'avant-coureuse d'une compagnie de sept autres gaillardes dont celle de la Fiat, prévue pour atteindre 190 mètres. Le marché ayant changé, les besoins des sociétés étant beaucoup plus importants que par le passé, c'est assez naturellement, et sans songer à mal, que les administrateurs de la Défense avaient accordé des autorisations de construire plus substantielles, propres d'ailleurs à leur faire récupérer plus vite leurs investissements. Un nouveau plan, hirsute, plus vivant à certains égards, plus empirique, s'était substitué à celui des Prix de Rome. Une logique à l'américaine bouleversait leur savant jeu de quilles.

Le tapage fut énorme, en une époque riche en scandales, notamment dans le domaine immobilier. Défigurer ainsi, à quelques jours de la fête nationale, cet horizon où pour l'âme patriote se couche le soleil rouge d'Austerlitz, paraissait impardonnable. « En défilant de l'Arc de triomphe à la place de la Concorde, écrivait *Le Monde* du 14 juillet, les militaires descendront les Champs-Elysées dans le bon sens. Mais c'est dans l'autre sens, vers l'Arc, que se tourneront les regards des Parisiens : pour s'étonner de ce squelette de béton qui s'élève. » Les pieuses associations traditionnelles exigèrent « l'arasement », rejointes sur cette position par le ministre de l'Economie et des Finances, Valéry Giscard d'Estaing qui, dans une lettre publique au Premier ministre, réclama que les tours fussent ramenées à 100 mètres :

« que demander de plus à un "pas" candidat... mais à la présidence de la République ? », interrogea *Le Canard enchaîné*.

L'axe historique, l'axe sacré qui court depuis les Tuileries jusqu'à la plaine de Montesson, avait éclos. Les tours se firent ; aujourd'hui, personne ne les remarque plus, ou du moins ne s'en choque. Mais le bâtiment ultime, au bout de la composition, n'en fut que plus problématique. Cet axe immatériel devenait un fil brûlant, un impalpable tabou. Or, les études pour achever le quartier avaient progressé. Vers 1969 ou 1970, le promoteur Aaron et la Sefri avaient été chercher Ieoh Ming Pei à New York pour qu'il construise, face au Cnit, à l'emplacement prévu de longue date, la plus haute tour d'Europe, soixante-dix étages, peut-être quatre-vingts. Et c'est ce petit diable de Chinois qui proposa de déplacer le programme, jusqu'ici latéral, pour bâtir en plein milieu une sorte de V gigantesque, de plus de 200 mètres, double gratte-ciel triomphaliste, geste aussi gaullien que sera mitterrandienne l'impénétrable et grave pyramide du Louvre[1]. C'est à ce moment qu'est née cette « Tête-Défense » qui allait agiter les esprits si longtemps, sans que jamais, ni par commande directe ni par concours, on parvienne à un projet suscitant un jugement unanime, jusqu'à ce qu'un architecte danois, parfaitement inconnu, imagine en 1982 ce cube évidé, cette interrogation, « plutôt teste bien faicte que bien pleine ».

L'AXE ET LES MIROIRS DU POMPIDOLISME

Pei était en rivalité avec un architecte qui avait ses entrées dans le pompidolisme : Emile Aillaud, figure éminemment précieuse et lettrée, prince du logement social, auteur, entre autres ensembles, de la fameuse Grande Borne[2]. Accompagnant trois tours en forme de prismes élémentaires, blanche, grise et noire, Aillaud proposait deux immeubles concaves, formant une manière de demi-cercle ouvert sur Paris, inspiré du fan-

---

1. « La Défense est un chaos, disait Pei ; il est indispensable de la stabiliser. Mon projet, c'est un peu comme un grand-père, assis au milieu d'une tablée d'enfants qui chahutent. Soudain, il en a assez. Il plante ses coudes sur la table et dit d'une grosse voix : Maintenant, du calme ! » Après divers tâtonnements sur un thème symétrique, Pei fit deux projets officiels. D'abord, le spectaculaire « diapason » proposé début 1971, surélevé à la manière d'un pont suspendu, que quelques mois plus tard il jugera d'une « monumentalité hors de proportion avec sa destination d'immeuble commercial ; puis deux éléments à surfaces réglées et réfléchissantes ouverts en direction de Paris, projet présenté en septembre puis retravaillé l'année suivante.

2. Le projet Pei est antérieur à celui d'Aillaud qu'il a, en quelque sorte, déclenché. Comme il remettait radicalement en cause ses options, l'EPAD a voulu le soumettre à quelques personnalités. Aillaud, après avoir griffonné une esquisse, se serait vu confier un contre-projet par Jean Millier, président de l'EPAD, en septembre 1971. Il a écrit : « J'avais suggéré que c'était bien pompier. Jean Millier me demanda une idée. Il m'en vint une le dimanche suivant : elle lui plut et j'en fis une maquette. Je n'ai donc eu à l'origine ni avidité ni espérance, habitué que je suis à ce que les tribulations accompagnent la marche et surtout n'ayant jamais, ma vie durant, convoité d'affaires officielles, pour n'avoir aucun contact avec le redoutable establishment architectural. »

TOWER TO TOTEM :
LIBERALISM AND TABOOS

And then, in July 1972, scandal suddenly blew sky high : a nonchalant tower had shown up behind the Arc de triomphe at l'Étoile, the insufferable irruption into the Parisian skyline of this business quarter that didn't bother the city much as long as kept its nose in its little and big business a good four kilometres away and did not show itself. In fact, this eccentric tower (that of the Gan), no doubt bewildered at attracting so much attention with its 170 metres, was to be the herald of seven other strapping giants of which the Fiat tower, slated to reach 190 metres. What with market changes and the needs of companies greater than in the past, it was with quite natural ease and no evil intent that la Défense administrators issued more substantial building permits, the which moreover would be more likely to refund their investments sooner. A new plan, hirsute, in certain respects more lively and more empiric, had taken the place of that of the Grands Prix de Rome. An American-style logic was bowling over their stilted game of skittles.

The furore – in an era rich in scandals, notably in the real estate field – was enormous. To disfigure in this way, only a few days before the national holiday, the very horizon where for the patriotic soul the bloody sun of Austerlitz still set seemed unforgivable. « Marching from the Arc de triomphe to the place de la Concorde », read Le Monde *on July 14, « the soldiers will be heading down the Champs-Elysées in the right direction. But it is in the opposite direction, towards the Arc, that the eyes of the Parisians will turn : bewildered by the concrete skeletons rising up there ».*

The traditional pious associations called for its « razing » and were supported in this

position by the then minister for Economy and Finances, Valéry Giscard d'Estaing, who, in a public letter to the then prime minister, demanded the tower be lopped to a hundred metres : «what more could one expect of a "non" candidate... but one to the presidency of the Republic», queried Le Canard Enchaîné.

The historical axis, the sacred way running from the Tuileries to the Montesson plain, had unfolded. The towers went up; nowadays no one even notices them any more, or at least no one is shocked by them. But the very last building, topping the composition, was no less problematical. This immaterial axis was becoming a red hot wire, an untouchable taboo. And studies for the completion of the quarter had gone ahead. Towards 1969 or 1970, Aaron and the real estate developer Sefri sought out Ieoh Ming Pei in New York to have him build, adjacent to the Cnit and on the site that had long been designated, the highest tower in Europe : seventy-two floors, perhaps even eighty. And it was this little devil of a Chinaman who proposed shifting the programme's emphasis – up till then lateral – to build right bang in the middle of it all a sort of gigantic V, over two hundred metres high, a triumphalist double skyscraper, a gesture that would have been as Gaullian as the impenetrable and grave Louvre pyramid was to be Mitterandian.[1]

It was at this time that the "Tête-Défense" came into being, a concept which was to cause so much trouble in mind for so long without even giving rise to a unanimous judgement, either by a direct commission or a contest, right up until the time that a completely unknown architect was to think up, in 1982, a hollowed-out cube, a query, "a good-looking head rather than one well-filled".

A gauche : l'apparition du noyau de la tour Gan dans le ciel parisien va, en juillet 1972, créer une vive émotion.
A droite : Emile Aillaud fait dessiner une simulation de l'effet de ses deux immeubles-miroirs dans la perspective des Champs-Elysées.

●
Left : the core of the Gan tower appearing on the Parisian skyline, in July 1972, sparked off a row. Right : Emile Aillaud had an artist's impression done of the effect of his mirror-buildings on the Champs-Elysées perspective.

1. *« La Défense is a chaos », pointed out Pei, « it is vital that it be stabilised. My sheme is a little like a grandfather sitting at a table amidst rowdy children. All of a sudden he's had enough. He plants his elbows on the table and says in a booming voice : "Calm down now !". » After working around a symmetrical theme, Pei produced two official projects. First, the spectacular « tuning fork » of early 1971, raised like a suspension bridge, that a few months later he came to see as having a « monumentality out of keeping with its vocation as a commercial building ». And then two elements with ruled and reflecting surfaces open towards Paris; a project presented in September and worked up again the following year.*
Pei's project preceded that of Aillaud, which in some respects it triggered off. Since it called their own options

radically into question, the Epad decided to submit it to the scrutiny of several well-known figures. As the story goes, Émile Aillaud, after doing a sketch on the edge of a tablecloth, was asked to do a counter-project by his old acquaintance Jean Millier, who at the time – September 1971 – was Epad chairman.
Aillaud himself was to write : "I had suggested that it was quite pretentious. So Jean Millier asked me for an idea. I hit on one the following Sunday : he liked it and I made up a model. In the beginning then there was neither greediness nor high hopes on my part, used as I was to trials coming hand in hand with the unfolding of a project, and having never in all my life hankered after official business, so as not to have to enter into a contract with the fearsome architectural establishment".

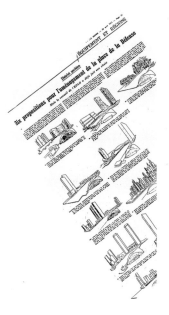

tastique four solaire d'Odeillo, et qui auraient constitué « deux miroirs paraboliques, l'un argenté, l'autre noir, offrant à la ville une double image d'elle-même, précise et inversée, obscure et claire, gigantesque et précieuse ; une des formes du merveilleux de notre époque ; l'équivalent des anamorphoses, ces magies artificielles à résonances occultes que les artistes de la Renaissance poursuivaient, en dévoyant les découvertes des sciences ». Le V de Pei, lui, semblait n'être que « la porte d'Orléans sans Leclerc ». Alors, « pourquoi pas un reflet ? ». En tout cas, il trouvait intolérable que des tracés d'autres époques « bornent la respiration de la nôtre ».

Un des architectes-conseils de l'EPAD, Daniel Badani, en démissionna ce même mois de juillet 1972, pour marquer son hostilité au projet Aillaud « qui fermerait irrémédiablement l'axe », formant, de ses 70 mètres de haut, un immeuble de 300 mètres de large, six étages plus élevé que celui de Maine-Montparnasse. La presse trouva une matière passionnante pour animer l'été 1972, donnant la parole aux lecteurs scandalisés par ces tours et miroirs, et à ceux qui, comme l'ancien préfet de région Paul Delouvrier, y voyaient « un jaillissement monumental, une explosion de vie ».

Fin septembre, on apprenait qu'après que Georges Pompidou eut été consulté, « consulté comme un simple citoyen, écouté comme un monarque », écrivait *Le Point*, on avait décidé que les tours ne seraient pas « raccourcies » ; mais, le 1er octobre, une lettre du chef du gouvernement, Pierre Messmer, annonçait qu'en revanche le projet d'immeubles-miroirs était repoussé. Que faire alors ? Le président de la République, dans une longue interview au *Monde* sur les sujets d'art et d'architecture, avouait son embarras : le projet d'Aillaud lui paraissait « très beau », mais il avait dû admettre les réserves formulées, « notamment par l'Académie d'architecture unanime » ; il songeait à une consultation de quelques concepteurs, certainement pas à un concours comme cela avait été le cas pour Beaubourg l'année précédente, où il avait dû s'« incliner » devant le jugement[3]. « Un concours ? la

pire des choses, reprenait Emile Aillaud dans les colonnes du *Figaro*. C'est une idée d'administratif qui se lave les mains. Il faut avoir l'audace, effectivement régalienne, de choisir. » Et d'insister : « après la colline de la Défense, le tissu urbain n'existe plus ; ce n'est qu'un panorama ferroviaire anarchique, coupé de cimetières et d'usines. Une perspective qui a huit kilomètres ne peut durer jusqu'à la mer... Au-delà d'une certaine mesure, la voie "royale" ou "triomphale" n'est plus qu'une route et passe du domaine monumental à celui de la voirie. »

Une consultation fut quand même organisée à l'initiative de l'EPAD : Pei et Aillaud, une poignée de ces Prix de Rome constitués depuis quinze ans en divinités tutélaires de la Défense, et quelques nouveaux venus : Pottier, Belmont, Ciriani/Huidobro et Kalisz... Treize plans au total. Pei avait affiné et plus souplement galbé ses deux bras tendus vers le ciel ; Aillaud avait ramené à 55 mètres ses immeubles-miroirs pour qu'ils ne puissent être vus qu'entre la Concorde et l'Etoile ; enfin, c'est lui qui fut officiellement retenu le 10 juillet 1973 par le ministre de l'Aménagement Olivier Guichard. Et pour la première fois, effet nouveau du mythe de l'axe, on annonçait que mettre en un tel lieu des bureaux privés pouvait relever d'un privilège exorbitant et qu'il conviendrait mieux d'y installer un programme public, par exemple le ministère de l'Aménagement.

LES TEMPS DE CRISE

Là-dessus survint la crise, consécutive au premier choc pétrolier, et un renversement de la conjoncture du marché des bureaux. Pendant cinq années, à partir de 1973, la Défense ne parvint plus à vendre la moindre surface ; elle plafonnait à 850 000 m², dont 100 000 restaient vides (après la reprise de la fin de la décennie, le secteur s'oriente maintenant vers 2 500 000 m²). La situation était désastreuse, les chantiers arrêtés, certaines tours partiellement ou totalement vides. L'EPAD licenciait et allait à la faillite ; son déficit était, en 1977, situé à 700 millions de francs et on estimait que les pouvoirs publics devraient y réinjecter un milliard si l'on voulait amorcer la relance et éviter la déconfiture. Dans cette atmo-

---

3. Cet entretien, accordé par Georges Pompidou à Jacques Michel, fut publié dans le numéro du *Monde* du 17 octobre 1972.
   Les choses étant à la Défense engagées comme elles l'étaient, le président de la République exposa que le résultat serait à son avis meilleur si « l'Arc de triomphe se détachait sur une forêt de tours » (ce qu'Aillaud appelait « une tur-

gescence vigoureuse »). L'architecte Pottier estima que ces propos « donnaient le ton à une véritable critique architecturale, qui n'est pas encore pratiquée en France et qui nous fait défaut ». *Le Canard enchaîné* parla du « style majoritaire » et André Fermigier répondit par un violent article du *Nouvel Observateur* : « Le chef de l'Etat a son esthétique. Heureux hasard, c'est celle des promoteurs. »

THE AXIS AND THE MIRRORS
OF POMPIDOLISM

Pei was up against an architect who came and went as he pleased in Pompidolist circles : Emile Aillaud, a well-read and precious figure, the prince of social housing and the author, amongst other complexes, of the famed Grande Borne[2]. To accompany three elementary prism-shaped towers, one white, one grey and one black, Aillaud put forward two concave buildings forming a sort of semi-circle open towards Paris, inspired by Odeillo's fantastic solar oven, and that would have constituted "two parabolic mirrors, one silver, the other black, offering the city a twin image of itself, precise and inverted, obscure and clear, gigantic and precious, a form of the marvellous in our day and age; the equivalent of the anamorphoses, those artificial magic effects with occult echoes that Renaissance artists strived to create by using the discoveries of the sciences to their own ends". To him, Pei's V seemed no more than "the Porte d'Orléans monument without Général Leclerc". Well then "why not a reflexion"? At any rate, he found it intolerable that plans dating from other eras should "restrict the breathing of our own".

Daniel Badani, one of the EPAD's advisory architects, resigned in that same month of July 1972 to mark his hostility to Aillaud's scheme, which "irreparably shut off the axis" by forming, with its 70 metres in height, a building 300 metres wide, six storeys higher than the Maine-Montparnasse tower. The press found in all this a gripping subject to liven up the summer of 1972, turning its columns over to readers scandalised by these towers and mirrors, and to those who, like former regional prefect Paul Delouvrier, saw in them "a monumental skywards leap, an explosion of life".

At the end of September, people were to learn that after Georges Pompidou's opinion had been solicited - "consulted as a simple citizen, paid heed to like a monarch", reported Le Point *– it had been decided that the towers would be "shortened". But on the 1st of October a*

letter from head of government Pierre Messmer announced, on the contrary, that the mirror-building had been scrapped. What was to be done then ? The then president of the Republic, in a long interview given to Le Monde *on the subjects of art and architecture admitted his predicament : to him Aillaud's project seemed "beautiful indeed", but he was duty bound to take notice of the reserved judgements put forward, "notably by the unanimous Academy of architecture"; he had in mind the consultation of a few designers, certainly not a contest as had been the case for Beaubourg the year before, where he had been forced to "back down" in the face of judgement[2]. "A contest ?... Nothing could be worse", went on Emile Aillaud in the columns of* Le Figaro. *"It's an idea put forward by a government worker who's washing his hands of the affair. What is needed is the audacity – indeed regal – to choose outright". And he insisted that "beyond the hill of la Défense, the urban fabric peters out; it is nothing more than an anarchic panorama of railway tracks, criss-crossed by cemeteries and factories. A perspective that spans a mere eight kilometres can't stretch all the way to the sea... Past a certain limit the "royal" or "triumphal" way is nothing more than a route and moves down from the sphere of the monumental to that of a public road".*

All the same, a consultation was organized on the EPAD's initiative : Pei and Aillaud, a handful of the Grands Prix de Rome who had been set up over the past fifteen years as the tutelary deities of la Défense, and a few newcomers : Pottier, Belmont, Ciriani / Huidobro and Kalisz... Thirteen plans in all. Pei had honed down and curved in a more supple line his two arms stretched to the sky; Aillaud had cut his mirror-buildings down to 55 metres so that they wouldn't be seen between la Concorde and l'Etoile; finally it was him who was officially selected on July 10, 1973 by minister for Development Olivier Guichard. And for the very first time – a new effect of the axis myth – it was bruited that putting private offices in such a place might be tantamount to

Durant l'été 1972, le président Pompidou donne son sentiment sur le problème de la Défense.

●

In the summer of 1972, president Pompidou expressed his feelings on the la Défense problem.

---

2. *This interview, that Georges Pompidou gave to Jacques Michel, was published in the October 17, 1972 issue of* Le Monde.

Given the state of affairs at la Défense, the president of the Republic François Mitterrand said that in his opinion the result would be better if "the Arc de triomphe stood out against a forest of towers" (what Aillaud termed "a vigorous

turgescence"). *The architect Pottier felt that these words "set the tone for a real criticism of architecture such as is not yet current in France, and which we stand in need of". Le Canard Enchaîné spoke of a "majority style" and André Fermigier, in a virulent article in* Le Nouvel Observateur, *lashed out : "The head of State has his own aesthetics. Wonder of wonders, they are those of the developers".*

Ci-contre, en haut et au centre : en 1971, Ieoh Ming Pei, pour la première fois, imagine un édifice symétrique, posé sur l'axe, inventant ainsi la Tête-Défense. Après diverses esquisses en maquette, il propose le «diapason», conçu pour s'effacer derrière les piles de l'Arc de Triomphe, tour de force structurel.
En bas : en septembre 1971, Pei présente un projet plus sobre, fait d'éléments réfléchissants à surface réglée ouverts sur Paris, qu'il décrit comme «une porte qui, néanmoins, reste toujours ouverte», ce qui sera presque l'argumentaire de Spreckelsen pour sa «fenêtre ouverte», douze ans plus tard.

•

Above, and middle : in 1971, Ieoh Ming Pei, for the first time, imagined a symmetrical edifice set over the axis, and thus invented the Tête-Défense. After various sketches in model form, he proposed his «tuning fork», designed to efface itself behind the pylons of the Arc de Triomphe – a structural tour de force.
Bottom : in September 1971, Pei presented a more sober project made up of reflecting elements with regulated surfaces turned towards Paris, that he described as «a door, which nonetheless always stays open» – Spreckelsen's agument in favour of his «open window», twelve years later, almost word for word.

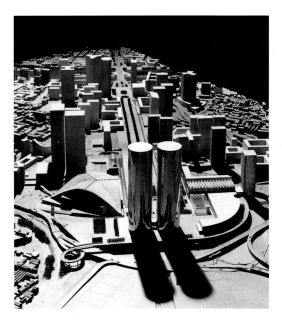

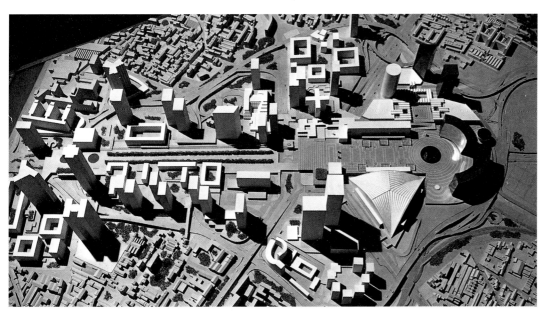

En haut et au centre : face au projet Pei apparaît fin 1971 le projet concurrent d'Emile Aillaud. Deux immeubles paraboliques de 70 mètres de haut, déboîtés de part et d'autre de l'axe, accompagnés de trois tours en forme de prismes élémentaires et d'une place à voûtes parallèles au-dessus du centre commercial.
En bas : officiellement retenu, Aillaud développe son projet en 1972 ; il propose la création de places successives articulées par un dispositif architectural en filtre. Des années plus tard, il construira des arcades de marbre blanc qui gêneront la Grande Arche, et qu'on détruira fin 1988.

●

Top and middle : in competition with the Pei project of 1971, that of Emile Aillaud : two parabolic buildings 70 metres high, offset on either side of the axis, accompanied by three elementary prism-shaped towers and a square with parallel vaults over the shopping centre.
Bottom : officially selected, Aillaud developed his project in 1972; he proposed the creation of successive squares articulated by a filtering architectural device. Years later he was to build white marble arcades that cloyed the Grand Arch, and which were demolished in late 1988.

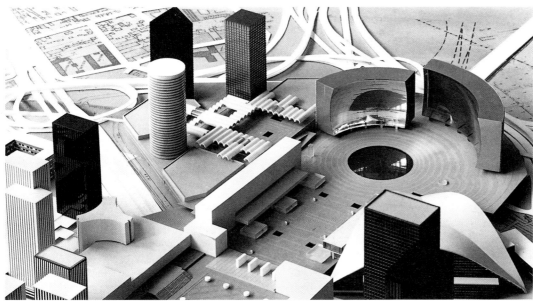

Au printemps 1972, naît un vif scandale public, suite à l'apparition du noyau des nouvelles tours derrière l'Arc de Triomphe. Le projet Aillaud de 70 mètres, trop haut et fermant l'axe, est remis en cause. En 1973, l'EPAD lance une consultation officieuse auprès de ses architectes-conseils Pei, Aillaud et quelques autres. Au total treize concurrents.
De gauche à droite et de haut en bas, les projets Pottier, Vidal, Camelot, de Marien, Atea et architectes-conseils de l'EPAD, Kalisz, Bernard et Belmont.

●

In spring 1972, a public outcry went up when the cores of new towers showed up behind the Arc de Triomphe. Aillaud's 70 metres project – too high and obstructing the axis – was called into question. In 1973, the Epad launched an unofficial consultation amongst its advisory architects, Pei, Aillaud and a few others. Thirteen contestants in all.
From left to right and from above to below, projects by Pottier, Vidal, Camelot, de Marien, Atea and the Epad's advisory architects, Kalisz, Bernard and Belmont.

Les arcades de marbre d'Aillaud (interrompues en 1984 lorsqu'on s'apercevra qu'elles auraient interdit que, du socle de l'Arche, on voie l'Arc de Triomphe, et détruites fin 1988) avec ses résilles diagonales, dont seule la gauche sera réalisée. Le projet Aillaud, abaissé à 55 mètres pour la consultation de 1973, puis modifié encore été 1975, à la demande de Michel Guy. Abaissé maintenant à 35 mètres, il affecte une courbe qu'Aillaud décrit comme «extrêmement complexe et de nature ésotérique» et des façades inclinées vers la place.

●

Aillaud's marble arcades, with their diagonal meshes, of which only the left hand side was to be built. Discontinued in 1984 when it became clear that they would obstruct the view of the arc de Triomphe from the base of the Arch, and demolished late 1988. The Aillaud project trimmed down to 55 metres for the 1973 consultation, then further modified in the summer of 1975 on the demand of Michel Guy. Shortened again to 35 metres, it affected a curve which Aillaud described as being «extremely complex and of an esoteric nature», with façades sloping towards the square.

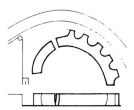 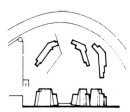 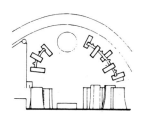 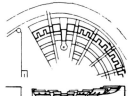 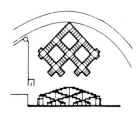

sphère, la querelle des tours ou des immeubles-miroirs s'était éteinte d'elle-même, puisque l'on ne construisait plus. Le projet Aillaud, qu'après l'élection de Valéry Giscard d'Estaing on avait encore rabaissé à 35 mètres et totalement appauvri dans son dessin, disparut donc.

Le 16 octobre 1978, un comité interministériel présidé par Raymond Barre se saisissait du dossier et mettait en œuvre un train de mesures évalué à plusieurs centaines de millions de francs. Il était décidé que certains services du ministère de l'Environnement et du Cadre de vie[4] s'installeraient dans le quartier, rejoints, au printemps suivant, par les ministères de l'Industrie et de l'Intérieur ; le gouvernement annonçait qu'il entendait profiter de l'occasion pour « mettre au point un nouveau parti architectural, ambitieux et exemplaire, remplaçant ou complétant le projet d'immeubles-miroirs » élaboré quelques années plus tôt par Emile Aillaud.

Une nouvelle consultation officieuse était donc lancée à l'été 1979 auprès de dix architectes, auxquels on demandait maintenant « un parti monumental, totalement invisible depuis la place du Carrousel jusqu'à l'Etoile, pour préserver la perspective prestigieuse des Champs-Elysées ». Elle faisait appel à des professionnels confirmés (Andrault et Parat, Chemetov, Vidal, Kalisz, Lajus, Parent, Taillibert, Thurnauer et Willerval) et, bien sûr, Emile Aillaud qui, cette fois, désymétrisait ses miroirs et les lovait en amorce de spirale, comme si cette attente de bientôt huit ans l'avait ankylosé et qu'il lui fallait changer un peu de position. Pei avait, depuis longtemps, regagné Madison Avenue ; il ne garde pas un bon souvenir des structures de décision officielles françaises et de ce qu'était alors le pouvoir des Grands Prix de Rome.

Cette procédure ne donna pas satisfaction. Une autre fut lancée l'année suivante. Il fallait maintenant se presser car un retournement brutal de la conjoncture avait épuisé le stock de bureaux neufs disponibles et le marché s'impatientait. On avait repris les mêmes (sauf Taillibert qui, connaissant des ennuis à Montréal et ayant été éliminé de son poste d'architecte en chef de La

Villette par Valéry Giscard d'Estaing, ne voulut pas concourir à nouveau) et treize autres équipes, dont nombre de « jeunes espoirs » (Castro, Ciriani, Lion, Dubois, Archiplus, Viguier et Jodry). Le nouveau directeur de l'EPAD, oublieux des thèses néorationalistes qui avaient été les siennes lorsqu'il aménageait la ville nouvelle du Vaudreuil, précisait qu'il fallait « revenir aux règles de composition des grands axes classiques », pour élaborer « une qualité de décor digne du site ». Il parlait en termes vagues d'« une grande place urbaine dans le langage fonctionnaliste », dont les immeubles ne devraient pas dépasser 35 mètres. Le ministre de Michel d'Ornano, qui en avril s'était déclaré « moins partant », faisait savoir en septembre que, finalement, il n'irait pas à la Défense, qui n'avait « plus besoin de cette locomotive » puisque la commercialisation des bureaux avait repris normalement et qu'il convenait de limiter les dépenses publiques en cette période de « rigueur » barriste.

LES MIROIRS BRISES DU GISCARDISME

Lancé quelques semaines après le concours du musée de La Villette, cet autre projet allait traîner autant et la décision finale, donner lieu aux mêmes polémiques sur « le choix du prince ». Parmi les reproches, d'abord la lenteur : six mois de réflexion. Et puis le fait qu'il n'y eut pas de jury, mais des « avis » recueillis par l'administration. Le président Giscard d'Estaing, échaudé par l'affaire de La Villette qui venait de lui valoir tant de critiques, tint à faire savoir hautement qu'il s'était « abstenu de choisir personnellement » cette fois-ci. « Son entourage, rapportait Michèle Champenois dans *Le Monde*, s'applique à minimiser son rôle dans cette opération, depuis que son intervention n'est plus justifiée par l'installation d'un ministère au bord de la nouvelle place qui doit clore le quartier » ; ces démentis, préalables à toute mise en cause du chef de l'Etat, ne convainquirent personne et, au contraire, épaississent la rumeur.

Les architectes s'étaient d'ailleurs, pour plusieurs d'entre eux, préparés à satisfaire le goût souverain et multipliaient les palais néoclassiques

---

4. L'intitulé de ce ministère change fréquemment, selon la plus ou moins large extension de ses prérogatives et selon l'image que l'on souhaite donner de la politique. Pour ne citer que les plus importants de ces dernières années, Albin Chalandon fut ministre de l'Equipement et du Logement, Olivier Guichard, de l'Aménagement du territoire, de l'Equipement, du Logement et du Tourisme, Robert Galley puis Jean-Pierre Fourcade, de l'Equipement, Michel d'Ornano, de l'Environne-

ment et du Cadre de vie, Roger Quilliot, de l'Urbanisme et du Logement ; Paul Quilès, enfin, y adjoint les Transports et Jean Auroux hérita du tout pour une brève période. Pierre Méhaignerie fut richement doté : ministre de l'Equipement, du Logement, de l'Aménagement du territoire et des Transports, et Maurice Faure dut se satisfaire d'Equipement et Logement. Sous ces appellations, qui traduisent les fluctuations des priorités nationales, se maintient la même « maison ».

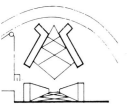 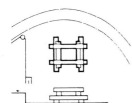 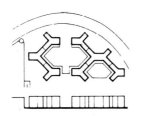 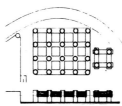 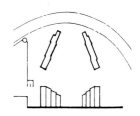

an exorbitant privilege and that it would be more suitable to settle a public programme there, the ministry of Development for example.

THE CRISIS PERIOD

On top of all this came the economic crisis, hard on the first petroleum shock, and a switcheroo in the overall context of the office space market. For five years as of 1973, la Défense was unable to sell off the tiniest surface area; it had peaked at 850 000 m², of which 100 000 m² were still unoccupied (subsequent to the market's picking up at the end of the decade, the sector is now thinking in terms of 2 500 000 m²). The situation was disastrous, the worksites at a standstill, certain towers partially or totally empty. The EPAD was standing down staff and hurtling towards bankruptcy; in 1977, its deficit reached 700 million francs and people were saying that public authorities would have to reinject a billion if re-launching were to get under way and financial collapse be warded off. In this environment, bickering over towers and mirror-buildings died a natural death, since there was no more building going on at all. The Aillaud project, which after Valéry Giscard d'Estaing's election had been shortened again to 35 metres and totally impoverished in its draughting, thus disappeared.

On October 16, 1978, an interministerial committee chaired by Raymond Barre took hold of the dossier and implemented a set of measures valued at several million francs. It was decided that certain services of the ministry of Environment and of the Habitat would set up shop in the quarter, to be joined there the following summer by the ministries of Industry and the Interior. The government announced that it meant to take advantage of the opportunity to "perfect a new architectural position, ambitious and exemplary, to replace or fill out the mirror-buildings project" put together a few years before by Emile Aillaud.

A new unofficial consultation got under way in the summer of 1979 for ten architects who were requested to design "a monumental plan of action, completely invisible from the place du Carrousel right up to l'Etoile, in order to safeguard the high prestige perspective of the Champs Elysées". The consultation called on confirmed professionals (Andrault and Parat, Chemetov, Vidal, Kalisz, Lajus, Parent, Taillibert, Thurnauer and Willerval) and, of course, Emile Aillaud who made his mirror-buildings asymmetrical this time and warped them to suggest a spiral, as if near on eight years' waiting had made him stiff and forced him to change his position. Pei had already gone back to Madison Avenue a long time before; he does not cherish fond memories of official French decision structures of the time, nor of the power that was that of the Grands Prix de Rome.

This procedure did not give satisfactory results. Another was launched the following year. There was no time to be lost now since a brusque about-face in the state of affairs had sold out available stock and the market was growing impatient. The same people were called on (except for Taillibert who, what with his trouble in Montreal and his having been dismissed from his post of architect in chief for la Villette by Valéry Giscard d'Estaing, did not want to compete again), and thirteen other teams including a few "young hopefuls" (Castro, Ciriani, Lion, Dubois, Archiplus, Viguier and Jodry). The new director of the EPAD, forgetful of the neo-rationalist theses that had formerly been his own in planning the town of Vaudreuil, stipulated that it was necessary to "return to the rules of composition for classical grand axes" in order to elaborate "a quality of décor worthy of the site". He spoke in vague terms of a "grand urban square, functionalist in language" whose buildings would rise no higher than 35 metres. Michel d'Ornano's ministry, after declaring itself in April to be "less enthusiastic", made it known in September that, all things considered, it would not be moving to la Défense, which "no longer needed a locomotive" since the marketing of the offices had got back to normal, and that it was seemly, in this period of Barrist "rigour", to limit public expenditure.

THE BROKEN MIRRORS OF GISCARDISM

Launched a few weeks after the contest for the la Villette museum, this other project was to drag on just as long and give rise to the same disputes concerning "the imperial fiat". Amongst other reproaches : slowness, to begin with : six months of hum's and ha's. Plus the fact that there had not been a jury, but rather "opinions" gathered by the government bodies. President Giscard d'Estaing, twice shy after the la Villette affair that had brought him so much adverse criticism, was eager to proclaim

De la consultation officieuse organisée fin 1978 par l'EPAD ne restent que ces relevés schématiques effectués par la revue *Architecture*. De gauche à droite, les projets de : Aillaud, Willerval, Holley, Parent, Lajus, Vidal, Kalisz, Holley (pour des promoteurs privés), Andrault-Parat, Chemetov.
●
All that remains of the unofficial EPAD-organized consultation in late 1978 are these schematic drawings done by the review Architecture. *From left to right, projects by : Aillaud, Willerval, Holley, Parent, Lajus, Vidal, Kalisz, Holley (for private developers), Andrault-Parat, Chemetov.*

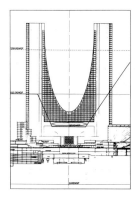

Le concours de 1980, lancé
par Giscard d'Estaing,
demande aux 23 équipes
sollicitées de respecter un
gabarit fort bas puisque
susceptible d'être inséré sous
le « diapason » proposé
autrefois par Pei.

●

The 1980 competition
launched by Giscard
d'Estaing requested the
twenty three teams consulted
to keep as low a profile as
possible, since the project
was liable to be inserted
beneath the « tuning fork »
previously proposed by Pei.

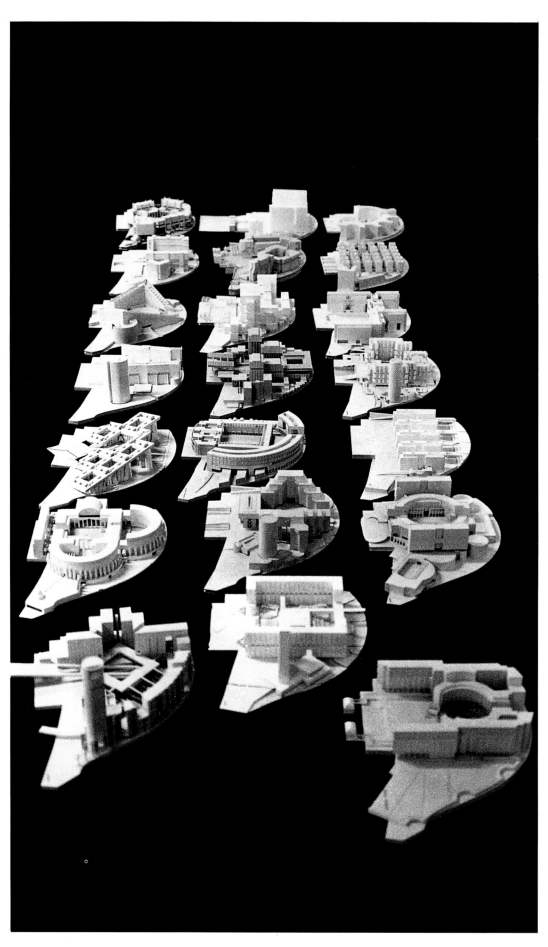

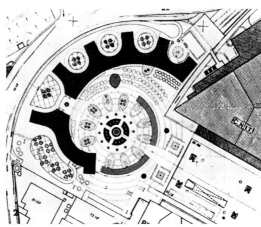

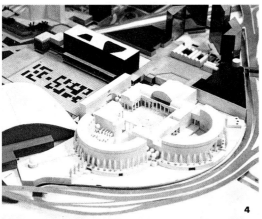

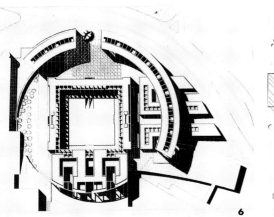

1 et 2. Dernier avatar du projet d'Emile Aillaud, presque dix ans après ses premiers miroirs. Lové en amorce de spirale, enrichi de balustres, fontaines, bassins et parterres à la française, et de portiques.
3 et 4. Vues du projet Viguier-Jodry.
5. Le projet palatial de Claude Vasconi.
6. Le projet à cour fermée et portiques de Macary et Zubléna.
7. Le projet de Paul Chemetov.

●

1 & 2. The final avatar of the Emile Aillaud project almost ten years after his first mirrors. Coiled in a beginning spiral, enriched with balustrades, porticoes, fountains, ponds and flower beds à la française.
3 & 4. Views of the Viguier and Jodry project.
5. Palatial project by Claude Vasconi.
6. Closed courtyard with porticoes project by Macary and Zubléna.
7. Project by Paul Chemetov.

Quelques-uns des projets du concours Giscard de 1980. De gauche à droite et de haut en bas, ceux d'Andrault et Parat, Ciriani, Sloan, Parent, Dubois, Castro, Archiplus (Bernard et Soler) et Lion.

●

A few of the projects from the Giscard competition of 1980. From left to right and from above to below, those of Andrault and Parat, Ciriani, Sloan, Parent, Dubois, Castro, Archiplus (Bernard and Soler) and Lion.

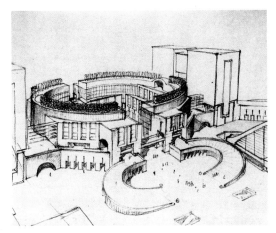

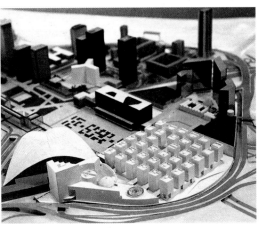

Giscard d'Estaing fait retenir le projet Willerval, fin janvier, à quatre mois des élections qu'il va perdre : des miroirs bas et fragmentés laissant passer l'axe.

•

Giscard d'Estaing had the Willerval project selected in late January, four months before the elections he was to lose : low and fragmented mirrors give passage to the axis.

à colonnades et cours monumentales ouvertes en direction de celle du Louvre, à huit kilomètres de là. La flagornerie esthétique battait son plein; des gens tenus jusqu'alors pour modernes costumaient la Défense en habits de cour. Les experts, notamment les architectes-conseils de l'EPAD, penchaient encore pour Emile Aillaud, qui avait rabaissé ses immeubles-miroirs à 35 mètres et les avait pompadourés d'arcades, balustres, parterres engazonnés. Mais on le savait peu aimé au château; alors, rapportait un membre du jury fantôme, « il fallait que ce fût Aillaud et un autre, puisque ce ne pouvait être Aillaud ». « C'est maintenant le labrador (chien du prince) qui décide », confiait-on.

Ce furent donc Emile Aillaud et Jean Willerval. *Le Monde* prévoyait que Willerval serait lauréat et en effet, avec un accord touchant, le conseil d'administration de l'EPAD se prononçait trois jours plus tard comme il avait été annoncé, Michel d'Ornano « entérinant ce vote unanime » le 28 janvier 1981.

Petite Tête-Défense : le projet Willerval était calibré, avec une parfaite décence et sans les flatteries Louis XV de plusieurs de ses confrères, sur les exigences implicites du pouvoir. Son projet reste, en cela, un bon jalon dans l'histoire des mentalités architecturales du moment, un archétype, un condensé. Il n'était pas du tout pasticheur, plutôt moderne de tonalité, présentant un agencement de miroirs inspirés de ceux d'Aillaud, mais sans leur dimension onirique; des miroirs plats, brisés en éclats froids et professionnels, dressés en éventail, « en grands plans délités comme des rochers ». Deux barres de bureaux, hachées menu, composaient un paysage de falaises de verre entre lesquelles, comme un canyon, était ménagée une fente : l'axe pouvait passer sans égratignure. Une architecture basse, cassée, masquée en ses pieds par des boqueteaux d'arbres, couverte de miroirs : être ou ne pas être ?

« Défense est faite », titra *Macadam*. Ce choix était politique, au sens très général du mot (homme du Nord, Willerval a beaucoup construit à Lille où il a gardé de solides amitiés; il venait par ailleurs d'être chargé par Jacques Chirac de la conception des Halles, et des fameux parapluies). Il n'y eut pas de grande polémique; la presse spécialisée fut assez sarcastique mais on approchait des élections présidentielles et l'opinion s'intéressait à autre chose. Jack Lang devait tout de même déclarer que « seul un grand geste architectural aurait pu être à la mesure de la

Défense », en un endroit où « la mesure serait peut-être la démesure ». Et un ancien directeur de la Construction, qui n'était encore que délégué général de l'union nationale des HLM, d'ailleurs sur le départ, fit paraître un « point de vue » dans *Le Monde*. C'était Robert Lion, qui allait ensuite jouer un rôle essentiel dans toute cette affaire. « Les années soixante-dix resteront le temps du pavillon », écrivait-il. A la Défense aussi : « Sam'suffit »; « rien qui monte. Les tours sont, paraît-il, impopulaires ». On n'a pas eu le courage de lancer un « concours mondial » mais « un exercice d'enjolivures... Mais pourquoi ce pays a-t-il peur de son ombre ? »

DU FAIT DU PRINCE AUX CHANTIERS DU PRESIDENT

Une fois élue la gauche, l'EPAD se tint à carreau, là-bas sur sa dalle. En vieille familière des changements politiques, sensible aux vents contraires et sachant les pressentir à de menus indices, elle ne poussait pas les études, ni ne cherchait à commercialiser les 100 000 m² de bureaux et l'hôtel prévus dans les immeubles de la Tête-Défense. Le 21 août, peu après un déjeuner à l'Elysée où le sujet avait été évoqué, Roger Quilliot, ministre de l'Urbanisme, vint faire un tour à la Défense. Et le 17 septembre il annonçait que le projet de Jean Willerval était abandonné et qu'« après que le président de la République et le Premier ministre auront fait connaître leur intention sur l'implantation d'équipements publics », un nouveau concours serait organisé, « dans les plus brefs délais et sur de nouvelles bases ». L'affaire allait être suivie par Paul Guimard, conseiller du chef de l'Etat, et Robert Lion, devenu directeur de cabinet de Pierre Mauroy, en rapports avec le ministre de la Culture. Le fameux groupe des quatre (Guimard, Lang, Lion et Quilliot) était constitué.

« François Mitterrand guillotine la Tête-Défense », titra *Le Quotidien de Paris*, dénonçant à nouveau le « fait du prince ». Contacté par téléphone, Jean Willerval apprenait du journaliste qu'il était congédié; personne n'avait songé à le prévenir ni, par la suite, à le dédommager (il reçut pour cette opération, en tout et pour tout, l'indemnité de 50 000 F qui avait été attribuée aux vingt-trois concurrents de 1980). « Sous Louis XIV, se plaignait-il, on reconduisit Bernin à la frontière dans un carrosse doré..., il a été comblé de cadeaux. Aujourd'hui, un président de la République renvoie un architecte comme un domestique, et il est le dernier à l'apprendre. »

loud and clear that he had "refrained from choosing personally" this time. "His entourage", reported Michèle Champenois in Le Monde "is busy minimizing his role in this operation since his intervention is no longer justified by the installing of a ministry alongside the new square that will finish off the quarter"; these refutations, coming before any aspersion having been cast on the head of State didn't fool anyone and, on the contrary, gave substance to rumours.

Besides which, several of the architects had taken pains to gratify the sovereign taste by being lavish with neo-classical palaces replete with colonnades and monumental courtyards open in the direction of that of the Louvre, eight kilometres away from there. Aesthetic toadying had its heyday, people who up till then had been considered modern decked out la Défense in court dress. The experts, notably the EPAD's advisory architects, still favoured Emile Aillaud, who by then had lopped his mirror-buildings down to 35 metres and pompadoured them with arcades, balusters, flower-beds and lawns. But word was he wasn't well liked in the château, so, quoth a member of the phantom jury, "it would have to Aillaud and someone else as well, since it couldn't be Aillaud alone". "'Tis the labrador (the prince's dog) that does the choosing", people said.

And so it was Emile Aillaud and Jean Willerval. Le Monde had tipped Willerval to win, and in effect, with touching mutual consent, the EPADS's board of directors announced the foregone conclusion three days later, Michel d'Ornano "confirming the unanimous vote" on January 28, 1981.

Petite Tête Défense : Willerval's project was callibrated – with impeccable decency and without the Louis XV flatteries of several of his colleagues – according to the implicit demands of the powers that were. It remained a good offshoot of the architectural mentalities of the day, an archetype, a condensed version. It was no dabbler in pastiche, rather modern in tonality, presenting a layout of mirrors inspired by Aillaud's, but without their dreamlike dimension; flat mirrors, shattered in cold and professional fragments, raised in a fan splay, "thrown up in large planes like upended rocks". Two office blocks, finely cut, composed a cityscape of glass cliffs between which a canyon-like rift had been cut : the axis could pass thru unscathed. Low architecture,

broken up, its feet hidden by wooded groves, covered with mirrors : to be or not to be?

"La Défense is done for" titled Macadam. The choice was political in the general sense of the term (a Northerner himself, Willerval had built a good deal in Lille where he had solid friendships; besides which Jacques Chirac had just put him in charge of the designing of Les Halles, and of the controversial umbrellas). There was no great hue and cry; the specialised press was sarcastic enough but the presidential elections were looming up and people's minds were elsewhere. Even so, Jack Lang was to declare that "only a grand architectural gesture could measure up to la Défense" in a context where "measure might perhaps mean excess". And a former director of Construction, who at the time was no more than general delegate of the Union nationale des HLM, and about to lose his post to boot, had his "point of view" published in Le Monde. This was Robert Lion, who was subsequently to play a vital role in the whole affair. "The Seventies will be remembered as the era of the small house", wrote he. "And the same holds true at la Défense : "It'll do"; nothing going up. Towers, so they say, are not popular". The people in charge didn't have the gumption to launch a "worldwide contest" but rather "a prettifying exercise... Why, oh why is this country scared of its own shadow?"

FROM THE IMPERIAL FIAT
TO THE PRESIDENT'S WORKSITES

Once the Left came to power, the EPAD closed ranks in a square over there on its slab. An old hand at political changes, wary of contrary winds and able to descry their rising by the slightest signs, the EPAD hung fire on studies and didn't try too hard to market the 100 000 m² of offices and the hotel slated for the Tête-Défense buildings. On the 21st of August, just after a lunch at the Elysée where the subject had come up, minister for Urbanism Roger Quilliot took a turn around la Défense. And on the 17th of September he announced that Jean Willerval's project had been scrapped, and that "once the president of the Republic and the prime minister had made known their intentions with regards the setting up of public facilities", a new contest would be held "as soon as possible and on a new footing". The affair was to be followed up by Paul Guimard, advisor to the head of State, and

On parlait de relancer une consultation mais le bruit courait que le gouvernement n'y était pas très favorable : peut-être allait-on remettre en concurrence les concepteurs qui avaient déjà, autrefois, fait des propositions pour ce site ? Ou bien songeait-on à Pei, que Roger Quilliot et Jack Lang allaient bientôt rencontrer et dont le nom était toujours précédé d'une aura particulière ? Période d'incertitude où, autour de François Mitterrand, se mettait en place le programme des Grands Projets. Le 1er décembre eut lieu à l'Elysée une réunion des « quatre » qui avaient été chargés d'établir le nouveau programme. L'idée d'y transférer l'Unesco pour récupérer la place Fontenoy au profit du ministère des Finances, celui-ci dégageant le Louvre, fut vite abandonnée devant la protestation de l'organisation internationale. On avait parlé du grand opéra rêvé par Jack Lang, mais le nom de la Bastille circulait déjà ; il y avait l'hypothèse d'une maison de la Communication liée à la perspective de l'exposition universelle et soutenue par Robert Lion, mais encore floue ; puis on évoqua à nouveau le déménagement du ministère de l'Urbanisme et du Logement, et de celui de l'Environnement.

Au terme d'une seconde réunion au sommet, le 12 janvier 1982, il se confirma que l'opéra irait ailleurs, difficile à asseoir sur la dalle et sans doute trop haut, puisque ses 50 ou 80 mètres de volume ne pouvaient que poser des problèmes dans l'axe historique de l'Etoile. De plus en plus, les chantiers de prestige apparaissaient comme un ensemble qu'il fallait imaginer, préparer et annoncer de manière coordonnée.

L'architecte Joseph Belmont, ancien directeur de l'Architecture, fut nommé président de l'EPAD. Dans une conférence de presse de bienvenue, il évoqua une occupation prestigieuse de cet endroit : « une tour de 1 000 mètres, pourquoi pas, pour marquer notre époque, comme la tour Eiffel, la tour de 1 000 pieds, avait exprimé le dynamisme de l'époque industrielle ». A son avis, deux procédures étaient possibles : le choix direct par le président de la République, ou l'organisation d'un concours public de dimension internationale, solution qui lui paraissait la meilleure et qu'il se promettait de défendre. Puis il se livra, pour justifier l'appel à des concepteurs étrangers, à des considérations qui firent hurler la profession : « les Français, expliquait-il, ont construit des villes entières, des logements, des centaines d'écoles. Mais ils ne savent plus faire de l'architecture monumentale ». Dans une visite sur place, le chef de l'Etat devait lui faire com-

prendre que son grand concours n'aurait pourtant peut-être pas lieu. L'EPAD était un peu lassé des collections de maquettes interchangeables, disposées sur ses étagères comme les chapeaux chez une modiste ; et puis Jack Lang et Robert Lion (hommes étonnamment ressemblants, physiquement, psychologiquement, ayant le même goût de lancer des opérations rapides, le même souci de plaire au président, souvent décrits comme intensément rivaux par ceux qui les ont côtoyés dans ces moments-là) se disputaient le privilège d'organiser, l'un pour l'opéra, l'autre pour le centre de la Communication, la grande et probablement unique compétition internationale du régime.

UN DERNIER CONCOURS

Enfin, le 9 mars, en même temps que les autres opérations de François Mitterrand (et l'opéra, effectivement, à la Bastille), était officiellement annoncée la construction à la Tête-Défense d'un centre international de la Communication qui devait apporter au quartier d'affaires « la dimension culturelle et l'animation nécessaire à son parachèvement » et les bâtiments nécessaires au transfert des deux ministères. Un concours international serait organisé en juillet, vite repoussé plus sagement à l'automne. Le président avait arbitré : Lang et Lion auraient chacun leur concours. Le 7 juillet, le ministre de l'Urbanisme et Robert Lion, qui était devenu directeur général de la Caisse des dépôts et consignations, lançaient solennellement la compétition. Le premier déclarait qu'un « caractère monumental (une cathédrale moderne) serait recherché », que « des structures minces ou immatérielles pourraient être vues sous l'Arc de triomphe » ; l'autre énonçait qu'il s'agissait d'animer l'endroit, un peu comme fait Beaubourg au centre de Paris, et de « marquer le deuxième centenaire de la Révolution française par un geste architectural, comme la tour Eiffel avait marqué le premier centenaire ». Un premier rapport, dû au « futurible » Serge Antoine, venait juste à point préciser que le centre, défini en termes extrêmement idéologiques et emberlificotés, serait regroupé autour de deux idées : l'appropriation sociale, « qui privilégie les utilisations collectives nées d'initiatives plurielles », et l'ouverture sur le monde, « qui nous met à l'écoute et au service de tous, mais plus particulièrement des plus défavorisés ».

On fut longtemps inquiet, à la Défense, du concours de l'opéra, *a priori* plus prestigieux, qui talonnait de trop près celui du centre internatio-

Robert Lion, who had become cabinet director to Pierre Mauroy, in conjunction with the ministry of Culture. The famed group of four (Guimard, Lang, Lion and Quilliot) was thus formed.

"François Mitterrand guillotines the Tête Défense" titled Le Quotidien de Paris, *denouncing once again the "imperial fiat". Contacted by a journalist over the phone, Jean Willerval learnt that he had been stood down; no one had thought of telling him, nor of indemnifying him afterwards (all told, all he received for this operation was the 50 000 francs indemnity made over to each of the twenty-three contestants in 1980). "Under Louis XIV", he fumed, "Bernini was escorted back to the border in a golden carriage... gifts were lavished on him. Nowadays a president of the Republic dismisses an architect as he would a servant, and the party concerned is last to be informed".*

There was talk of launching another consultation but word was that the government wasn't keen on it : would the same designers who had already put forward propositions some time before be made to compete again ? Or did they have Pei in mind, whom Roger Quilliot and Jack Lang were soon to meet, and whose name still shed a certain aura ? A period of uncertainty then, during which François Mitterrand was already shifting into position the "Grands Projets" programme. On the 1st of December, the four who had been put in charge of the new scheme held a meeting at the Elysée. The idea of shifting the Unesco so as to recuperate the place Fontenoy for the ministry of Finances, which could then vacate the Louvre, was quickly dropped in face of the international organization's protest. The grand opera house dreamed of by Jack Lang came up in the talk, though the Bastille site was already in the air; there was the hypothesis of a Communications centre linked to the perspective of the international exposition and supported by Robert Lion, even if it was still indistinct; then discussion turned back to shifting the ministries of Urbanism and Housing, and of Environment.

After a second summit meeting, on January 12, 1982, it became certain that the opera house would be built elsewhere since it would be too difficult to settle on the slab and no doubt too high, and its 50 to 80 metres volume could only spell problems for the historical axis of l'Etoile. Increasingly, the high prestige worksites appeared as a whole that would have to be con-

ceived of, prepared and announced in a co-ordinated manner.

The architect Joseph Belmont, former director of Architecture, was nominated president of the EPAD. At an inaugural press conference he spoke of a high prestige occupation of the site : "Why not a tower 1 000 metres high to mark our age, just as the 1 000 foot Eiffel Tower had expressed the dynamism of the Industrial Age". In his opinion two procedures were possible : the direct choice by the president of the Republic, or the organization of a public contest of international scope, the latter appearing to him the better and the one which he engaged himself to promote. Then, to justify the calling in of foreign designers, he gave voice to a few reflexions that set the profession howling : "The French", said he, "have built whole cities, housing, hundreds of schools. But they no longer know how to deal with monumental achitecture". In the course of an on the spot visit, the head of State gave him to understand that his big contest might not take place after all. The EPAD was a little weary of these collections of interchangeable models set on their shelves like hats in a milliner's shop; besides which, Jack Lang and Robert Lion (men remarkably alike physically and psychologically with the same liking for launching rapid operations and the same desire to please the president, often described as being intense rivals by those who rubbed elbows with them in these moments) were vying with each other for the privilege of organizing, one for the opera house, the other for the Communications centre, the big (and probably the only) international competition of the regime.

A FINAL CONTEST

Finally, on the 9th of March, simultaneously with François Mitterrand's other operations (and with the opera house in effect at the Bastille), the building at the Tête Défense of an international Communications centre was officially announced, a move it was hoped would bring to the business quarter "the cultural dimension and the animation necessary to its completion", as well as that of the buildings necessary for the transfer of the two ministries. An international competition would be organized in July, soon after to be postponed more prudently to autumn. The president had arbitrated : Lang and Lion would each have his contest. On the 7th of July,

Le jury international présente ses choix au président de la République.
●
The international jury presents its selection to the president of the Republic.

Concours d'architecture à la Défense : 856 inscrits

Ile-de-France
L'AMÉNAGEMENT DE LA TÊTE DÉFENSE

ARCHITECTURE
Quatre projets lauréats pour la Tête de la Défense

Bientôt un nom... pour la tête Défense

nal de la Communication et risquait de lui porter de l'ombre en attirant les meilleures candidatures. En septembre 1982, Joseph Belmont demanda à la mission de coordination de veiller à retarder quelque peu la seconde compétition, les dates trop rapprochées des épreuves pouvant « donner une image discutable de l'organisation française ».

Le jury, constitué avec soin de représentants des tendances modernistes de l'architecture internationale, assez homogène donc, et susceptible de ne pas se déchirer sur des questions de doctrine, fut réuni une première fois à mi-parcours, le 4 octobre[5]. 296 candidats s'étaient déjà déclarés mais hélas! on comptait plus de Bulgares, de Russes, de Roumains et même de Sud-Africains que d'Américains, et peu de Japonais. Affolement des organisateurs : et si on allait se retrouver avec un concours de second ordre? Ils improvisèrent en toute hâte, un peu tard, une campagne de propagande aux Etats-Unis et au Japon[6].

Ce fut finalement un très beau succès (897 inscrits, 424 propositions remises) même si, légère déception, on ne parvenait pas à battre le record du parc de La Villette : 471 projets remis, pour 804 équipes inscrites. Le jury se réunit du 21 au 27 avril 1983, au dernier étage de la tour Fiat, dans les anciens appartements d'Agnelli. L'un de ses membres, Richard Rogers (auteur, avec Renzo Piano, du centre Pompidou) confia par la suite à *Building Design* que, de toute sa vie professionnelle, il n'avait connu huit jours aussi bien planifiés. Certains ici se disent encore stupéfaits de la sûreté de jugement de quelques architectes étrangers qui, dès le premier défilé rapide des 424 dessins, en retinrent une trentaine, la plupart des lauréats et primés finaux. Mais ces jurés menèrent la vie dure à leurs partenaires français ; ils craignaient quelque « magouille » nationale et voulaient qu'un des leurs préside les travaux. C'est avec difficulté qu'ils se laissèrent convaincre d'abandonner ce poste à Robert Lion, dès la première rencontre d'octobre 1982. En avril 1983, ils tentèrent de limiter au maximum la liberté de choix du chef de l'Etat, et d'exercer

pleinement leurs responsabilités. Il fallut toute l'habileté de Robert Lion pour les amener à céder, après que Richard Meier eut menacé de démissionner. Ils exigèrent de classer les quatre lauréats qu'on leur imposait, et que soit clairement placé en tête celui qu'unanimement ils souhaitaient retenir (le futur lauréat, d'ailleurs) ; ils transigèrent à deux premiers et deux seconds prix.

Le 28 avril, l'ensemble du jury était reçu par le président de la République en manteau sombre et cache-col qui demanda que, pour son retour d'un voyage en Chine, fussent préparées des maquettes des propositions des quatre équipes retenues. Il réclamait aussi qu'on construisît celle d'un cinquième projet qui avait retenu son attention, celui d'Yves Lion, grand triangle plat présentant sa tranche sur l'axe et qui eût dressé entre les voûtes de l'Arc de triomphe un obélisque d'environ 130 mètres de haut. Mais on le comprit mal et on fit faire une maquette du projet de Georges Penchréac'h.

Les fuites rituelles ne tardèrent pas, sans que pour autant François Mitterrand se presse plus qu'à l'ordinaire. Le 6 mai, *Le Quotidien de Paris* annonçait parmi les gagnants une équipe japonaise et une américaine, ce qui était faux, et celle de Jean Nouvel, ce qui était juste.

La veille au soir, *Le Monde* avait été beaucoup plus précis et décrivait en détail les deux premiers prix : « un monumental portique (à 100 mètres de haut ?) », s'inscrivant « dans un cube, légèrement de biais par rapport à l'axe historique », et « un mur-écran lumineux, placé dans l'axe et fermant le parvis ».

L'ARCHE FLEGMATIQUE, OUVERTE SUR UN AVENIR IMPREVISIBLE

Le 25 mai, un communiqué de la présidence retenait la proposition d'un certain Spreckelsen, architecte danois inconnu sous nos latitudes, « dont le projet est apparu remarquable par sa pureté, par la force avec laquelle il pose un nouveau jalon sur l'axe historique de Paris et par son ouverture ». Toutefois, précisait-on, le lauréat aurait à approfondir son étude à partir de

---

5. Le jury était composé des architectes américain Richard Meier, japonais Kisho Kurokawa, hispano-catalan Oriol Bohigas, britannique Richard Rogers et français Bernard Zehrfuss, Gérard Thurnauer et Antoine Grumbach (celui-ci n'est pas en général rangé parmi les « modernes », il fut d'ailleurs imposé ici par le cabinet de la Culture, au grand dam de certains ; cela ne l'empêcha en rien, tant ces frontières doctrinales sont aléatoires, d'être un fervent défenseur du projet choisi) ; il comprenait aussi l'ancienne critique du *New York*

Times Ada Louise Huxtable et l'Argentin Jorge Glusberg, les hauts fonctionnaires marocain Mahdi El Mandjera et français Robert Lion, Serge Antoine et Louis Moissonnier ; enfin l'architecte François Lombard, à titre de conseiller technique.
6. Au terme de cet effort, soixante-deux architectes américains s'inscrivirent ; mais seulement treize d'entre eux remirent un projet et, parmi eux, aucune des grandes agences attendues. Il n'y eut que douze propositions japonaises, moins que de roumaines... et quarante-huit soviétiques.

the minister for Urbanism and Robert Lion, who was then managing director of the Caisse des dépôts et consignations, solemnly opened the competition. The former declared that a "monumental character (a modern cathedral) would be sought after", that "thin or immaterial structures might be seen from under the Arc de triomphe"; the latter declared what was at stake was to animate the area, a little like Beaubourg was doing for the centre of Paris, and "to mark the second centenary of the French Revolution just as the Eiffel Tower had marked the first". A preliminary report made by the "up and coming" Serge Antoine came right on time to point out that the centre, defined in extremely ideological and muddled terms, would be grouped around two ideas : social appropriateness "favouring collective uses stemming from plural initiatives", and openness to the world, "which will make us attentive to and put us at the service of all, but especially the most underprivileged".

At la Défense, people had worried for a long time about the opera house contest, a priori of higher prestige, coming too hard on the heels of that for the Communications centre and threatening to steal its thunder by attracting the best candidates. In September 1982, Joseph Belmont asked the coordinating committee to see that the second competition be delayed slightly, since their dates being too close together could "give a questionable image of French organization".

The jury, carefully constituted by representatives of modernist trends in international architecture, and as such quite homogeneous and little likely to be torn internally by questions of doctrine, came together for the first time half way thru the peace, on the 4th of October[3]. Two hundred and ninety-six candidates had spoken up, but alas!... there were far more Bulgarians, Russians, Rumanians and even South Africans than Americans, and few Japanese. The organizers panicked: what if they were to

find themselves with a second rate competition? In all haste – better late than never – they organized a propaganda campaign in the United States and Japan[4].

It was a big success after all (897 entries, 424 propositions put forward) despite a slight disappointment : the la Villette record remained unbroken : 471 projects for 804 teams. The jury deliberated from the 21st to the 27th of April 1983, on the topmost floor of the Fiat tower, in appartments formerly occupied by Agnelli. Richard Rogers, co-author with Renzo Piano of the Pompidou Centre and one of its members, was to confide to Building Design that in all his professional life he had never known eight days so well planned. Certain parties here still say they were amazed by the sureness of judgement of some of the foreign architects who, as of the first cursory glance over the 424 drawings, short-listed thirty or so, amongst which were most of the finalists and the winners. But these jury members gave their French counterparts a bad time; they feared national "chicanery" and wanted someone from their own ranks to chair proceedings. Not without difficulty were they persuaded to leave this post to Robert Lion as of the first meeting in October 1982. In April 1983, they attempted to limit as much as possible the head of State's choice, and to exercise their responsibilities to the utmost. All the cleverness of Robert Lion was needed to bring them around after Richard Meier threatened to resign. They demanded the right to grade the four finalists imposed on them, and that the one they chose be placed first unanimously (the future winner, moreover); they settled for two first and two second prizes.

On the 28th of April, the entire jury was received by the president of the Republic, who requested that by his return from a trip to China they have prepared the models of the teams chosen. He also asked that the model of a fifth project that had caught his eye be made, that of Yves Lion, a huge flat triangle present-

Johan-Otto von Spreckelsen.

3. The jury was composed of the American architect Richard Meier, the Japanese Kisho Kurokawa, the Hispano-Catalan Oriol Bohigas, the Briton Richard Rogers and the Frenchmen Bernard Zehrfuss, Gérard Thurnauer and Antoine Grumbach (who though not generally classed among the "moderns" was imposed by the ministry of Culture much to the distress of certain other parties; but doctrinal borders being arbitrary, this did not prohibit him from wholeheartedly defending the project selected); as well as the former New York Times critic Ada Louise Huxtable, the Argentinian Jorge Glusberg, the high-ranking Moroccan official Mahdi El Mandjera and the French officials Robert Lion, Serge Antoine and Louis Moissonnier; last but not least the architect François Lombard was technical advisor.

4. Subsequent to which 62 American architects entered; but only 13 of them submitted projects, and none of the big agencies figured among these. There were only 12 Japanese proposals, less than the Rumanians... and 48 from the Soviet Union.

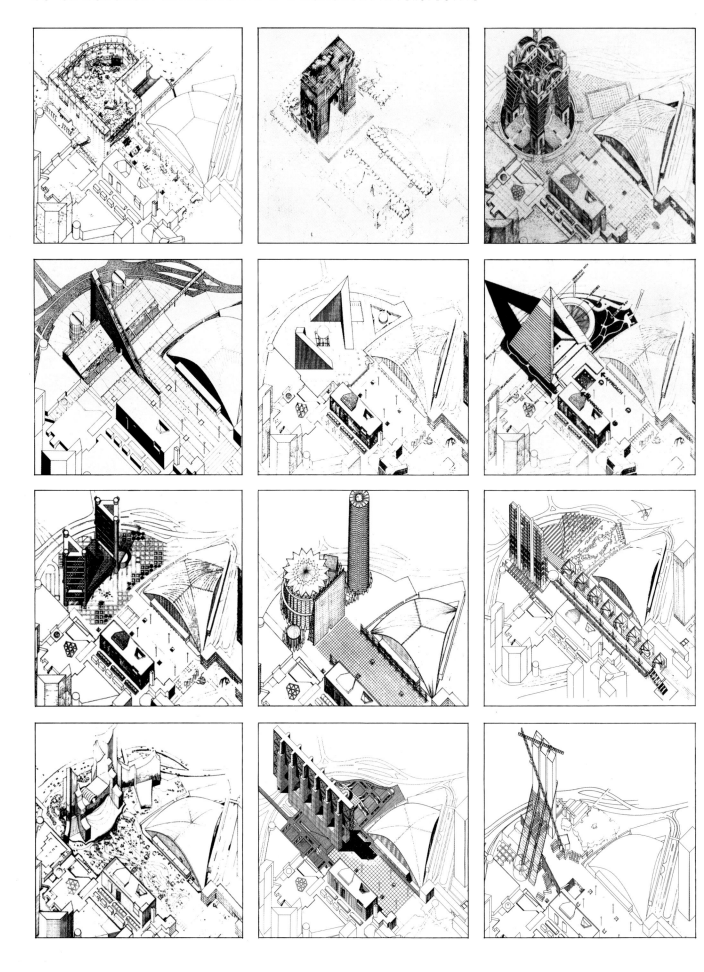

Le concours Mitterrand voit affluer 424 projets du monde entier. Nous montrons ici, de gauche à droite et de haut en bas, ceux de Maki, Bofill, Montes, Lion-Althabegoïti-Leclercq, Cacoub, Kikutake, Raj Rewal, Alsop, Kagan-de Kosmi, Alberts, Pencréac'h et Chaix-Confino-Delanne-Duval-Morel.

En même temps que celles de Pei et Aillaud, des maquettes en bois des quatre projets retenus par le jury sont présentées au chef de l'Etat : celles de Spreckelsen, Viguier-Jodry, Boake-Robertson et Nouvel. Celui-ci protestera violemment contre la sienne, qui ne rend pas la transparence de son projet.

•

The Mitterrand competition drew in 424 projects from the world over. Shown here from left to right and from above to below are those of Maki, Bofill, Montes, Lion-Althabegoïti-Leclercq, Cacoub, Kikutake, Raj Rewal, Alsop, Kagan-de Kosmi, Alberts, Pencréac'h and Chaix-Confino-Delanne-Duval-Morel.

Along with those of Pei and Aillaud, wooden models of the four projects short-listed by the jury were presented to the head of State : those of Spreckelsen, Viguier-Jodry, Boake-Robertson and Nouvel. The last-named party was to protest violently against his model, which rendered noihing of his project's transparency.

Le 25 mai 1983, François Mitterrand retient le projet Spreckelsen, se ralliant en cela à la proposition du jury. Le projet, lors de sa présentation au public, suscite une satisfaction à peu près unanime. Objet fermement posé sur l'axe, remarqué pour sa pureté, arche vide de marbre blanc d'une centaine de mètres de hauteur, mise de biais pour des raisons techniques, « fenêtre ouverte sur un avenir imprévisible », elle est traversée par une onde de verrières transparentes, dites « nuages », et flanquée de plots, les « collines ».

•

On May 25, 1983 François Mitterrand chose the Spreckelsen project, rallying the jury's proposal. On its presentation to the public, the project earned almost unanimous praise. An object set firmly over the axis, noteworthy for its purity, an empty arch of white marble one hundred metres high, set askew for technical reasons, « a window opening on an unforeseeable future », it was crossed by a wave of transparent glass roofing, known as the « clouds », and flanked by plots of « hills ».

l'esquisse actuelle, le chef de l'Etat se réservant de donner plus tard son accord définitif, « au vu de ces développements, et compte tenu du respect de la perspective ».

François Mitterrand était très préoccupé par ce dernier point, et les organisateurs du concours avaient tenté de le rassurer avant qu'il ne fasse son choix, expliquant qu'au besoin on pouvait faire le cube plus ou moins grand et même envisager sur sa large poutre haute (100 mètres de côté, 11 d'épaisseur) une quelconque transparence. Le jury lui-même, bien qu'unanime, avait dans son compte rendu inscrit quelques réserves sur ce projet « riche surtout de croquis évocateurs », à la fois « porteur de promesses et d'incertitudes ». Le parti était splendide, il semblait cohérent mais exprimé d'une manière tellement légère et esquissée qu'on ne savait pas véritablement à qui on avait affaire. « Ce type ne sait pas construire », déclarait un juré ; « il doit être très jeune », pensait un autre.

En fait, Johan-Otto von Spreckelsen, cinquante-quatre ans, est un architecte danois, très respecté dans son pays, directeur du département d'architecture de l'académie royale des Beaux-Arts, professeur plus que praticien, puisque ces deux fonctions sont distinctes au Danemark : il avait construit sa propre maison à Hörsholm, à 20 kilomètres au nord de Copenhague, en 1958, puis quatre églises. Chose étonnante, il avait été lauréat, quelques mois plus tôt, de la première phase du concours pour le parc de La Villette, dans l'équipe du paysagiste Andersson.

Mais on ne le trouvait pas : il était allé avec sa femme passer trois jours dans un village marin du Jutland où personne n'écoutait la radio. Tout le Danemark était au courant de la nouvelle mais lui, au désespoir de son fils resté à la maison, ne pouvait être joint.

On réussit finalement à le faire venir le 30 mai à Paris pour une conférence de presse d'une rare bonne humeur ; cette euphorie persista lors de l'ouverture publique de l'exposition, où le millier de participants semblait baigner dans un sentiment d'unanime satisfaction. Il rencontra François Mitterrand, le 1er juin, et fut, dit-on, immédiatement apprécié de lui pour sa finesse, son élégance physique et vestimentaire toute

sobre, à laquelle des espèces de galoches écologistes à semelles de bois conféraient cette dimension terrienne chère au chef de l'Etat. Ils se reverront souvent par la suite, sept ou huit fois peut-être, Spreckelsen ne manquant jamais de sortir de sa sacoche quelques échantillons de marbre et de bronze dont il savait le président friand.

Son projet consistait en un cube évidé, simple comme un jeu d'enfant, une arche de marbre blanc, ne ressemblant à rien, hors modes et querelles stylistiques, un colosse virginal et flegmatique, de la même famille que les tours dures et closes de la Défense, aussi rigoureusement géométrique qu'elles, et pourtant tout à fait singulier, extraordinaire, jamais vu. C'était un objet fermement posé sur l'axe, mais percé, « fenêtre ouverte sur un avenir imprévisible », libéral en un sens. Il avait été mis de biais, légèrement (6°30)[7], et semblait par ce déboîtement inviter à quelque chose, s'effacer de côté, courtoisement.

La correction, l'amabilité, le respect d'autrui sont des valeurs rarement invoquées pour justifier une architecture ou l'expliquer. Spreckelsen s'y référait souvent, témoignant de l'humanité constante qui règne comme une morale dans l'architecture nordique. « On ne se fait pas remarquer par de grands gestes, ou une agitation inutile, ou par une mise extravagante ; une certaine distinction, peu de gestes mais choisis, suffisent : à peine un mouvement de tête, parfois. »

LE CONSENSUS ET L'ECHELLE DU SUBLIME

L'accueil que lui réservèrent les architectes français (et l'ensemble de la presse) fut étonné et ravi, au point que personne ne songea à s'inquiéter de la disparition d'une part des surfaces exigées (la programmation établie par François Lombard était, comme d'habitude, extrêmement minutieuse, mais partiellement fondée sur du vide, puisque le centre de la Communication était encore bien imprécis ; alors, les surfaces...), ni surtout de l'effet de ce bâtiment vu des Tuileries, qui formera un curseur horizontal, situé plus ou moins haut entre les pattes de l'Arc de triomphe, selon la position du spectateur. Il y avait là matière à une campagne hostile de belle ampleur, et de surcroît populaire ; le sujet ne fut pourtant même pas évoqué.

---

7. L'invention de ce désaxement est absolument fortuite. Le sous-sol de la Tête Défense est un entrelacs de voies routières et autoroutières, de lignes de chemin de fer et de métro express régional. Un « vrai plat de nouilles » au dire des techniciens. On ne peut implanter de fondations dans ce réseau absurde qu'au prix de mille complications, « au chausse-pied ».

C'est l'ingénieur Erik Reitzel, associé à Spreckelsen pour le concours, qui, ne trouvant comment résoudre ce « casse-Tête Défense », s'aperçut qu'un pivotement du cube permettait de trouver la faille et de se faufiler jusqu'au bon sol. L'architecte sauta sur cet heureux prétexte qui rendait son édifice plus insolite.

ing its section to the axis, and that would have raised between the vaults of the Arc de triomphe an obelisk approximately 130 metres high. He did not make himself sufficiently clear though, and a model of the Georges Pencreac'h project was made instead.

The customary information leaks were not long in coming, in spite of which François Mitterrand made no more haste than usual. On the 6th of May, Le Quotidien de Paris announced among the winners a Japanese team and an American team, which was incorrect, as well as Jean Nouvel's team, which was correct. Le Monde had been far more precise, the evening before, and had described the two first-prize finalist projects : "a monumental gate (100 metres high?)", inserting itself "in a cube slightly off centre with regards the historical axis", and a "luminous screen wall placed along the axis and closing the square".

THE PHLEGMATIC ARCH
OPEN TO AN UNCERTAIN FUTURE

On the 25th of May, a communiqué from the presidency designated the proposal made by a certain Spreckelsen, a Danish architect unknown in our climes, "whose project appears remarkable by its purity, by the force with which it gives another offshoot to Paris's historical axis, and by its openness". Even so, the communiqué was careful to note that the winner would have to go much further in his study than the sketch in hand, since the head of State had reserved the right to give his final approval "after inspecting the develoments and taking into account the respect of perspective".

François Mitterrand was very much preoccupied by this last named point, and the competition's organizers had tried to reassure him before he made his choice, explaining that if the need were to arise, the cube could be made bigger or smaller and that it would even be possible to make its wide high beam (100 metres wide, 11 metres thick) transparent in some way. The jury itself, though unanimous, had voiced in its report certain misgivings with regards to the project, that was "especially rich in evocative sketches", while "bearing promise and uncertainties". The plan of action was splendid, it seemed coherent but was expressed in such a light and sketchy way that people didn't rightly know what they were dealing with. "The guy doesn't know how to build", said one jury member; "He must be

very young", thought another.

In fact, Johan Otto von Spreckelsen was a 54 year-old Danish architect highly respected in his country, director of the architecture department of the Royal Academy of Fine Arts, a professor rather than a practitioner, since the two functions are distinct in Denmark; he had built his own house 20 kilometres north of Copenhagen in 1958, and four churches. Strange to say, a few months earlier he had figured on the short-list for the la Villette competition, in the landscape designer Andersson's team.

But he was nowhere to be found : he had gone off with his wife to spend three days in a seaside village in Jutland where nobody listened to the radio. All Denmark knew the news, but much to the despair of his son who had stayed home, the man himself could not be contacted.

At long last, on the 30th of May, he was lured to Paris for a press conference of a rare good humour; this euphoria persisted throughout the public opening of the exhibition, where the thousand guests seemed to be floating in a feeling of unanimous satisfaction. On the 1st of June, he met François Mitterrand and was, so they say, admired for his subtlety, and his extremely sober physical and sartorial elegance, to which a pair of ecological type wooden-soled clogs gave that earthly touch so dear to the head of State. They were to see each other again perhaps seven or eight times, Spreckelsen never failing to extract from his satchel a few sample models in marble and bronze, knowing the president's weakness for them.

His project consisted in a hollowed-out cube, as simple as a child's toy, an arch in white marble, looking like nothing else on earth, a far cry from fads and stylistic strife, a virginal and phlegmatic colossus hailing from the same stock as the tough and obdurate la Défense towers, as rigorously geometric as them and yet singular in every respect, extraordinary, never before seen. It was a closed object set on the axis but pierced thru, "a window opening on an unforeseeable future", liberal in a sense. It had been slightly offset (6°30') and because of this dislocation seemed to beckon an invitation, to be standing aside, courteously.

Propriety, amiability and the respect of others are values rarely evoked to justify or explain architecture. Spreckelsen on the

Les professionnels ne retrouvaient pas les signes qui permettent à telle ou telle tendance de s'enflammer : moderne, postmoderne ? rationaliste, formaliste ? colossal, ou de dimension humaine ? Aucun critère ne fonctionnant, ils se réconcilièrent et adoptèrent celui qui était venu, « calme orphelin ». Le débat organisé pour eux par l'Institut français d'architecture, dans les locaux de l'ancienne Ecole polytechnique, fit salle comble. Antoine Grumbach, membre du jury, vanta « l'échelle du sublime, de l'éternel, de cette cathédrale monumentale et proche pourtant de la vie quotidienne ». Roland Castro, avec un splendide talent de tribun, exprima que l'inquiétude des architectes quant aux goûts personnels de François Mitterrand était levée. « Nous savons maintenant ce qu'il pense, ce qu'il recherche : l'évidence et la simplicité, formelle et politique, le consensus. Le projet de Spreckelsen donne de l'air, il est sans tyrannie : c'est un bon coup politique, qui plaît à tous. »

Pourtant, reconnaissait-il, le devenir de la création architecturale en France laissait planer de grandes angoisses ; c'est dans l'architecture ordinaire que le septennat devrait marquer sa trace, et rien ne semblait être fait par la gauche, cette même gauche qui a laissé bâtir Sarcelles sans que Sartre élève jamais la voix, « alors qu'il a protesté contre toutes les formes d'oppression ». Pris au mot, Roland Castro se verra, peu après, chargé avec Michel Cantal-Dupart d'animer auprès du Premier ministre la mission *Banlieues 89*[8] et d'inscrire ainsi, en des zones difficiles mais essentielles pour une pensée urbaine socialiste, le passage au pouvoir de François Mitterrand.

ENTRE LA BRUME ET LES ORAGES

Celui-ci, pour en revenir à la Défense, restait soucieux : la visibilité de la construction dans le ciel parisien l'inquiétait. Autour de lui, on sentait qu'il hésiterait à donner son aval définitif à Spreckelsen qui était en train de préciser son projet avant de le rencontrer le 17 août. On venait de se fâcher gravement avec la Ville de Paris et de renoncer à l'exposition universelle, les projets pour la Bastille n'étaient pas enthousiasmants, la mission de coordination s'était vu prescrire de veiller aux coûts et aux délais : la période était assez tendue. Spreckelsen et son ingénieur Reitzel eurent l'idée d'une simulation : on pouvait

monter à la hauteur de la future arche une plate-forme de 400 mètres carrés, peinte en faux marbre, et tenue par une structure métallique, suspendue peut-être à un hélicoptère. Cette solution étant trop dangereuse, on fit venir de toute urgence une des deux grues de 165 mètres de la société Ponticelli, les plus hautes de France : convoi exceptionnel de 263 tonnes qu'il fallut amener de Bordeaux, en pleine semaine du 15 août. C'était un risque sérieux, après les mésaventures d'une autre grue qui, peu de jours avant, n'était pas arrivée à Latché, résidence landaise du président de la République, et, dans le ricanement général, avait imposé l'annulation d'une intervention télévisée.

Le 15 août, jour férié, Paris étant désert comme à l'accoutumée, la grue géante placée sur les voies de l'autoroute, en contrebas de la dalle de la Défense, commença à élever la plaque. A 50 mètres d'altitude, elle se mit à tournoyer sur elle-même. Il fallut la redescendre et coupler l'engin de levage à deux treuils coordonnés, ancrés au sol, et retenant ses bords pour éviter qu'ils ne pivotent. Cela marchait plus ou moins bien. Il régnait ces jours-là une brume constante et les orages menaçaient.

Finalement, le 17, à onze heures du matin, l'élément était en position. François Mitterrand devait recevoir Spreckelsen à dix-sept heures. A midi, prévenus par téléphone, Robert Lion et Christian Sautter, secrétaire général de l'Elysée, le firent sortir par la grille du Coq, au fond du parc du palais présidentiel, avenue Gabriel ; il regarda et le dispositif fut immédiatement redescendu. On recommença vers seize heures, dans une autre lumière, en prévenant à titre officieux le directeur du Patrimoine, Pattyn, et quelques inspecteurs généraux des Monuments historiques. L'arrivée du directeur de l'Aménagement urbain de la Ville, Pierre-Yves Ligen, dont, en haut lieu, on ne savait pas qu'il venait de démissionner après l'échec de l'exposition universelle, créa une émotion ; il fallut assurer au chef de l'Etat que cet « incident » n'allait pas être exploité dans un sens qui eût nui à sa politique. Rasséréné, il demanda un nouvel essai pour le lendemain matin et, ayant remonté une partie des Champs-Elysées depuis la Concorde, décida de maintenir le projet et jugea que, somme toute, un grand bandeau de marbre au sommet de l'arche

---

8. A propos de cette opération, François Mitterrand a déclaré, dans un entretien au *Nouvel Observateur*, en décembre 1984 : « Je n'aurai pas le temps d'avancer suffisamment cette entreprise qui requiert une longue durée, mais

j'aurai donné l'élan. J'ai fait appel à des hommes de talent et d'enthousiasme qui continueront de tailler le chemin ; ils ont commencé, hardiment, et l'idée qu'ils ont, autour de Roland Castro..., oui, cette idée est exaltante. »

contrary often referred to them, and in doing so bore witness to the humanity that stands as a moral in Nordic architecture. "We don't draw attention to ourselves by theatrical gesturing, useless agitation or extravagant clothing; a certain distinction, a few well-chosen movements are enough : sometimes nothing more than a nod of the head"[5].

THE CONSENSUS
AND THE SCALE OF THE SUBLIME

The reception given him by French architects (and the entire press) was one of surprise and delight, so much so that no one thought of worrying about the disappearance of part of the required spaces (as usual, the brief established by François Lombard was extremely detailed, but partly based on empty space, since the Communications centre was still hazy the space was even more so...). And above all, no one thought of the effect the building would have seen from the Tuileries, forming as it would according to the position of the viewer a horizontal cursor situated more or less high under the legs of the Arc de triomphe. Therein lay the makings of a fair-sized hostile campaign, and a popular one too; but the subject never came up.

Professionals were at a loss to find the signs that would enable one trend or another to take up arms : modern, post-modern? Since none of the criteria functioned, they were reconciled to each other and adopted this "calm orphan" that had come to them. The debate organized for them by the Institut français d'Architecture on the premises of the old Ecole polytechnique drew a big crowd. Jury member Antoine Grumbach, lauded "the sublime, eternal scale of this cathedral, monumental but near to daily life". Roland Castro, with the talent of a gifted tribune, said that the doubts architects once had about François Mitterrand's personal tastes had been dissipated. "Now we know what he is thinking, what he is looking for : formal and political forthrightness and simplicity, the

consensus. Spreckelsen's project lets in fresh air, is without tyranny : it's a good political move that agrees with everyone".

Even so, as he himself admitted, the future of architectural creation in France looked grim; the president's seven year reign should leave its trace in ordinary architecture and nothing seemed to be being done by the Left, the same Left that had let Sarcelles be built without Sartre having raised his voice, "whereas it had protested against all forms of oppression". Taken at his word, Roland Castro was to find himself not long after, with Michel Cantal-Dupart, delegated to the prime minister to inspirit the Banlieues 89 mission, and thus to inscribe in difficult areas (but ones essential for socialist urban thought) the mark of François Mitterrand's term of office[6].

BETWEEN MIST AND STORMS

To get back to la Défense, the president was still worried about the building's visibility in the Parisian skyline. People close to him felt that he would delay giving final approval to Spreckelsen, who was busy readying his project for his meeting with the French head on August 17. The period was quite tense : there had been a serious dispute with the Paris civic authorities and the universal exposition had been scrapped, the projects for the Bastille weren't arousing much interest and the coordination delegation had been instructed to keep a close watch on costs. Reitzel got the idea of a simulation : a 400 m² plate painted in false marble and stiffened by a metal structure could be suspended from a helicopter at the height of the future arch.

The idea was too dangerous though and one of the Ponticelli company's two 165 metre cranes – the highest building in France – was speedily brought to the site : a 263 ton wide load all the way from Bordeaux in mid-August : the dead of summer.

On August 15, a public holiday, Paris being as usual deserted, the giant crane set up on

Page de gauche : dessin d'Erik Reitzel comparant la grue du 15 août et sa plaque témoin à la hauteur de quelques édifices célèbres.

•

Opposite page : a sketch by Erik Reitzel comparing the crane of August 15th, and its test plate raised to the height of several famed edifices.

Spreckelsen à l'Elysée en février 1985.

•

Spreckelsen at the Elysée in February 1985.

---

5. The reasons for this offsetting are fortuitous. The subsoil under the Tête Défense is riddled with roads, motorways, rain and express subway lines : "a bowl of noodles", according to the technicians. Foundations can be struck in this absurd network only after a thousand complications, "with a shoehorn". Spreckelsen's associate engineer on the project, Erik Reitzel, while trying to get around this tricky problem noticed that by pivoting the cube a rift could be found that went all the way down to bedrock. The architect

snatched up this lucky pretext to make his building a little more unusual.
6. In an interview given to Le Nouvel Observateur in December 1984, the head of State had said : "I won't have enough time to push this project thru since it demands a long term, but I'll give the initial impetus. I've called in keen and talented men who'll keep moving in the same direction; they've set out with a will, and the idea those grouped around Roland Castro have is exhilarating".

François Mitterrand se fera fréquemment présenter l'évolution du projet. Ici en février 1985 (avec notamment Yvette Chassagne, Jack Lang, Robert Lion et Hélène Waysbord) et en février 1986 (avec Jean Auroux, Robert Lion et Paul Guimard).

●

François Mitterrand was to keep a close eye on the project's evolution. Here in February 1985 (with amongst others Yvette Chassagne, Jack Lang, Robert Lion and Hélène Waysbord); and in February 1986 (with Jean Auroux, Robert Lion and Paul Guimard).

Spreckelsen précise son projet, avec les grandes nappes vitrées de ses « nuages », un système en gradin pour les « collines », et deux escaliers mécaniques qui seront heureusement abandonnés par la suite.

●

Spreckelsen drew his project into focus with the wide glazed aprons of his « clouds », a gradient system for the « hills » and two escalators, which were fortunately scrapped later.

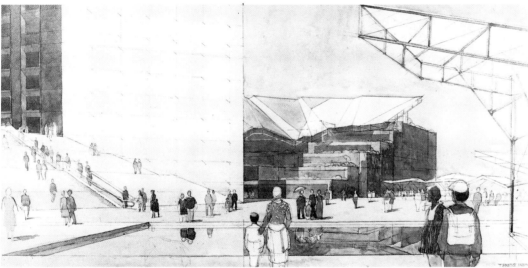

valait aussi bien que la solution transparente, sans doute aussi réfléchissante, qu'on avait un moment imaginée. Le mois suivant, après une nouvelle rencontre avec l'architecte, le président de la République lui donnait son accord définitif.

Mais les choses n'étaient pas aisées ; entre Spreckelsen et ses clients, une maîtrise d'ouvrage tentaculaire, mal structurée, pourvue d'un programme qui ne cessait de changer, la tension était souvent vive[9]. L'architecte menaça de tout abandonner. Il fallut que Robert Lion et le responsable de l'opération, Georges Vauzeilles, se rendent à Copenhague en octobre 1983 pour le ramener à de meilleurs sentiments et le convaincre de remettre la première phase de son travail, l'étude de « faisabilité ». Bientôt fut créé un groupement des maîtres d'ouvrage qui déléguait provisoirement ses pouvoirs à l'EPAD, jusqu'à la création en septembre 1984 d'une société d'économie mixte liant l'Etat (pour 34 % des parts), la Caisse des dépôts (pour 26 %) et des banques et compagnies d'assurances.

LE PUR, LE REEL ET LE SQUELETTE DU REVE

Il fallait associer Johan Otto von Spreckelsen à un praticien français, plus familier des mécanismes nationaux. En janvier 1984, il choisit Paul Andreu, architecte, polytechnicien, ingénieur des Ponts et Chaussées, grand prix d'architecture en 1977, auteur de l'aérogare de Roissy et de quelques autres dans le tiers monde, responsable de l'agence et du solide bureau d'études de la société Aéroports de Paris.

Passé les premières difficultés de rapport entre les deux hommes, une fois bien définis les territoires et responsabilités de chacun, Spreckelsen s'est renfermé dans le rôle de l'architecte au sens libéral du terme, qui fait les dessins dans son agence, souvent au Danemark, et laisse à l'équipe d'Andreu et d'Aéroports de Paris, animée par Jean-Marie Chevallier, la responsabilité de l'éta-

blissement des plans finaux, de l'exécution, de la coordination technique et du suivi de chantier. L'architecte danois entendait ainsi préserver son indépendance, son autonomie conceptuelle, usant au maximum de la force que, dans toute négociation, lui conférait l'urgence, laissant traîner le moment de choisir, pensant que tout retard, toute menace de blocage de la mécanique jouaient en sa faveur. « Ma décision n'est pas prise » était, fréquemment, sa réponse aux problèmes pressants : un rien de mitterrandisme ! Les choses étaient vraiment très compliquées, rapporte Paul Andreu. « Tout le monde joue de tout en architecture : chantage à l'assurance, prétendus arguments techniques... Et, dans ces Grands Projets, chaque niveau de décision prétend à la perfection dans son propre domaine ; de l'administration aux architectes, et jusqu'aux pompiers des services de sécurité, chacun veut être exemplaire, dans des délais pourtant invraisemblablement courts ; cela n'a pas de sens et est, sans cesse, bousculé par la nécessité d'agir vite. »

Les difficultés, les multiples changements de programme exaspéraient Spreckelsen ; il affirmait avoir fait cinq à six projets successifs pour le cube, dont trois très différents, et en être venu à sa onzième proposition pour les « collines », blocs d'immeubles cubiques à droite de la Grande Arche, dont l'organisation n'était toujours pas arrêtée au changement politique de 1986. A la fin 1984, la crise était devenue particulièrement grave ; on était au bord de la rupture définitive. On dut rappeler Joseph Belmont qui, constituant avec l'architecte Georges Vauzeilles, et Jean-Marie Chevallier pour Aéroports de Paris, un groupe de décisions d'urgence, aida à trancher sur les points litigieux, arbitrant pendant deux à trois mois, avec procès-verbaux à la fin de chaque réunion, entre les points de vue en présence.

Spreckelsen ne voulait rien lâcher de ses exigences, se sentant soutenu par le chef de l'Etat

---

9. Un exemple ponctuel, et très douloureux, donne une idée de la confusion qui régnait jusque-là entre les divers pouvoirs. Les plans anciens prévoyaient depuis plusieurs années la construction par Emile Aillaud d'une colonnade de neuf arches alternées, inverses et emboîtées, fermant le parvis avant le Cnit, sur une largeur de 44 mètres, à environ 300 mètres devant le cube de Spreckelsen. Cette clôture, très pleine, présentait entre neuf et 13 mètres un linteau homogène, parfaitement opaque. Or, le plateau du cube est situé à 11 mètres au-dessus de la dalle, après une cinquantaine de marches. Autant dire que le portique d'Emile Aillaud interdisait radicalement qu'on puisse, du nouveau bâtiment, voir Paris et l'Arc de triomphe de l'Etoile. Absurde ; du premier coup d'œil, si l'on peut dire. Et pourtant, l'EPAD entreprit les travaux, comme si de rien n'était.

L'œuvre, revêtue d'une très belle marqueterie de marbre de Carrare due à Fabio Rieti, fut un jour arrêtée aux deux tiers de sa hauteur, avec des fers à béton qui dépassaient de chaque pilier comme sur un chantier abandonné. On se fit tout petit, personne n'osait donner l'ordre de démolir, laissant la responsabilité de cet acte malheureusement inévitable à un « décideur » futur. Et puis Aillaud était bien âgé, bien fatigué. Alors cette indécision, insultante pour le vieux créateur, prendrait fin, d'elle-même, par effacement de l'artiste. Et puis une transaction financière dont l'EPAD, plein de tact, ne veut pas révéler le montant, fut négociée. La démolition de la colonnade se fit, tout au long de l'automne 1988, pour s'achever, par une extraordinaire et dramatique coïncidence, le 29 décembre, jour même de la mort d'Emile Aillaud à quatre-vingt-six ans.

the lanes of the motorway below the la Défense slab began lifting the plate. But 50 metres off the ground the damn thing began to spin around. It had to be grounded again while the lifting machinery was coupled to two synchronised winches anchored on the ground, whose cables attached to the sides of the plate kept it from turning. It worked well enough. But there was a lot of mist over the city at the time, and storms were threatening.

At long last, at 11 a.m. on the 17th, everything was set. François Mitterrand was due to meet Spreckelsen at five that afternoon. Informed over the phone at midday, Robert Lion and Elysée general secretary Christian Sautter, led the president out thru the Coq gate down to the end of the presidential palace's garden, avenue Gabriel. He took a look... and then the whole caboodle was grounded again. At 4 p.m. another viewing took place, in a different light, after director of Heritage Pattyn, and several general inspectors of Historical monuments had been officiously informed. The arrival of Pierre-Yves Ligen, director of Urban development of the City, whose resignation after the setback of the universal exposition was as yet unknown in upper circles, created a stir; the head of State had to be assured that this "incident" wasn't going to be exploited in a way that would harm his political programme. Reassured, the president requested a new trial the following morning, and after driving up part of the Champs-Elysées from the Concorde, decided to stand by the project, considering after all that a big strip of marble over the arch was just as good as the transparent (and most likely reflecting) solution that had been thought of at one stage. Subsequent to a new meeting with the architect a month later, the president of the Republic gave him his final approval.

But things weren't easy; there were moments of extreme tension between Spreckelsen and his clients, an octopus-like mastery of works, badly structured and entangled in a brief that changed incessantly[7]. Up against this as of the word go, Spreckelsen threatened to drop everything. Robert Lion and the man in charge of the operation Georges Vauzeille had to go to Copenhagen in October 1983 to mollify him and talk him into submitting the first phase of his work, the "feasability" study. Soon after a grouping of the masters of works was set up, the GMOTD delegating temporarily its powers to the EPAD, a situation which lasted until the setting up in September 1984 of a mixed company linking the State (34% shareholder), the Caisse des Dépôts (26%) and assorted banks and insurance companies.

THE PURE, THE REAL AND THE DREAM SKELETON

Of course, Johan Otto von Spreckelsen had to be associated to a French practician, more familiar with national mechanisms. In January 1984 he chose Paul Andreu, architect, Polytechnic graduate, engineer from the Ponts et Chaussées school, Grand prix d'architecture in 1977, designer of Roissy airport and of a few others around the world, and head man of the very solid agency and design office of the Aéroports de Paris company.

Once the preliminary difficulties of rapport were sorted out, and the domains and responsibilities of each defined, Spreckelsen confined himself to the role of architect in the liberal sense of the term, doing his drawings in his agency, often in Denmark, and leaving to Andreu and Aéroports de Paris, spirited by Jean-Marie Chevallier, the responsibility for establishing final plans, carrying out work, and looking after the technical coordination

---

7. A random and very painful example will give an idea of the confusion current up till then between the various powers. For several years already the old plans had called for the building of Emile Aillaud's colonnade of nine alternate inversed and interlinked arches to close the square facing the Cnit, on a width of 44 metres and about 300 metres in front of Spreckelsen's cube. This very full closure presented a homogeneous and opaque lintel between 9 and 13 metres high. The base of the cube though is situated 11 metres above the slab, up fifty or so steps. In other words, Emile Aillaud's portico radically obstructed any view of Paris and the Arc de triomphe at l'Etoile from the new building. Quite obviously an absurd state of affairs. And yet the EPAD began work as if there were no problem at all. Then, work stopped one day at two thirds the height,

and with its beautiful Carrara marble marquetry by Fabio Rieti and steelwork sticking out from the top of each pillar, the site looked very much like it had been abandoned. People took to eating humble pie and no one dared give the demolition order, foisting the responsibility for this unfortunately inevitable act onto a future "decision-maker".

Besides which Emile Aillaud was getting on in years and was world-weary as well. So, insulting as it was for the old creator, this indecision would end of itself by the passing of the artist. But then a financial transaction was negotiated for an amount the tactful EPAD was not inclined to disclose. Demolition of the colonnade went ahead all thru autumn 1988 and by an extraordinary and dramatic coincidence ended on December 29, the day Emile Aillaud, aged eighty-six, died.

qui l'avait invité à être ferme dans ses combats. Il se sentait assailli, comme si chacun voulait dénaturer son bel objet, l'entacher d'impureté. Il avait, expliquent certains de ses interlocuteurs, avec sympathie d'ailleurs, une mentalité de professeur, de jeune architecte peu coutumier des problèmes réels du bâtiment, vivant dans un univers idéal et un peu livresque.

Ses idées sur l'érection de la structure étaient si contestées qu'elles durent être traduites le 29 février 1984 devant l'assemblée des « quatre » ; comme l'y poussait l'ingénieur Reitzel, il plaidait pour qu'on bâtisse toute la gigantesque carcasse, vide, mégastructure transparente et fabuleuse, squelette théorique dans lequel on ne mettrait qu'ensuite les planchers intermédiaires, les éléments de remplissage[10] ; idée jugée totalement formaliste par ses associés français, car elle supposait une dynamique sans aucun rapport avec l'organisation d'un grand chantier de béton armé et relevait de cette école d'architecture pour laquelle le dessin de principe ou la photographie de chantier comptent autant que le bâtiment achevé, ou en sont, tout du moins, un moment important ; ce rationalisme abstrait, inspiré des thèses de gens comme Auguste Perret ou Pier-Luigi Nervi, n'est pas pratiqué quotidiennement par les ingénieurs de chez Bouygues.

Les pompiers, en plus, ne tolèrent pas que l'on raisonne ainsi par boîtes superposées, par paquets d'étages ; pour eux, chaque étage est une entité autonome. La mégastructure est ainsi un souvenir, le vestige d'une ambition technique perdue en cours de route.

LE LISSE ET LE TROP-PLEIN

De plus, il s'est posé un problème de surface, comme on le pressentait au lendemain du concours. Pour en trouver, on a d'abord fouillé sous la dalle et enterré de manière un peu affolante certaines parties du centre de la Communication. Il est vrai que la Défense est un univers artificiel où l'on ne sait jamais où est le vrai sol, mais l'enfouissement à 16 mètres de certains équipements, même si au-dessous encore courent métros et grands collecteurs, est assez problé-

matique. On a donc bourré les deux « pattes » du cube, sans presque toucher à la géométrie de l'ensemble (passé des 100 mètres de côté, « idéaux », à 108, 110 de hauteur, 112 de profondeur), en mettant sept niveaux de bureaux dans chaque case de la mégastructure, là où il n'y en avait que six (les modules étant eux-mêmes élargis légèrement, de 20 à 21 mètres).

Désormais, le bâtiment est plein à craquer : chaque étage a perdu 40 centimètres ; les poutres horizontales des mégas sont devenues trop étroites pour qu'on y fasse passer les réseaux d'irrigation de la construction, aucun service d'entretien n'acceptant d'envoyer ses ouvriers réparer comme des sous-mariniers en rampant entre deux dalles de béton armé ; les fluides tentent alors de monter dans les colonnes des mégas verticales, bondées à leur tour.

Tout est très contraint, très serré du point de vue technique, et pourtant le bâtiment a gardé sa grâce, sa fausse sveltesse, ses faces biseautées finement, son parement délicat de marbre blanc de Carrare.

C'est ce qui est d'ailleurs merveilleux dans la construction du bâtiment : des exigences innombrables se fondent dans un parti arbitraire, des charges physiques considérables s'effacent ; un plafond d'un hectare a l'air de reposer sans effort à 100 mètres d'altitude.

Autre difficulté, Spreckelsen souhaitait que son beau cube d'air frais soit parfaitement lisse : un caillebotis sur le toit terrasse et ses patios, pour unifier le côté présenté au bon Dieu et aux aviateurs ; et des façades différentes à l'intérieur du cube, caissonnées comme la voûte du Panthéon d'Agrippa[11], et à l'extérieur, où il les voulait totalement lisses, sans parclose ni joint pour accrocher le regard. Ces exigences terribles de perfection, souvent complètement contradictoires avec les problèmes de lumière ou d'isolation thermique, valurent à l'architecte François Deslaugiers (dépêché par Paul Andreu auprès de l'intraitable Danois pour régler cette affaire) de nouer une solide sympathie avec son partenaire impossible et de se faire une notion plus précise de ce que peut être la quadrature du cercle.

10. L'idée structurelle d'Erik Reitzel consistait en une cage hyperstatique de mégapiliers et de mégapoutres espacés de 21 mètres, formant des sortes de côtes dans lesquelles se logeait ensuite le reste, un peu comme dans les fameux « caissers à bouteilles » de Le Corbusier. On a gardé ce schéma, mais en le vidant pratiquement de sa logique fonctionnelle ; le bâtiment est toujours organisé selon le rythme secondaire des grandes « mégas » mais elles ne servent quasiment plus à rien, et le bâtiment aurait aussi bien pu être construit avec une

structure traditionnelle de noyaux (escaliers, gaines, ascenseurs) et façades porteuses.
11. Y compris pour le plafond, ce qui paraît parfaitement normal dans une logique, au moins métaphorique, de l'architecture, mais qui, pour un petit milliard d'anciens francs d'économie, fut un moment remis en cause, puis remplacé par des caissons non plus en creux mais en saillie, évoquant à certains une tablette de chocolat, quand la première solution leur évoquait sans doute une gaufre.

and follow-up of the worksite. The Danish architect wanted to safeguard his independence and conceptual autonomy in this way, using to the utmost the strength that in all negotiations gave him the edge of urgency, letting the moment to decide drag on, considering that any delay or threat of blockage in the mechanism would be to his favour. "I haven't made up my mind yet" was often his answer to urgent problems : a touch of mitterrandism? "Things were really complicated", comments Paul Andreu. "In architecture, people use whatever they can lay their hands on to hassle you : insurance blackmail, so-called technical arguments... And with these 'Grand projets', every decision echelon claims perfection in its own field, from the administration to the architects and even the firemen of the security services ; everyone wants to be exemplary despite incredibly short deadlines ; this is senseless, and it is a mentality that is constantly being pushed aside by the need to act quickly".

The difficulties and endless changes in the brief exasperated Spreckelsen ; he claimed to have made five or six successive projects for the cube, three of which were very different, and to be at his eleventh proposal for the "hills" – blocks of cubic buildings to the right of the grand arch, whose layout still hadn't been decided on when the 1986 political change came. At the end of 1984, the crisis became especially serious ; things seemed to be on the verge of an all-out rupture. Joseph Belmont was called back in to constitute with the architect Georges Vauzeille and Jean-Marie Chevallier of Aéroports de Paris an emergency decisions group to help settle points of dispute, arbitrating between the different points of view present for periods of two or three months, and reporting at the end of each session.

Spreckelsen was reluctant to back down on any of his demands, conscious as he was of the support of the head of State, who had exhorted him to stand firm in his struggles. He felt as if he was being set upon from all sides, as if everyone wanted to spoil his beautiful object, taint it with impurity. Certain parties in contact with him say, in sympathising with him, that he had the mentality of a teacher, of a young

architect little used to real building problems, living in a universe at once ideal and a little bookish.

His ideas on the erection of the structure were questioned to such an extent that they had to be brought before the "assembly of four" on February 29, 1984 ; pushed on by his engineer Reitzel, he demanded that the whole gigantic carcase be built, empty, a transparent and fabulous megastructure, a theoretical skeleton into which the intermediary floors and in-filling elements would be built at a later date[8] ; an idea deemed totally formalist by his French associates since it supposed dynamics totally unrelated to the organization of a big pre-stressed concrete worksite, and belonged more to the school of architecture for which initial draughting or worksite photography count as much as the finished building, or are at least an important phase ; this abstract rationalism, inspired by the thinking of people like Auguste Perret or Pier-Luigi Nervi, is not the daily bread of the engineers working for Bouygues.

Moreover, firemen will not stand for reasoning by superposed boxes, by bunches of floors ; for them each floor is an autonomous entity. And thus the megastructure became a memory, the remains of a technical ambition lost during the work process.

THE SMOOTH AND THE OVERFULL

What is more, as was felt just after the contest, the problem of surface space came up. To find more, people began by digging under the slab and burying in a rather alarming way parts of the Communications centre. True, la Défense is an artificial universe in which one never knows where real bedrock is, but burying certain facilities 16 metres down, even if underneath them subways and big drains still criss-cross, is a tricky business indeed. So the "legs" of the cube were stuffed with space with practically no change to the overall geometry (whose "ideal" 100 metres sides have evolved to laterals of 108, height 110, depth 112) : seven levels of office space in each block of the megastructure, where previously there had been only six (the modules being slightly widened from 20 to 21 metres).

8. Erik Reitzel's structural concept consisted in a hyperstatic cage of megapillars and megabeams set 21 metres apart to form a sort of rib cage into which the rest could be built later, a little like Le Corbusier's famous "bottle racks". Though adopted, the idea was practically voided of its functional logic ; the layout still holds to the secondary rhythm of the "megas" but they serve virtually no purpose at all, and the building could just as well have had a traditional structure of cores (stairs, sheaths, lifts) and bearing façades.

Spreckelsen tenait beaucoup à ce contraste entre la pureté immatérielle, irréelle, de l'enveloppe générale et un intérieur plus riche de matière, comme creusé[12]. Sur ses croquis, il avait un moment imaginé que l'espace du dedans serait tout hérissé, un peu gothique, encombré. La différence de texture lui paraissait essentielle : « L'architecture, expliquait-il en dessinant à grands traits avec une craie grasse, est partiellement de la sculpture ; il faut juste s'arrêter à temps. »

LES COLLINES, LES NUAGES ET LES KIOSQUES ENDIMANCHES

Les « nuages », ces verrières qu'il avait très vaguement esquissées au moment du concours, participaient du même souci : accrocher au sol ce cube trop froid, faire que quelque chose batte des ailes, se répande sur le parvis, aille à la rencontre du Cnit et du centre commercial, comme un auvent un peu fou, un peu libre, monte sur ces immeubles latéraux qu'il appelait du mot bien vague de « collines », et les prenne sous son manteau. Elles avaient aussi un rôle protecteur dans le rude climat hivernal de l'endroit. Spreckelsen l'avait expérimenté en janvier 1983, venu réfléchir à cette compétition dans la brasserie *Flunch*, en bord de dalle. Ce furent ensuite de larges nappes de structures métalliques, des pans de grandes écailles de verre teinté en blanc, éventuellement sablé, formant un toit aux faces cassées, comme un papier plié qui eût volé assez bas au-dessus du parterre principal de l'arche pour ne pas couvrir les bureaux. Cela devait, un moment, être suspendu à des câbles ancrés dans la façade ; mais un incendie aurait pu les faire se rompre. Alors les nuages furent un temps supportés par de gros pylônes à croisillons, comme ceux des lignes électriques à haute tension, en plus court et trapu.

Ainsi le visiteur serait-il monté, depuis le parvis de la Défense, par une cinquantaine de marches, 100 mètres de large, vers ce plafond et ces poutraisons métalliques. Il aurait dû franchir un paravent de verre plié en accordéon, au parcours brisé (destiné à éviter que ce cube aux faces biseautées, véritable entonnoir à effet Venturi, accélérateur de vents, ne soit traversé de courants d'air), un écran transparent qui aurait été percé de gros trous ronds, comme les banderoles de manifestants, pour adoucir le choc et les turbulences. Et là, du milieu de ce parterre juché à près de neuf mètres, jaillissait une curieuse accumulation verticale de mâts tendus, barres de flèche et haubans, toute une ferraille dressée vers le toit du cube pour hisser, dans une montée splendide, cinq ascenseurs de plein air fort spectaculaires.

Et puis, au fond, un second paravent de verre, plus haut, et un nouvel emmarchement aussi magnifique que le premier, tourné là pour de simples raisons de symétrie, en pure perte, en pure perte de vue, pour le plaisir de regarder l'autoroute de Saint-Germain, les deux cimetières de Puteaux et Neuilly, la banlieue et le soleil couchant. Au pied des marches, trois étranges lampadaires noirs de Takis, souples, déhanchés, dodelinant de la tête au sommet d'une colonne spiralée, rappels esseulés, pour conclure, de ce bosquet d'autres lampadaires semblables que Spreckelsen aurait disposés sur le parvis, près de ses grands nuages aux ailes cassées, parmi toute une famille endimanchée de kiosques et de buvettes, colorés par Dewasne, qui se pressaient en petits groupes sur la dalle, sur le parterre du cube et dans les tréfonds du centre international de Communication.

LA PAROLE A LA DEFENSE

De celui-ci, nous n'avons guère parlé. C'est que, depuis l'origine, il fit problème jusqu'à son abandon en 1986 par le gouvernement Chirac, dans l'indifférence générale. Conçu en plein bonheur de l'état de grâce, le projet de Serge Antoine barbotait délicieusement dans la fiction mondialo-régionaliste et la générosité tous azimuts. On allait y accueillir une librairie des langues minoritaires, des réseaux d'échange et d'amitié, les mémoires audiovisuelles régionales, toutes les « pluralités » imaginables. Le communiqué officiel de la présidence de la République du 9 mars 1982 parlait d'ouvrir la France sur les cultures et les événements du monde entier et de diffuser « à travers l'univers les messages dont notre pays est porteur ». On comprend, à lire ce baragouin, l'hésitation des grands architectes américains, pragmatiques comme ils sont, à se lancer dans ce concours international et qu'au contraire les Soviétiques, habitués au verbalisme idéologique, s'y soient rués.

Spreckelsen, en marge de sa proposition au concours, parlait encore, avec emphase, de l'« Arc

12. Dans ses premières recherches, il était parti de l'idée d'un cube pur, qu'il avait tenté de fracturer, d'entailler, de déboîter ; il était donc naturel qu'il poursuive l'élaboration de ce creux pourvu de relief, comme l'intérieur d'une géode.

Henceforth the building is chock-a-block full : each floor has lost 40 centimetres ; the horizontal beams of the megas have become too slim to house the building's irrigation networks, since no maintenance company would accept sending in workers to do repair work as if they were undersea divers, crawling between two slabs of reinforced concrete ; so the fluids are trying to climb up the columns of the vertical megas, which are also overfull.

From a technical point of view everything is constricted, very much squeezed in, yet the building retains its grace and false slimness, its finely chamfered faces and delicate surfacing of white Carrara marble. And this is what is wonderful about the arch : innumerable constraints blend in an arbitrary course of action, considerable physical loads disappear, a ceiling over one hectare in area seems to rest effortlessly at an altitude of 100 metres.

Another snag was that Spreckelsen had originally wanted his beautiful cube of fresh air to be perfectly smooth : grating on the terrace roof and its patios to unify the view presented to the Lord above and airmen ; and different façades, caissoned like the vault of Hadrian's Pantheon on the inside of the cube[9], completely smooth with nary a glazing fillet nor joint to catch the eye on the outside. These frightful exigencies of perfection, often completely at odds with problems of light or thermal proofing, were to enable the architect François Deslaugiers (despatched by Paul Andreu to settle this matter with the stubborn Dane) to form a solid friendship with his impossible partner and to get a more exact notion of just what squaring the circle means.

Spreckelsen was very much attached to this contrast between the immaterial, unreal purity of the overall enveloppe and an interior much richer in matter, as if it had been hollowed out[10]. At one stage in his sketches he imagined that the internal space could be spiky, a little gothic, cluttered. The difference in texture seemed vital to him : "Architecture", he explained while tracing large lines with a wax crayon, "is partly sculpture ; you have to stop just in time".

HILLS, CLOUDS AND SUNDAY-DRESSED KIOSKS

The "clouds", the glass roofs that he had sketched vaguely at the time of the contest came from the same preoccupation : attach this cold cube to the earth, make something start beating its wings, spread out over the slab to meet the Cnit and the business centre like an awning gone a little crazy and free, climb over these lateral buildings that he called "hills" – a vague term indeed – and take them under its cloak.

They also had a protecting role to play given the severe winter climate of the context. In January 1983, Spreckelsen had tested the idea when he went to think over the competition in the Flunch restaurant, just beside the slab. Later they became wide metallic structures, big lenses of white-tinted or sand-blasted glass, forming a roof with broken facets like a piece of crumpled paper that would fly low over the main open space of the arch so as not to cover the offices. At one time the whole thing was to be suspended from cables tied into the façade ; but a fire might mean their snapping. So for a time the clouds were supported by thick X-braced pylons, like those of high tension pylons, but shorter and more solid.

In this way, from the open square of la Défense the vistor would have climbed fifty steps 100 metres wide, towards the ceiling with its metallic girderage. He or she would then cross a screen of concertinaed glass (destined to keep this cube with chamfered faces – a veritable Venturi effect tunnel and wind accelerator – from being crossed by draughts), a transparent screen pierced by big round holes like the signs that demonstrators carry, to lessen wind resistance. And there, in the midst of the open square perched near on 9 metres high, a strange vertical accumulation of stretched masts, cross beams and guy rigging shot up, a tangle of metalwork rising towards the roof of the cube to draw up in a splendid ascension five spectacular scenic lifts.

Then, further back, a second and higher glass screen, and another flight of stairs as magnificent as the first, turned for simple

La famille des kiosques cylindriques imaginés par Spreckelsen.

•

The family of cylindrical kiosks imagined by Spreckelsen.

9. Including the ceiling, which would have been perfectly normal, at least in a metaphorical logic of architecture, but which for a saving of a billion in old francs was scrapped at one stage, then replaced by caissons that were raised and not indented as they had formerly been.
This last solution no doubt made certain people think of a chocolate bar, whereas the first solution ((the indented caissons) had put them in mind of a waffle.
10. In his first studies he started with the idea of a pure cube which he had attempted to break, cut, offset ; it was natural enough then that he continue the elaboration of this hollow endowed with a relief, like the inside of a geode.

de triomphe de l'humanité ». On s'aperçut rapidement de deux choses : la première, c'est que tout cela n'avait strictement aucun sens et qu'il fallait, de toute urgence, faire montre d'un peu plus de réalisme ; la seconde, c'est qu'il n'y avait pas de place dans le cube pour le grand équipement public, sauf dans les sous-sols.

Commençons par le contenu du centre, rapidement devenu Carrefour international de la Communication. Un second rapport, plus concret, fut établi par un jeune ingénieur des Télécommunications, François Mahieux, au printemps 1983, remis au président de la République en juin, approuvé le 27 juillet et présenté au public par Robert Lion en septembre. Rédigé au nom de l'Ascom (association créée au printemps, présidée par R. Lion et dirigée officiellement par F. Mahieux après acceptation de son projet), il distinguait trois vocations : création d'un parc d'attraction drainant le grand public vers un « jardin d'acclimatation » des nouveaux outils de communication, lieu d'accueil, d'exposition et d'initiation ; des ateliers dispensant des formations ; enfin un centre professionnel, rapidement appelé centre d'affaires, marché international des logiciels et des produits audiovisuels, foire permanente des industries spécialisées, liée au Cnit et à son fameux salon du Sicob, et à un marché géant de l'informatique qui pouvait être créé sur un terrain voisin, de l'autre côté de la rocade de ceinture.

Le groupe des conseillers du chef de l'Etat se faisait présenter en février 1984 l'opération et découvrait que le « jardin d'acclimatation », seule partie publique du projet, se trouvait dans le socle du cube, et posait donc de sérieux problèmes d'accès, de lisibilité et de symbolique ; qu'on lui offrait de « riper » ces surfaces vers le hall voûté du Cnit, mais qu'alors l'arche perdait une part de sa légitimité ; que ledit Cnit pouvait aussi devenir un hôtel, architecturalement magnifique, et un centre de congrès. Bref, on bricolait.

COMPTES ET MECOMPTES, RETOUR AUX AFFAIRES

Gilbert Trigano fut invité à mettre de l'ordre dans cela à l'été 1984 ; il allait être nommé président du Carrefour lorsque cette maladroite loi Desgraupes menaça de le frapper à son tour[13]. Il dut donc renoncer et laisser la place à Yvette

Chassagne, présidente de l'UAP. Entre-temps, le projet avait pris forme et commençait à susciter moins d'ironie ; on parlait de créer un port franc international de la création, où pourraient être visionnées toutes les productions de film ou vidéo, et un « centre de ressources », téléport des émissions du monde entier, accompagné d'une gigantesque « thèque ». En mai 1985 était nommé un nouveau directeur général, Jean-Hervé Lorenzi. Une autre approche du centre (devenu établissement public en juin 84) se précisait : un lieu public en socle et sous-socle du cube, lieu d'expositions et spectacles, un « centre de ressources » et une cité des affaires dans les « collines ». Le vocabulaire commercial à coloration franglaise remplaçait progressivement le jargon participationniste ; on parlait de constituer le « show-room » des produits nouveaux, avant qu'ils n'apparaissent sur le marché, de montrer au public ce spectacle de l'innovation technique permanente, l'extrême pointe de ce qui se fabrique, entre recherche et industrie.

Mais surtout le Carrefour, s'il restait un édifice public, se tournait plus vers les besoins du quartier de la Défense proprement dite ; il devait constituer un atout dans l'internationalisation d'un secteur que les sièges sociaux de compagnies d'assurances ou de sociétés bancaires ponctuent de leurs hauts tombeaux de glace et de marbre noir. On parlait toujours du plus grand lieu de communication d'Europe, mais maintenant en termes d'affaires : c'est IBM, la Metro Goldwyn Mayer, les grandes agences de presse ou de publicité que l'on souhaitait attirer et non plus les bataillons de cibistes auvergnats, animateurs de radios locales, jaspineurs de langues minoritaires ni, de manière générale, « plus particulièrement les plus défavorisés ». Il s'agissait de « s'articuler » avec la Défense, et notamment avec le promoteur Pellerin qui projetait de lancer, de l'autre côté du boulevard circulaire, à portée de passerelle, un immense hypermarché spécialisé, le Mart, sur une surface de 100 000 m².

De fil en aiguille, on était ainsi parvenu à une réinsertion de ce Grand Projet dans le circuit ordinaire de la vie économique. Le bâtiment de Spreckelsen s'y est plié (au prix de multiples modifications des sous-sols et des collines nord, et du gonflement de ses surfaces, notamment souterraines : on demandait au concours 158 000 m²,

---

13. La loi du 13 septembre 1984 visait à débarrasser la télévision de la présence, jugée encombrante, de Pierre Desgraupes ; elle étendait l'obligation de retraite à l'âge de

soixante-cinq ans à l'ensemble des représentants de la fonction publique, y compris aux membres des magistratures et des corps de contrôle.

reasons of symmetry, to a dead loss – a dead loss of view –, for the pleasure of overlooking the Saint-Germain motorway, the two cemeteries of Neuilly and Puteaux, suburbia and sunsets. At the foot of the stairs, three strange black lamp-posts by Takis, supple, hip-swaying, nodding their heads on top of spiralled columns, lone reminders of the clump of other and similar lamp-posts that Spreckelsen had wanted to lay out on the open square close by the big broken-winged clouds, amidst a Sunday-dressed family of kiosks and drink stands coloured by Dewasne, clustered in little groups on the slab, round the borders of the cube, and in the depths of the Communications centre.

LA DEFENSE SPEAKS UP

We haven't said much about this last-named baby. The reason is that ever since its conception and right up until its ditching in 1986 by the Chirac government, amidst general apathy, it was a trouble-maker. Conceived in euphoria and a state of grace, Serge Antoine's project bathed voluptuously in regionalist-internationalist fictions and generosity right, left and centre. A library of minority languages was to be housed there along with exchange and friendship networks, regional audio-visual archives : all the "pluralities" one could think of. The official communiqué from the presidency of the Republic on March 9, 1982 spoke of opening France to cultures and events the world over, and of broadcasting "throughout the universe the messages our country bears". Small wonder, on reading this double Dutch, that American architects – pragmatic as they are – were reluctant to launch into this international contest, while the Soviets on the other hand, used as they are to ideological verbalism, sailed in without second thoughts.

On the sidelines of his proposal for the contest, Spreckelsen himself still spoke with grandiloquence of the "Arc de triomphe of humanity". But two things became rapidly clear : first, that none of this talk amounted to anything at all and that it was of the utmost urgency that a little more realism be shown; second, that there was no room in the cube for big public facilities, except in the basements.

Let us begin with the contents of the centre, which rapidly became the Carrefour ("crossroads") de la Communication. A second and more concrete report was established by François Mahieux, a young Telecommunications engineer in spring 1983, submitted to the president of the Republic in June, approved on July 27 and presented to the public by Robert Lion in September. Drawn up in the name of the Ascom (an association set up that spring, chaired by Lion and officially directed by Mahieux after his project's being accepted), it distinguished three vocations : one, the creation of an amusement park to draw off the general public towards a sort of "zoo" where people could get to know new communications devices, a place for welcoming, exhibition and initiation; two, workshops dispensing training courses; and three, a professional centre, which soon became known as the business centre, an international market for software and audio-visual products, a permanent trade fair for specialist industries, linked to the Cnit and its famed Sicob salon, and a giant computer science market that could be set up on a neighbouring piece of land on the other side of the ring road bypass.

The head of State's group of advisors had the operation presented to them in February 1984 only to discover that the "zoo" – the project's only public facility – was to be located in the cube's base, and thus raised serious problems of access, readability and connotation; that the planners were offering to "slide" these surfaces towards the vaulted hall of the Cnit, in which case the arch lost a part of its legitimacy; that the said Cnit could also become a hotel magnificent – and a congress centre... In short, that the planners were tinkering.

ACCOUNTS AND MISCOUNTS, GETTING BACK TO BUSINESS

In summer 1984 Gilbert Trigano was asked to put some order in the whole shebang; he was about to be nominated president of the Carrefour when the clumsy Desgraupes law threatened him in turn. (The law aimed at freeing television from the presence – deemed cumbersome – of Pierre Desgraupes; it enforced retirement at sixty-five for all public servants including members of the magistrature and controlling bodies). He was thus forced to stand down and leave the post to Yvette Chassagne, chairwoman of the Uap. In the meantime, the project had taken shape and begun to draw forth less sarcasm; people spoke of setting up an international free port for creation, where all film or video productions

soit 123 000 utiles ; le lauréat était à 15 % en dessous de cette jauge, soit un peu plus de 100 000.

On est remonté à 155 000 m² utiles pour, dans un ratio dû à l'extrême « inefficacité » de ce cube évidé, 331 000 m² hors œuvre. Plus difficiles à convaincre ont été les financeurs.

En juillet 1982, au lancement du concours, le rapport Serge Antoine évaluait à deux milliards le coût de l'opération, auxquels il fallait ajouter 276 millions pour la préparation du terrain par l'EPAD et 300 de manque à gagner. (Le second rapport du groupe interministériel pour le chiffrage des Grands Projets estimait en décembre 1982 à 540 millions la charge foncière qu'il faudrait retourner à l'EPAD.

Comme il n'était pas question de sortir tant de doublezons de la cassette de l'Etat, l'EPAD a sans doute été réglée grâce à l'ouverture par Paul Quilès, en avril 1985, d'une autorisation de construire 200 000 m² de bureaux supplémentaires sur son périmètre, qui lui assurait ainsi 600 millions de revenus fonciers.)

Puis il y a eu la dérive naturelle en 1984, due à l'établissement du projet architectural et à l'évolution des surfaces : 1,5 milliard au début de l'année ; 2 à l'automne ; puis 2,7 à mi-85, toujours en valeur janvier 84. L'Etat s'était engagé début 1984 à payer 870 millions ; il restait à trouver des partenaires pour 630 millions puis, avec le dérapage, plus du double. En février 1985, le groupe Drouot et la Caisse des dépôts achetaient respectivement vingt et dix étages du pilier nord du cube, soit 40 000 m² de bureaux, pour 735 millions ; le ministère de l'Urbanisme apportait environ deux millions, portant la part de l'Etat à 1,1 milliard. On se flattait de trouver pour la seconde « jambe » du cube (celle dont le ministère serait locataire) des investisseurs privés, probablement étrangers. Cinq mois plus tard, ils étaient trouvés et apportaient les derniers 750 millions.

C'étaient en vérité de drôles de capitalistes privés[14], et de curieux étrangers : l'UAP pour le tiers, le Gan, les AGF, la MGF, le Crédit Lyonnais, etc., des « nationales », des investisseurs institutionnels, les fameux « zinzins » de la place financière parisienne.

PREPARATIFS DE RETRAITE

En fait, à quelques mois des élections législatives que la gauche, au printemps 1986, allait assurément perdre, que restait-il de toute cette aventure ? Un financement public et parapublic pour deux immeubles de bureaux et une sorte de forum des techniques de communication partiellement souterrain qui, en d'autres temps, aurait pu être payé par des initiatives privées, comme le fut le Cnit. Et un ministère dans le pilier sud. Mais cela même était-il certain ? Le déménagement allait coûter beaucoup d'argent, les syndicats étaient contre et la gauche, selon toute probabilité, ne serait plus aux commandes de l'Etat à l'automne 1988. Alors ? Eh bien alors rien ! Aucun problème : à la différence du ministère des Finances, structuré en fonction de son utilisation future, le pilier sud de l'arche de Spreckelsen n'est que le symétrique intégral du pilier nord, de simples bureaux « banalisés ». Seule variante : à la place d'un cagibi à balais du nord, le pilier sud dispose d'une petite cage d'ascenseur supplémentaire qui, de la prétendue « cour d'honneur » (un espace de parking de quatre mètres sous plafond, au niveau − 2) pourrait mener le ministre directement à son bureau du 33ᵉ dessus.

La lecture des plans, l'analyse de la conjoncture politique et budgétaire laissaient un doute : y aurait-il jamais un ministère à la Défense ou bien les bureaux de sociétés privées, comme de toute éternité ? On n'installerait pas l'ascenseur ministériel, à moins que ne le rachète un richissime investisseur saoudien. Les balais, ou les archives récupéreraient ces menus locaux.

Ce projet pourrait ainsi être considéré comme un cadeau fait à l'opposition, au cas où elle reviendrait au pouvoir et devrait justifier ses promesses passées par un train de mesures d'économies ; on déclarerait hautement ne plus transférer le ministère (cela économiserait les frais de déménagement mais ne rapporterait pas, puisque l'Etat envisageait d'être seulement locataire) et les surfaces seraient louées à qui en voudrait. Le pilier sud du cube jouerait ici, selon l'expression maintenant consacrée, le rôle du « fusible » ; son abandon éventuel aiderait à protéger les autres projets de François Mitterrand.

---

14. Par le biais de ses sociétés Seeri et Sari, Christian Pellerin est le promoteur miracle de la Défense. Il a parié sur le quartier en 1978, à la fin de la période de crise, lançant ce qu'on a appelé une véritable Opa. Il a entrepris à lui seul pas loin d'un million de m² de bureaux, nettement plus du tiers de la surface totale. Le « sauveur de la Défense » s'était fait construire une maquette de 30 m², démontable, qu'il n'hésitait pas à embarquer en avion pour les Etats-Unis pour démarcher des investisseurs. Il est pratiquement associé à tout ce qui se fait dans ce quartier d'affaires où il pèse d'un poids déterminant. Plus que l'administration et que l'EPAD, il en est le réel animateur. Il préside depuis avril 1985 le Cofer comité pour l'expansion et le rayonnement international de Paris/la Défense.

could be seen, and a "resources centre", a teleport of programmes from the world over, accompanied by a gigantic "library of the virtual". In May 1985 a new general manager was nominated, Jean-Hervé Lorenzi. Another approach to the centre (which had become a public establishment in June 1984) took shape : public facilities in the base and sub-base of the cube, exhibition and show areas, a "resources centre" and a business hive in the "hills". Business vocabulary with a French-English touch to it gradually began to take the place of participationist jargon ; people spoke of setting up a "show-room" for new products before they appeared on the market, of bringing before the public eye the wonders of continual technical innovation, the ultimate state of the art between research and industry.

But most of all while the Carrefour was to remain a public edifice, it became more and more oriented towards the needs of the la Défense area itself ; it was to constitute a link in internationalizing a sector that the head offices of insurance and banking companies had riddled with their tall mausoleums of glass and black marble. There was still talk of a big communications forum for Europe, but now the accent was on business : IBM, Metro Goldwyn Mayer, the big press and advertising agencies became the clientele targets, and not the anonymous ranks of short wave radio bugs, disc jockeys from local radio stations, speakers of minority tongues, and generally speaking, "especially the most underprivileged". The question at stake was to "articulate" with la Défense, and notably with the real estate developer Pellerin[11] who planned to set up on the other side of the ring road, just by an overhead footway, a gigantic specialised shopping mall, the Mart, on an area of $100\,000\ m^2$.

One thing leading to another, this "Grand projet" ended up by being reinserted into the ordinary circuit of economic life. Spreckelsen's building bowed to exigencies at the expense of multiple modifications to the basements and northern hills, and the expanding of its surfaces, notably at the basement level : the contest

brief had called for $158\,000\ m^2$ with $123\,000\ m^2$ usable ; the winner was 15% short of this gauge, that is a little more than $100\,000\ m^2$.

The figure was jacked up to $155\,000\ m^2$ usable for (a ratio owing to the extreme "inefficiency" of this hollowed-out cube) $331\,000\ m^2$ built out. It was a more difficult job to convince the financiers though.

When the contest was launched in July 1982, Serge Antoine evaluated the cost of the operation at 2 billion francs, to which 276 million francs would have to be added for the preparing of the ground, and 300 million for the earnings loss. (The second interministerial report for Grand projets' estimates in September 1982 placed at 540 million francs the figure that would have to be returned to the EPAD for real estate revenue. Since it was out of the question to dig out so much moolah from the State coffers, the EPAD was no doubt squared up by Paul Quilès' opening in April 1985 of an authorization to build a further $200\,000\ m^2$ of office space in its perimeter, which would net it 600 million francs in land revenue.)

Then there was the natural drift in 1984 due to the establishment of the architectural project and the evolution of the surfaces : 1.5 billion at the beginning of the year ; 2 by autumn ; then 2.7, by mid-1985, still in January 1984 value. The State had bound itself to pay 870 million francs at the beginning of 1984 ; so partners had to be found to put up the remaining 630 million, and then, after the skid-out, more than double that figure. In February 1985, the Drouot group and the Caisse des Dépôts respectively bought twenty and ten floors of the cube's northern pillar – $400\,000\ m^2$ of office space – for 735 million francs ; the ministry of Urbanism put up 2 million more, which boosted the State's share up to 1.1 billion. People kidded themselves with the idea of finding private investors, foreigners, for the second "leg" of the cube (the one the ministry was to rent). Five months later they had been found and had put up the remaining 750 million. Strange private capitalists and foreigners in-

---

11. Thru the Seeri and Sari companies, Christian Pellerin is la Défense's miracle developer. In 1978, hard on the crisis period, he took a bet on the quarter by launching what has been termed a veritable takeover bid. All on his own he undertook to handle well over a third of the overall surface area, near on a $1\,000\,000\ m^2$ of office space. The "saviour of la Défense" had a $30\ m^2$ collapsible model made, which he

had no qualms carting off to the United States when looking for investors. With his determining weight, he is associated to virtually everything that is done in the business quarter. To a greater extent than either the administration or the Epad, he is the king pin. Since April 1985, he is chairman of the Cofer, the committee for the expansion and international development of Paris/la Défense.

Comme personne ne se serait jamais soucié de savoir si cet édifice splendide abrite les services de l'Urbanisme ou n'importe quelle compagnie d'assurances, l'« Arche de la communication » de Johan Otto von Spreckelsen resterait de toute manière dans l'histoire comme une réussite absolue, impénétrable, ouverte vers le futur mais quelque peu biaisante, une rotule, un moment : l'excellente affirmation d'un septennat fait de pompe souvent grandiloquente et de modernité de principe. Un temple de marbre blanc, un monument commémoratif. Les touristes et la marmaille irrespectueux se bousculeraient pour monter sur le belvédère, dans l'étonnante cage de haubans et de poutres de l'ingénieur Reitzel ; les bricoleurs et les amateurs d'électronique se laisseraient engloutir dans les profondeurs du socle, comme on va au Sicob ou au rayon Arts ménagers du Bazar de l'Hôtel-de-Ville.

BASILIQUE OU TOUR DE BABEL

On s'activait fort pour éviter à la blanche Arche de si triviales perspectives. Dans tous les grands projets, on poussait les feux au maximum de la puissance tolérable par la machine de l'Etat et des capacités des entreprises, en cette période de l'automne 1985 qui sentait la fin d'un règne, quand beaucoup quittaient déjà le navire mitterrandien pour trouver quelque abri avant qu'il ne s'échoue sur les rives du libéralisme chiraquien ou ne se casse sur les récifs imprévisibles de la cohabitation.

L'Arche semblait relativement peu menacée, alors qu'on prédisait généralement l'abandon de l'opéra de la Bastille et qu'on se lamentait, à droite, sur ce « trou » sans fond qui allait, pour longtemps, meurtrir le site qui avait vu naître la Révolution ; alors que des voix s'élevaient de toutes parts pour qu'on en cesse avec les « folies » de La Villette ; alors qu'Alain Juppé, secrétaire du RPR au redressement économique et social, mettait au point la doctrine libérale et dénationalisatrice et proposait de louer « au privé » le long palais « brutaliste » que Chemetov et Huidobro construisaient à Bercy pour le ministère des Finances, qu'on savait parfaitement hostile à cet exil loin du triangle d'or du pouvoir central ; alors que Jacques Chirac se taisait prudemment tandis que Raymond Barre, au contraire, en truculent « général de division », moquait de sa voix si curieusement modulée le pharaonisme et le complexe louis-quatorzième du chef de l'Etat.

Le projet monstre du Carrefour de la communication, appelé CIC puis CICOM, ne convainquait

pas, même sur les bases plus réalistes et commerciales sur lesquelles on tentait maintenant de le rétablir. L'utopie rêveuse de l'architecte danois, ses aspirations à de grands espaces clairs de convivialité, sa manière de basilique laïque s'accordaient mal avec le bric-à-brac, le fouillis de machines, la foire aux inventions et l'activisme techniciste de ses interlocuteurs. Le programme de ceux-ci était d'une extrême complexité de détail, foisonnant ; il laissait pourtant une impression floue et irréelle et semblait une mécanique folle, difficilement compatible avec l'édifice presque éthéré qu'avait imaginé Spreckelsen. « L'espace, se souvient Paul Andreu, était matraqué, tant dans le socle que sur le toit de l'Arche ; c'était à la fois terriblement compliqué et fumeux. Franchement, nous, les architectes, avions du mal à comprendre ce qui s'y préparait. »

Les animateurs successifs du Carrefour vivaient dans l'idée qu'allaient déferler les images. Au début de l'année, le président de la République avait annoncé l'autorisation imminente des télévisions par voie hertzienne et estimé qu'« il devrait y avoir de la place pour quatre-vingts ou quatre-vingt-cinq chaînes au total », créant une effervescence digne de celle qui, quelques années plus tôt, avait accueilli la naissance des radios libres ; puis ce furent les concessions accordées à la Cinq, à la sixième chaîne, et les pilules amères de la « berlusconiade », en un mouvement que le gouvernement Chirac devait amplifier encore, après les brèves palinodies du « mieux-disant culturel ».

A la fin de 1985 et au début de l'année suivante furent organisées quelques manifestations de préfiguration. Six antennes paraboliques furent dressées sur le parvis de la Défense vers le ciel où « géostationnent » les satellites et où, naïvement, Johann Otto von Spreckelsen croyait voir des étoiles. Le 22 octobre, en présence de François Mitterrand, le journaliste américain Pierre Salinger officiait devant quatre-vingt cinq récepteurs de télévision ; d'un seul coup, ce furent autant de programmes du monde entier qui s'y allumèrent. *Le Matin* cria au « miracle des temps modernes ». La tour de Babel a brusquement ressuscité, annonçait-on : « vertige d'images, délire de sons ». Il semblait que ce fût l'« avènement des télévisions du monde » : J.-H. Lorenzi mêla bizarrement les promesses de show-room et de « fantasmatique », expliquant qu'il y avait un vif intérêt à pouvoir comparer les programmes étrangers et que des expériences thématiques allaient être organisées à propos du sport, des présentateurs

deed : UAP for a third, GAN, AGF, MGF, Crédit Lyonnais, all "national companies".

PREPARING THE RETREAT

In fact, what was left of this whole affair just a few months before the spring 1986 legislative elections that the Left was bound to lose ? Public and parapublic financing for two office buildings and a sort of partly-subterranean communications' techniques forum which, in other periods, should have fallen to private investment as was the case with the Cnit. And a ministry in the southern pillar. But was even that certain ? Shifting house was going to cost a lot of money, the unions were against the Left which in all likelihood would no longer be fingering the controls of the State in autumn 1988. So ? Well, nothing at all ! No problems : unlike the ministry of Finances, structured according to its future use, the southern pillar of Spreckelsen's arch is nothing more than the integral symmetry of the northern pillar, simple "unmarked" offices. The sole variant : in place of the northern pillar's broom closet, the southern pillar has a small supplementary liftwell which from the so called "ceremonial courtyard" (a parking area under 4 metres of ceiling, at -2 level) could lift the minister to his or her office on the 33rd floor.

Reading over the plans and analysing the political and budgetary configuration leaves a doubt in one's mind though : will there ever be a ministry at la Défense, or just private companies as has always been the case ? The ministerial lift will not be installed, unless some filthy rich Saudi Arabian buys up lock, stock and barrel. The meek brooms or archives will inherit these humble premises.

In view of this the project could be seen at the time as a gift to the opposition party, in the event of its returning to power and having to justify its promises made by a series of money-saving measures, it would be declared loud and clear that the ministry would no longer be transferred (which would economize the removal expenses but would not generate any earnings since the State is only a tenant) and the space would be rented to whoever wanted it. To use this common term in French politics, the southern pillar would have played the role of a "fuse-wire"; its possible 'blowing' would at least safe-guard François Mitterrand's other projects.

Since no one seemed to have ever been really concerned whether this splendid edifice housed

the services of the ministry of Urbanism or any old insurance company, Johan Otto von Spreckelsen's "Communications Arch" would probably go down in history as a thorough success anyway, a little impenetrable, opening to the future but a bit askew, a kneecap, a moment : the excellent affirmation of a seven year term of office composed of often grandiloquent pomp and modernity in principle. A white marble temple, a commemorative monument. Tourists and rude children would jostle each other there to get up onto the belvedere after taking the engineer Reitzel's amazing cages of rigging and beams; do-it-yourself buffs and electronics addicts would dive into the depths of the base in the same way they go to the Sicob or the Handyman's bargain basement of the Bazar de l'Hôtel de Ville.*

BASILICA OR TOWER OF BABEL

People began busying themselves to avoid such trifling prospects for the white Arch. In autumn 1985 all the Grands projets' fires were stoked to generate the maximum production power tolerable by the State apparatus and the firms; the season had an end-of-the-reign feel to it, and a lot of people were already leaving the Mitterrandian vessel to find some safer berth, before it floundered on the shores of Chiraquian liberalism or went to pieces on the treacherous reefs of cohabitation.

The Arch seemed relatively safe though, even if people were generally predicting the abandoning of the Bastille opera house since, in right wing circles, there was much lamentation over the "bottomless pit" that was going to afflict the birthplace of the Revolution ; even if voices were being raised on all hands calling for an end to the La Villette "follies"; even if Alain Juppé, RPR secretary for economic and social improvement, was putting together liberal and denationalizing doctrine and proposing to rent "to the private sector" the long brutalist palace that Chemetov and Huidboro were building at Bercy for the ministry of Finances, which entity, as was common knowledge, was downright hostile to this exile far from the golden triangle of central power; even if Jacques Chirac kept to a prudent silence while Raymond Barre on the contrary, like a colourful "division general", mocked in his curiously modulated voice the head of State's pharaohism and Louis XIV complex.

[Coupures de presse :]

Mme YVETTE CHASSAGNE A DÉMISSIONNÉ DU CARREFOUR INTERNATIONAL DE LA COMMUNICATION

M. HÉBERLÉ DEVIENT PRÉSIDENT DU CARREFOUR INTERNATIONAL DE LA COMMUNICATION

Le nouveau C.N.I.T. : la ville envoûtée

C.N.I.T. : trois voix un « couac... »

Contre-O.P.A. sur le C.N.I.T.

vedettes, de la météo, des variétés et de la publicité. On le voit : fantasmatique à part, la télévision du business et ses critères d'efficience avaient définitivement supplanté le bavardage idéologique de naguère.

DIFFICULTES DE LA COMMUNICATION

L'ambiance, confuse, devait en plus être tendue puisque, quelques semaines plus tard, la présidente du Carrefour, Yvette Chassagne, démissionnait, en désaccord avec la politique suivie. Il y avait des rumeurs de gabegie, de subventions dispersées à tous vents, et le député RPR Michel Péricard, ancien vice-président de cette boutique, parlait d'« officine ».

Tandis que s'engageait la campagne des élections législatives, deux manifestations de préfiguration étaient encore ouvertes au public : le 2 janvier, un observatoire des télévisions du monde, offrant trente programmes directement captés et des cassettes préenregistrées de soixante-quatorze chaînes étrangères, puis, fin février, une exposition de cinquante et une maquettes de télévisions régionales. Un nouveau président avait été nommé, Jean-Claude Héberlé, ancien PDG d'Antenne 2. Se félicitant de ce que le Carrefour ait «déjà une image», annonçant qu'on entrait dans la «dernière ligne droite», il manifestait un esprit ouvert à un libéralisme de bon aloi, déclarait s'intéresser «tout particulièrement» à ce que le Carrefour fût aussi une cité des affaires, songeait à accueillir une chaîne de télévision, Canal Plus ou une autre, et, avec l'aval de l'Elysée, exposait sa stratégie des trois R : recherche, dans le socle de l'Arche, avec des salles vouées à la traduction assistée par ordinateur, aux images de synthèse, aux sons numériques et à l'intelligence artificielle ; représentation, dans le sous-socle, avec 9 000 m² d'expositions techniques ; enfin rassemblement, sur le toit de l'édifice, lieu d'accueil convivial des journalistes, des chercheurs et des consommateurs.

Les choses n'allaient pas sans difficulté non plus entre le Carrefour et la société d'économie mixte chargée de construire l'Arche, la SEM Tête-Défense dont la direction venait d'être

confiée, le 17 février, à Jean-Louis Subileau, auparavant directeur de la Mission des grands projets. Il fallait absolument que la SEM bouclât son montage financier avant les élections et vendît donc au CICOM les surfaces qu'on lui destinait : socle et sous-socle, les deux tiers des fameuses «collines» nord, le toit et trois étages de la paroi nord des bureaux ainsi que les ascenseurs panoramiques et l'exploitation du belvédère, le tout pour la bagatelle de 927 millions. Apres discussions entre les futurs utilisateurs et ceux que ces derniers tenaient manifestement pour de vulgaires promoteurs cherchant à leur vendre, à un prix exorbitant, des locaux pour partie enterrés, «une cave» disaient-ils, peu conformes à leurs besoins, avec en plus un architecte entêté ; difficiles négociations entre des partenaires sachant pourtant qu'il était vital pour eux de s'accorder avant les élections législatives, et qui aboutirent *in extremis*, le 13 mars 1986, à deux jours de la fatale échéance. L'Arche semblait sauvée : on venait d'achever ses énormes piliers et l'essentiel des surfaces étaient maintenant vendues à un établissement public.

UNE STRATEGIE D'ENCERCLEMENT

On paraissait même avoir donné beaucoup de gages au futur gouvernement en esquissant les contours d'une totale ouverture du programme vers le monde des affaires – un monde qui, d'ailleurs, avait amorcé un vaste mouvement d'encerclement de l'Arche. Le promoteur Christian Pellerin, qui, depuis plusieurs années, est la véritable puissance sur le site de la Défense, «collait» au plus près de l'édifice, tant géographiquement qu'économiquement. Il avait deux projets qui prenaient en baïonnette le grand monument d'Etat. D'une part, sur le terrain Valmy, juste outre-boulevard, son Infomart, immense marché de l'informatique[16] ; d'autre part, tout près, l'ambition de transformer le vieux palais des expositions du Cnit après s'en être emparé au terme d'une OPA annoncée brusquement le lendemain de Noël 1985, en liaison avec le groupe hôtelier Accor. Vive émotion dans le monde boursier : sous prétexte de redonner une nouvelle

---

16. Etaient associés à l'opération : le promoteur de l'Infomart de Dallas, Trammel Crow, la Sari de Christian Pellerin mais aussi la Caisse des dépôts et la Société Générale. On trouvera ces trois derniers partenaires mêlés, fin 1988, aux remous politico-financiers du raid Pébereau contre la banque, remous qui se trouvèrent ici compliqués du fait qu'au moment de l'affaire, le promoteur se préparait à construire le nouveau siège de la Société Générale sur les terrains Danton de

La Défense-Courbevoie.
Mis en cause par la Commission des opérations de bourse, la COB, Christian Pellerin déclarera un peu plus tard, en février 1989, qu'il s'était lancé dans cette opération parce que, ayant « des relations assez tendues avec Robert Lion, patron de la Caisse des dépôts, une institution qu'on retrouve dans toutes les opérations immobilières », il avait cru voir là une occasion de faire enfin la paix avec ce partenaire.

The monster project for the Communications centre, known as the CIC and subsequently the CICOM, was not credible for anyone, not even on the more realist and commercial bases on which certain parties were trying to reestablish it. The dreamy utopia of the Danish architect, his high hopes of wide light-filled spaces of conviviality – a sort of layman's basilica – did not square up at all with the bric-à-brac, the clutter of machines, the new inventions expo-fair and the technicist activism of the people he had to deal with. The programme for these latter projects was burgeoning and extremely complex in its details, and yet it produced a blurred and unreal impression and seemed more like a mad machine, hardly compatible with the ethereal edifice that Spreckelsen had conceived of. As Paul Andreu recalls : "The space was beaten and battered, both in the Arch's base and in its roof; it was terribly complicated and hazy. Quite frankly, as architects we had trouble understanding what was going on there".

The successive champions of the Communication centre had the idea that images were going to come hard and fast. At the beginning of the year, the president of the Republic had announced imminent authorization of new Hertzian wave television channels, saying that "there should be room for 80 or 85 channels in all", and thus creating an effervescence comparable to that which had greeted the birth of free radio stations a few years before; then there were the concessions granted to channels Five and Six, and the bitter Berlusconi pills in a movement that the Chirac government was to amplify still further, after the brief recantations of the "uplifting cultural" people.

At the end of 1985 and at the beginning of the following year a few prefiguration events were organized. Six parabolic antennae were set up on the open square of la Défense, their bowls turned to the skies where satellites hung in geostationary orbit, and where J.-O. von Spreckelsen had naïvely thought he had seen stars. On October 22nd, in the presence of François Mitterrand, the American journalist Pierre Salinger officiated in front of 85 television receivers and, in a wink of the eye, as many programmes from the world over appeared on them. The daily Le Matin de Paris proclaimed the "modern-day miracle". "The Tower of Babel has suddenly arisen again",

said someone or other, "in dizzying images, a frenzy of sounds". It seemed to be "the advent of the television channels of the world", and J.-H. Lorenzi stirred a strange brew promising showrooms and "phantasmics", explaining how interesting it would be to be able to compare foreign programmes, and adding that thematic experiences would be organized concerning sport, star comperes, weather reports, variety shows and commercials. Apart from the phantasmics, it was plain that big business television and its criteria of efficiency had definitively ousted the ideological garble of not long before.

COMMUNICATION DIFFICULTIES

Apart from being confused, the atmosphere was strained, and a few weeks later CICOM chairwoman Yvette Chassagne was to resign to express her dissatisfaction with the implemented policy. There were rumours of a mess-up, of subsidies gone with the wind, and the RPR deputy Michel Péricard, a former CICOM deputy chairman, spoke of it as having been a "front".

While the campaign for the legislative elections got under way, two prefiguration events were still open to the public : on January 2nd, an observatory of the televisions of the world offering thirty programmes in direct reception and pre-recorded cassettes from 74 foreign channels, then late in February, an exhibition of 51 models of regional television stations. A new chairman had been nominated, Jean-Claude Héberlé, former managing director of Antenne 2. Happy to see that the CICOM "already had an image", he announced that "the final lap" was coming up, showed an open mind and worthy liberalism, declared that he was "particularly keen" on seeing the CICOM became a business centre, had in mind the installation of a television channel, Canal Plus or another, and, with the approval of the Élysée, spoke of his three R's strategy : research in the base of the Arch, with rooms destined to computer-assisted translation, synthesis images, digital sound and artificial intelligence; representation in the base's basement, with 9 000 m² of technical exhibition space; and regrouping in the roof of the edifice, a convivial meeting place for journalists, research workers and consumers.

Relations were also becoming difficult between the CICOM and the mixed capital

jeunesse au Cnit et d'offrir à la Défense le cœur dont elle manquait, il s'agissait, pensait-on, de déloger le Sicob, l'ancêtre des salons d'équipements de bureaux qui, se piquant maintenant d'être aussi celui de l'informatique, de la télématique, de la communication et de la bureautique, ne pouvait cohabiter avec l'Infomart projeté. Pellerin promettait d'investir un milliard de francs pour réaliser un «ensemble d'équipements de convivialité», une vraie ville sous les voûtes du Cnit, avec un hôtel de trois cents chambres de classe internationale, un club interentreprises, tout un complexe destiné «au rayonnement de l'industrie française», et 30 000 à 35 000 m² de surfaces d'exposition utilisées à plein régime, au lieu des 70 000 seulement que contenait jusqu'ici le centre, ouvertes tout au plus deux mois par an.

Les cinquante-huit mille actions étaient dispersées auprès de deux mille cinq cents porteurs, recrutés autrefois dans les fédérations professionnelles. L'OPA lancée le 3 février suscita le 12 une contre-offensive de Francis Bouygues, venu à la rescousse du Sicob et du salon de la Navigation afin de préserver le Cnit actuel, «outil industriel au service des industriels»; mais le 3 mars, l'entrepreneur changeait de stratégie et s'associait à l'OPA, qui réussissait trois semaines plus tard. Vers l'été, il quittait complètement l'affaire et cédait ses parts à ses associés de la Sari et d'Accor, à un prix non révélé, «dans un souci d'indépendance». Le Sicob ouvrait ses portes pour la dernière fois le 15 septembre, avant d'émigrer sur les lointaines terres de Villepinte et de laisser un jour la place à l'Infomart, au sein de ce que Christian Pellerin appelait désormais «un Beaubourg bis, à vocation économique».

Ainsi donc, à la fin mars 1986, au moment même du changement politique, l'Arche était-elle serrée de près par la puissance de Pellerin : le Cnit, où il logeait désormais l'Infomart, et les terrains Valmy, sur lesquels il allait élaborer divers projets de village d'entreprises, complexes hôteliers et «aquaboulevard» ludique.

LA COHABITATION ET LE PRIX D'UNE CAVE

Le 16 mars 1986, donc, la droite remportait les élections législatives et le maire de Paris devenu Premier ministre, Jacques Chirac, se voyait chargé de constituer le nouveau gouvernement; la tempête allait souffler sur les grands projets. A la Défense, la SEM pressentait que le Carrefour était condamné, même si l'on avait pu lui vendre trois jours plus tôt l'essentiel du bâtiment. Ses frais de fonctionnement, qu'on estimait volontiers

à 300 millions de francs par an, étaient incompatibles avec la rigueur annoncée et la volonté de désengager l'Etat. Des contacts furent pris avec Christian Pellerin pour tenter de composer avec celui qui avait investi la place; il ne restait qu'un objectif : éviter que l'Arche, comme monument, ne fût défigurée, même si elle devait connaître un tout autre destin.

Le 25 avril, tombait une lettre commune des nouveaux ministres de l'Environnement Pierre Méhaignerie, et du Budget Alain Juppé. Le CICOM était dissous, l'acte de vente de ses 47 300 m² annulé; il fallait vendre par morceaux, en bureaux banalisés, tant les «collines» que les trois étages de la paroi nord, étudier une solution spécifique pour le toit, trouver une affectation marchande au socle : tout cela dans les trois semaines. Il s'agissait là de traduire dans les faits les décisions de la loi de finances rectificative du 16 avril, dite collectif budgétaire, par laquelle le gouvernement Chirac, avant d'engager sa grande politique de privatisation, entendait déjà réaliser des économies sur le train de vie de l'Etat et notamment, pour 400 millions de francs, sur les chantiers du président.

Le Carrefour de la communication s'écroula donc sans un bruit, dans l'indifférence. Il n'avait pas encore «acquis une maturité suffisante pour entraîner une approbation populaire» devait reconnaître son président tout neuf; quant à son directeur, J.-H. Lorenzi, il n'allait pas tarder à se trouver une place dans l'empire de la Sari, où il est maintenant directeur général du Cnit, devenu Centre des nouvelles industries et technologies; il coordonne par ailleurs la politique de technologies nouvelles pour les opérations du groupe.

L'Etat, donc, cessait d'honorer la dette de 927 millions de francs TTC du CICOM : 375 millions (hors taxes cette fois) pour les collines, 40 pour les trois étages de la paroi nord, 190 pour la «cave», socle et sous-socle de l'Arche, 200 encore pour le toit. Mais 447 millions avaient été engagés, soit qu'ils aient été versés à la SEM, soit qu'inscrits au budget, ils restassent à verser avant la fin de l'année; et on entendait qu'ils fussent remboursés. La SEM se trouvait dans une situation absurde : elle avait effectivement vendu toit et socle à un prix arbitraire de 200 millions chacun, sans que ces sommes se justifiassent en termes de marché et donc, en un sens, «volé» le CICOM; mais elle ne pouvait espérer tirer de la revente que la moitié environ de cette valeur et devait assumer le coût de la désorgani-

company in charge of building the Arch, the SEM Tête-Défense, management of which had been handed over, on February 17th, to Jean-Louis Subileau, up till then manager of the Grands projets work group. It was vital that the SEM get its financial structure down pat before the elections and that it sell off to the CICOM the space destined to it : base and basement, two thirds of the northern hills, the roof and three floors of the north wall of offices as well as the scenic lifts and the operating of the belvedere, all for the neat little sum of 927 million francs. Then followed discussions between the future users and certain people these former considered to be nothing more than vulgar developers intent on selling off at an exorbitant price premises that were in part underground – a "basement" they said – and not wholly in keeping with their needs, with a stubborn architect to boot; difficult negotiations between partners who knew nonetheless how vital it was that they come to an agreement before the legislative elections, and which were settled at the last minute two days before the deadline, March 13, 1986 – the Arch seemed to be saved; the enormous pillars had just been finished and the main part of the surfaces had just been sold to a public establishment.

THE ENCIRCLING STRATEGY

It even looked as if a lot of guarantees had been given to the future government by sketching in the outline of a total opening of the programme to the world of business. A world which, moreover, had begun a vast encircling movement around the Arch. The developer Christian Pellerin, who for some years had constituted the real driving force on the la Défense site was sticking to the edifice both geographically and economically; he was shaping up two projects that constituted a bayonet attack on the State monument. On one hand – on the Valmy block, just across the ringroad – his Infomart, a huge computer

technologies supermarket[12]; and on the other hand – much closer – his project for transforming the old Cnit exhibition hall, having got hold of it after a takeover bid that was made public on Boxing Day 1985, in liaison with the Accor hotel group. This created a stir in the stock exchange world : while outwardly pretending to rejuvenate the Cnit and give la Défense the heart it was in need of, it was obvious that what was really at stake was the elimination of the Sicob, the ancestor of office equipment trade fairs, which since it was now priding itself on going great guns on computer techniques, telematics, communication and bureautics, could hardly cohabit with the slated Infomart. Pellerin promised to invest a billion francs to build "a convivial facilities complex", a veritable city under the vaults of the Cnit, with a three-hundred room international class hotel, an inter-firms club, an entire complex destined to "the expansion of French industry" and 30 to 35 000 m² of exhibition space used full time, instead of the 70 000 m² that the centre had contained up till then, and which were only used two months a year.

The 58 000 shares were dispersed among 2 500 bearers recruited some time before among professional federations. The takeover bid, launched on February 3rd, provoked a counter-offensive by Francis Bouygues who came to the rescue of the Sicob and the Pleasure-boating trade fair in order to "safeguard the Cnit, an industrial tool at the service of industrialists"; but on March 3rd the businessman changed his strategy and associated himself with the takeover bid, which succeeded some three weeks later. Towards summer, he withdrew completely from the deal and "in a spirit of independence" sold his shares to his associates from the Sari and the Accor for an undisclosed amount. The Sicob opened for the last time on September 15th, before emigrating to the distant lands of Villepinte and leaving the place wide open for the Infomart, amidst what Christian

12. Associated to the operation were the developer of the Dallas Infomart, Trammel Crow, Christian Pellerin's Sari, and also the Caisse des dépôts and the Société Générale bank. These three latter-named parties were also mixed up at the end of 1988 in the politico-financial stir over the Pébereau raid against the Société Générale bank, which was complicated by the fact that at the time the affair broke out, the developer was about to begin building the new head-quarters of the Société Générale on the Danton block of land at La Défense-Courbevoie. Called into question by the COB (Stock exchange operations commission), Christian Pellerin declared in February 1989 that he had launched into this operation because he had had "quite strained relations with Robert Lion, head of the Caisse des dépôts, an institution that is to be found in all real estate operations", and he thought that it would be an opportunity of making peace with his partner.

sation générale des études et du chantier, estimé à près de 200 millions de francs. Perte sèche : 250 millions que la société anonyme d'économie mixte, en tant que responsable devant un conseil d'administration, ne pouvait accepter. Cet argent, il lui fallait le retrouver ailleurs : par une densification des collines et donc une modification importante du projet de Spreckelsen.

LES PUISSANCES DE L'AXE

Commença alors la plus grave des crises. La tragédie se joua dans les eaux profondes de la finance et de la politique, celles où, parmi les courants mal connus des observateurs, évoluent les grands requins blancs et le lourd cachalot de l'Etat. Il y avait là de très grands acteurs, déployés autour de la figure intransigeante d'un architecte : le président de la République, réfugié en son palais et n'intervenant plus ; Robert Lion, père du projet, campé dans l'inexpugnable forteresse qu'est la Caisse des dépôts et consignations, président de cette SEM Tête-Défense alors tout ébranlée ; Jacques Deschamps, président de l'EPAD, impressionnant masque brejnévien aux énormes sourcils broussailleux, dernier représentant de l'Etat avant la dissolution de son établissement public et la dévolution de ses moyens et recettes faramineux à ceux qui piaffaient à la périphérie, les maires de Puteaux et de Courbevoie[17] ; il y avait les ministres Juppé et Méhaignerie, respectivement RPR et barriste ; et encore Francis Bouygues, numéro un mondial du bâtiment, des travaux publics, entrepreneur de l'Arche et bientôt patron d'une chaîne de télévision ; il y avait enfin Christian Pellerin, dont on a longtemps cru qu'il allait triompher de tous, rêvant de vastes stratégies qui eussent lié les diverses opérations qu'il menait autour du site, aimant à faire accourir les hommes politiques, les journalistes de gauche comme de droite, les cultureux en quête de mécène comme le Bourgeois gentilhomme faisait de son maître de danse, et les architectes surtout, les vieux et les jeunes, les à-la-mode et les affairistes, tous guillerets et l'échine souple, avec leurs maquettes fraîches tenues comme des bouquets de fleurs.

Tragédie disions-nous ? A certains égards certainement, puisque tout cela allait rapidement se solder par le départ de Spreckelsen au milieu d'un silence accablé. Mais aux trois règles de la tragédie classique (unité de temps, de lieu et d'action) manque ici la dernière. Non, comédie humaine plutôt, extrêmement confuse, que les courants d'air régnant là-bas enflaient parfois et enrichissaient de rumeurs en lesquelles on préfère ne pas croire, comme celles qui évoquent ces services que le monde du bâtiment aime à rendre à celui de la politique.

ENTRE LES SOUTERRAINS ET LES COLLINES

Malgré le changement politique, donc, le chantier continuait. A partir du printemps 1986, on coulait le socle, ce qu'on appelle les mégastructures basses, puis, tout de suite vers la fin de l'été, les deux parois sud et nord, à raison de deux niveaux par semaine. La SEM tentait de vendre : les parties souterraines à Canal Plus, à la Fnac, à Trigano pour un éventuel complexe de loisirs, à d'autres pour un ensemble de jeux aquatiques. Le toit peut-être à la région Ile-de-France, qui fut tentée d'y installer somptueusement son hôtel de région, actuellement rue Barbet-de-Jouy à Paris, ou à la Chambre de commerce qui songea à y établir un centre de congrès de luxe, ou encore à la Fondation européenne de la culture. Pour les animateurs de l'opération, ce fut un moment de traumatisme : quel sens y avait-il encore à achever l'édifice, une fois perdu son équilibre financier, dans l'incertitude absolue sur son utilisation future, le ministère lui-même étant indécis, ne sachant quel type de salles, quelles cloisons, quel type de gaines de climatisation il fallait prévoir. Curieuse situation qui mena finalement à ce que l'on construisît un sous-sol et un toit abstraits, presque vides, une suite d'espaces d'une grande unité mais assez impropres à la plupart des usages, une magnifique et monumentale structure parfaitement gratuite.

Suite d'allers et retours avec les cabinets d'Alain Juppé et de Pierre Méhaignerie. Malgré la compréhension relative des uns et des autres, des idées terrifiantes surgissaient dans l'esprit de certains conseillers : les ascenseurs haubanés sont-ils bien utiles ? Ne peut-on peindre le béton ou au moins ne mettre de marbre que du côté de Paris ? Percer des fenêtres pour éclairer les faces biseautées et donner des vues sur la ville, des lanterneaux pour éclairer les sous-sols ? Ne peut-on

---

17. Jacques Deschamps avait remplacé l'architecte Joseph Belmont, démissionnaire en janvier 1985 pour des raisons mal explicitées. Lui-même sera invité à se démettre en décembre 1987 au profit du maire RPR de Puteaux, Charles Ceccaldi-Raynaud. Depuis plusieurs mois, la presse et la rumeur publique annonçaient un départ imminent de l'architecte, suite à des pressions conjuguées du pouvoir local et de celui de l'argent.

Pellerin now termed "a second Beaubourg, but with an economic vocation this time".

In this way then, by the time of the political change at the end of March 1986, the Arch was closely pressed by the power of Christian Pellerin : the Cnit where he was to be housing the Infomart, and the Valmy blocks on which he was going to elaborate diverse projects for a business village, hotel complex and the "aquaboulevard" leisure area.

COHABITATION AND THE BASEMENT PRICE

On March 16, 1986 the right wing won the legislative elections and the mayor of Paris Jacques Chirac saw himself given the responsibility of forming a new government ; the storm was about to burst over the Grands projets. At la Défense, the SEM sensed that the CICOM was doomed, even if the major part of the building had been sold off three days before the elections. Its operating fees, indifferently rated at three hundred million francs per annum, were incompatible with the forecasts of rigour and the will to disengage the State. Contact was made with Christian Pellerin to try and make a deal with the man who had moved into the place ; one objective remained : preserve the Arch as a monument and keep it from being disfigured, even if it was to have a different destiny.

On April 25th came a common letter from the new ministers for Environment and Budget, Pierre Méhaignerie and Alain Juppé. The CICOM was done for, the act of sale for its 47 300 m² cancelled ; the question in hand now was to sell off by lots of ordinary offices both the hills and the three floors of the northern wall, study a specific solution for the roof, find a mercantile use for the base – all in the space of three weeks. This meant translating into acts the decision taken in the rectifying law on finances passed April 16th, known as the "collective budgetary", by which the Chirac government intended – before setting out on its large scale privatization policy – to skimp a little on State expenditure, and notably some 400 million francs on the president's worksites.

The CICOM went west without a peep, amidst general indifference. It had not as yet "acquired sufficient maturity to gather popular assent" said the then newly appointed chairman ; as for manager J.-H. Lorenzi, he was to lose no time in finding a position in the Sari empire where he is now managing director

of the Cnit, henceforth known as the Centre for new industries and technologies, and coordinates the policy on new technologies for the group's various operations.

The State no longer intended to honour the CICOM's 927 million franc debt (around 375 million, tax free this time, for the hills, 40 for the three floors of the northern face, 190 for the "basement", the Arch's base and sub-base, 200 more for the roof). But 447 million had been sunk in it all told, either paid to the SEM already or inscribed in the budget due to be paid by the end of the year, and people meant to see the sum refunded. The SEM found itself in an absurd situation : it had in effect sold roof and base for an arbitrary price of 200 million each without these sums being justified in market terms, and thus in a sense it had "robbed" the CICOM ; but it could hardly hope to obtain more than about half of this amount from the re-sale and had to assume the cost of the general disorganization of the studies and the worksite, estimated modestly at 50 million francs. A dead loss write-off of 250 million which as a limited mixed-economy company, responsible before a board of administrators, it could not accept. It had to dig up this amount from somewhere else : by densifying the hills and thus considerably modifying Spreckelsen's project.

THE AXIS POWER

Then began the most serious of crises : a tragedy played out in the murky depths of finance and politics where amidst currents little known by observers move the big white sharks of finance and the cumbersome whale of the State. There were grand actors there grouped around the uncompromising figure of an architect : the president of the Republic who had taken refuge in his palace and no longer took a hand in matters; Robert Lion, the project's forefather, firm in the impregnable fortress of the Caisse des dépôts et consignations, chairman of the SEM Tête-Défense that had just gone to pieces; Jacques Deschamps, chairman of the EPAD, an impressive Brejnev-like figure with enormous bushy eyebrows, the last representative of the State before the dissolution of his public establishment and the devolution of its fabulous assets and receipts to those who were licking their shops on the borderlines : the mayors of Puteaux and Courbevoie; there were

également ménager des baies dans le large tympan de marbre du haut, avec quelque artifice de verre laiteux, pour y établir des restaurants panoramiques ?

Christian Pellerin était omniprésent, actif et imaginatif, tissant ses réseaux tout autour de l'Arche, prêt peut-être à reprendre le lot d'un bloc et à désengager l'Etat ; tout poussait à ce que la SEM s'associât à lui, l'ancien sauveur de la Défense auquel une fois encore l'histoire paraissait sourire. Une convention d'étude lui fut même accordée, afin qu'il proposât une solution pour la densification des collines et une réflexion sur les espaces souterrains. Le sous-socle de l'Arche était traversé par une large rue qui ne débouchait pratiquement sur rien : ni vers le Cnit réactivé, ni vers le futur quartier Valmy au sud-ouest, sur Puteaux, ni vers la ZAC Danton au nord-ouest, sur Courbevoie, simplement vers la gare du métro.

Les études de la Sari, menées avec les architectes Michel Andrault et Pierre Parat, aboutirent vers l'été à un véritable schéma d'urbanisme souterrain propre à satisfaire les uns et les autres, notamment les aménageurs de l'EPAD. Des liaisons bordées de commerces et de restaurants mettaient en contact le flanc sud de l'Arche avec le centre commercial des Quatre-Temps et l'immeuble-pont que Pellerin voulait construire en direction des terrains Valmy, tandis que le flanc nord se greffait sur le Cnit, le RER et le futur quartier Danton à Courbevoie. Un réseau de passages ancrait les sous-sols de l'Arche aux pôles principaux de la Tête-Défense, à la manière de puissantes racines.

Mais le promoteur ne se contentait pas d'agir ainsi, souterrainement ; il avait aussi un projet pour l'air libre, destiné à remplacer les fameuses collines de Spreckelsen : un immeuble fin, arqué le long du boulevard périphérique et dessiné par les mêmes Andrault et Parat, parmi toute une gamme de bâtiments courbes et acérés qui apparurent pour divers lieux de la Défense cette année-là, propres à s'implanter au plus près des voiries et des échangeurs routiers. Il avait fait établir une maquette de cette réorganisation du site qu'il montrait aux uns et aux autres : un écran de miroirs argentés très dégagés du monument de Spreckelsen, percé d'une porte de hautes proportions ouvrant sur la passerelle du quartier Danton.

L'enjeu, on le sait, était de densifier l'opération pour la rentabiliser et pouvoir rembourser l'Etat en absorbant dans le bilan de la SEM le manque

à gagner d'une revente des parties publiques de l'Arche qui promettait d'être très malaisée. On avait estimé que l'ensemble devait maintenant offrir quelque 50 000 m² de bureaux, alors que la première esquisse de Spreckelsen n'en proposait que 6 000 et qu'au fil des études, de solution en « tabourets » empilés, puis en « arbres » à structures suspendue, en solution en « plots », on était parvenu à 30 ou 35 000 m², par ailleurs peu conformes aux exigences du marché de bureau, peu rationnels et sans doute assez coûteux.

L'architecte danois ne voulait pas admettre que l'on densifiât ; pour lui, telle qu'elle était implantée au bout de son axe, l'Arche devait pouvoir respirer, comme l'arc de triomphe sur le site dégagé de l'Etoile ; il n'admettait pas les arguments de ceux qui pensaient qu'elle ne perdrait rien de sa majesté à être, comme telle ou telle cathédrale, insérée dans une urbanisation plus rapprochée, dont elle eût émergé splendidement. Non, il tenait, lui, absolument, à cette capacité de l'édifice à se déployer dans le calme, en régnant sur un espace assez vide.

Il fit quand même diverses études, à Copenhague comme toujours, et présenta un jour un cahier de vingt ou trente propositions, toute une combinatoire, parfois une sorte de casbah nous dit-on, qu'il montra et refusa de laisser. Puis il y eut cette idée du triangle de la Folie : il y avait là, au nord de la Grande Arche, à un jet de pierre, un étrange terrain coincé entre les voies ferrées et le boulevard circulaire, entre Courbevoie et le cimetière dit de Neuilly. L'entreprise Bouygues y avait entassé, comme des caisses, ses baraques de chantier rouges et blanches. Si l'on ne pouvait densifier les abords immédiats du monument, peut-être pouvait-on trouver en cet endroit, hors du champ clos de la Défense, tout près pourtant, les surfaces nécessaires. En avril 1986, Spreckelsen étudia pour la SEM, sur ces terrains qui, d'ailleurs, ne lui appartenaient pas, divers projets de tours fines d'environ 180 mètres de haut, dont il reste un cahier de plans et de photographies de maquettes, daté du 5 mai, ainsi qu'un croquis symbolisant son idée de minaret. Son unique souhait était bien de désencombrer le parvis et de ménager la souveraineté de son arche. On le vit encore proposer un bloc compact de bureaux et d'espaces commerciaux sur la Folie et le terrain voisin, dans la ZAC Danton, de part et d'autre d'une large voie piétonne, et surtout, projet pittoresque et hautement significatif quant à son attitude générale, imaginer l'enfouissement complet du Mart de Christian Pellerin sous une

the ministers Juppé and Méhaignerie, respectively RPR and Barrist[13]; and Francis Bouygues, world leader in building, public works, prime contractor for the Arch and soon to be head of a television channel; and finally there was Christian Pellerin who many believed would triumph over all other comers, dreaming of vast strategies that would link the diverse operations that he was undertaking round the site, fond of keeping political figures, left wing and right wing journalists, and cultural buffs in search of a sponsor on their toes, like Molière's bourgeois gentilhomme had done with his dancing master, and especially the architects, old and young, the fashionable and those who trafficked influences, all of them bright-eyed and supple of spine, with their fresh models in hand looking like so many bouquets. A tragedy? That it was indeed in certain respects since all this was soon to bring about the departure of Spreckelsen amidst a depressing silence. But one of the rules of classical tragedy was lacking here : unity of action, despite the unities of time and place. No, it was more like an extremely confused comedy of errors that the draughts so common on the site stirred up at times, adding rumours one would rather not give ear to, such as those that spoke of certain services the building world is pleased to render to that of politics.

BETWEEN THE UNDERGROUND AND THE HILLS

In spite of the political change then, the worksite went ahead. As of spring 1986, the base – the part known as the lower megastructures – was poured; then towards the end of summer the two south and north walls at a rate of two levels a week. The SEM kept on trying to sell : the underground space to Canal Plus, to the Fnac, to Trigano for a possible leisure centre, to others for an aquatic sports complex. The roof to the Ile-de-France regional authorities perhaps, who came within a hair's breadth of installing their luxury regional hotel there (now located rue Barbet-de-Jouy in Paris), or the Chamber of Commerce that dreamt of establishing a luxury congress centre there, or the European cultural foundation. In

fact, for the people in charge of the operation those were days fraught with trauma : what use was it completing the edifice once its financial balance had been lost, being in absolute uncertainty as to its future use, with the ministry itself undecided, without knowing what type of rooms, what partitioning, what type of air-conditioning ducts should be installed : an odd situation indeed that finally led to the building of an abstract basement and roof, almost empty, a series of spaces of great unity but quite unfit for most uses, a magnificent and monumental structure perfectly detached.

Then followed various movements to and fro between the cabinets of Alain Juppé and Pierre Méhaignerie. In spite of the relative knowingness of people here and there, terrifying ideas began to burgeon in the minds of certain advisors : were the guyed lifts useful after all? Wouldn't it be possible to paint the concrete or at least to put marble only on the Paris side? What if windows were put in to lighten the chamfered sides and give views of the city, and skylights installed to light up the basement space? Wouldn't it be possible to place bays in the wide marble tympanum up top, using some sort of milky glass, so as to house panoramic restaurants there?

Christian Pellerin was omnipresent, active and imaginative, weaving his webs all around the Arch, ready perhaps to take over and disengage the State; everything seemed to be conspiring to associate the SEM with him – the former saviour of la Défense to whom once again history seemed to be smiling fair. A study agreement was even entrusted to him, in order that he propose a solution for the densification of the hills and devote some thought to the underground spaces. The basement of the Arch was crossed by a wide street that opened onto virtually nothing at all : neither towards the reactivated Cnit, nor to the future Valmy quarter to the south-west, at Puteaux, nor to the Danton building zone to the north-west, at Courbevoie, but simply onto the underground station.

The studies carried out by Michel Andrault and Pierre Parat for the Sari gave rise that

---

13. Jacques Deschamps had replaced the architect Joseph Belmont, who had resigned in January 1985 for reasons that were not made clear. He himself was asked to step down in December 1987 in favour of the RPR mayor of Puteaux,

Charles Ceccaldi-Raynaud. For several months, the press and city rumours had announced an imminent departure following the combined pressure of local power and that of money.

Au moment où éclate la
guerre des « collines », à l'été
1986, Spreckelsen, qui s'en
tient à un parti en « plots »,
est concurrencé par le projet
de la Sari, étudié par les
architectes Andrault et
Parat, qui proposent un
immeuble en arc et surtout
la définition d'un vaste
parcours souterrain menant
du Cnit aux collines puis, à
travers l'Arche, jusqu'aux
terrains Valmy que le
promoteur compte urbaniser.

●

*When the war of the « hills »
broke out in the summer of
1986, Spreckelsen, who
wanted a « plots » approach,
was in competition with the
Sari project put forward by
architects Andrault and
Parat, proposing an arc-
shaped building and the
definition of a vast
underground itinerary
leading from the Cnit thru
the Arch to the Valmy
lands, which the developer
meant to urbanize.*

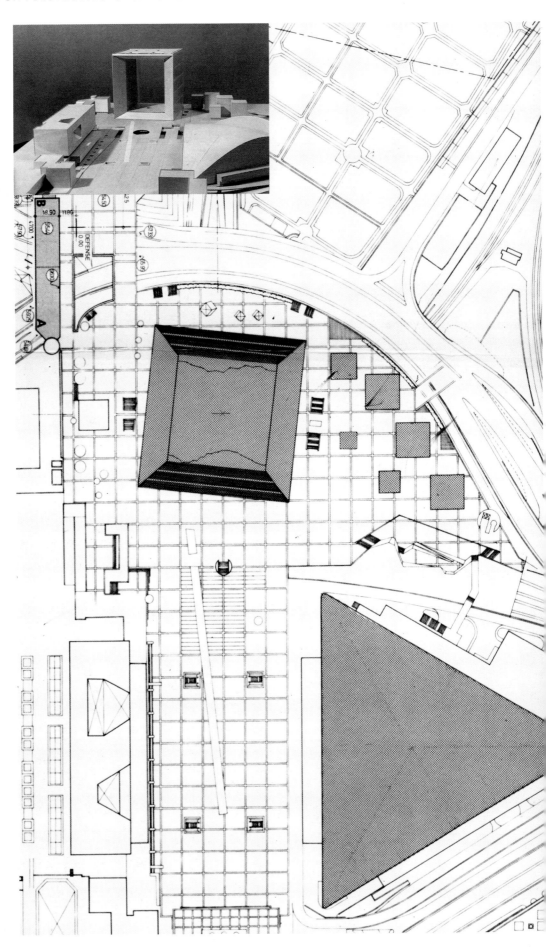

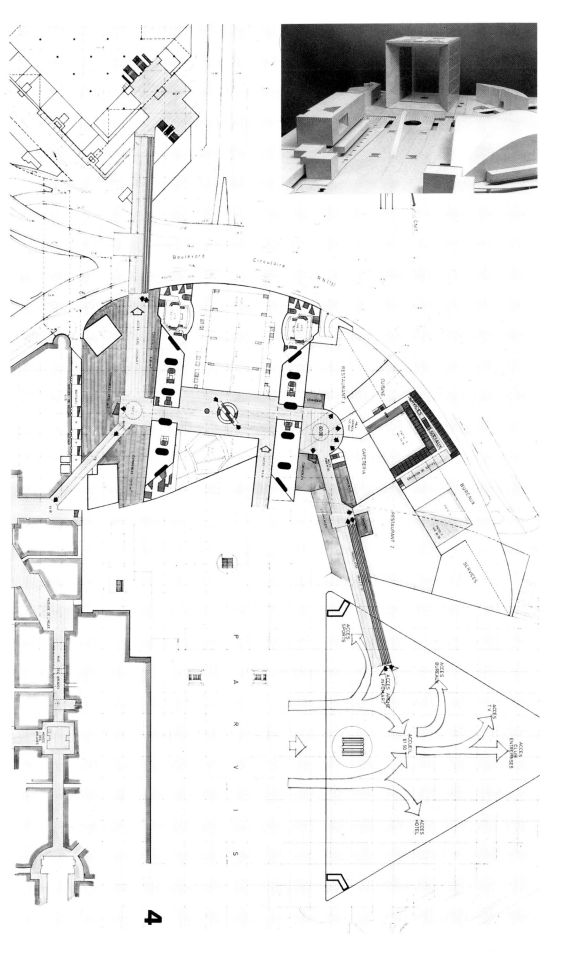

Avant de démissionner le 31 juillet 1986, Johan-Otto von Spreckelsen avait testé diverses solutions d'implantation des surfaces exigées, mais hors du site afin de protéger ses collines en plots et le dégagement de la Grande Arche. Ainsi plusieurs projets de tours sur le triangle de la Folie, enclavé entre les voies ferrées, liées à un complexe implanté dans la Zac Danton. Son croquis « concept » figurant un cube et un minaret servit d'alibi aux développements ultérieurs de l'affaire : l'étude d'un projet par Gérard Thurnauer puis le lancement du fameux concours de la Folie.

Page de droite :
Il étudia aussi divers moyens de neutraliser les projets d'Informart dont il savait que, situés trop près de l'axe, ils seraient fort visibles et gênants pour l'Arche. Il tenta de convaincre qu'il convenait de l'enterrer pour ménager une sorte de vaste parterre paysager au sortir de la Défense.

●
Prior to his resignation on July 31, 1986, Johan-Otto von Spreckelsen tested various solutions for settling the problem of required space – but outside of the site in order to protect his « hills » plots and the openness around the Grand Arch. Thus several projects came into being for towers on the Folie triangle, wedged between railway lines, and linked to a complex set on the Danton building zone. His « concept » sketch representing a cube and a minaret served as an alibi for later developments of the affair : the study of a project by Gérard Thurnauer and then the launching of the famed Folie competition.

Opposite page :
He also looked at several ways of neutralizing the Informart projects which he knew were too close to the axis, and would be highly visible and detrimental to the Arch. He tried to convince people of the necessity of putting the project underground in order to clear a sort of vast, landscaped open space on the outskirts of la Défense.

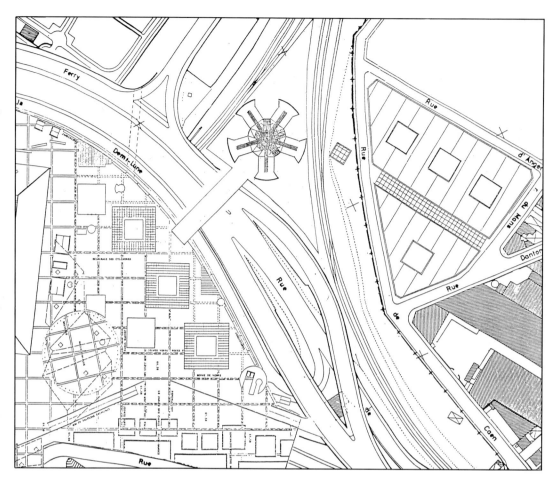

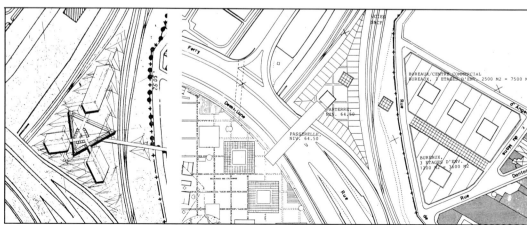

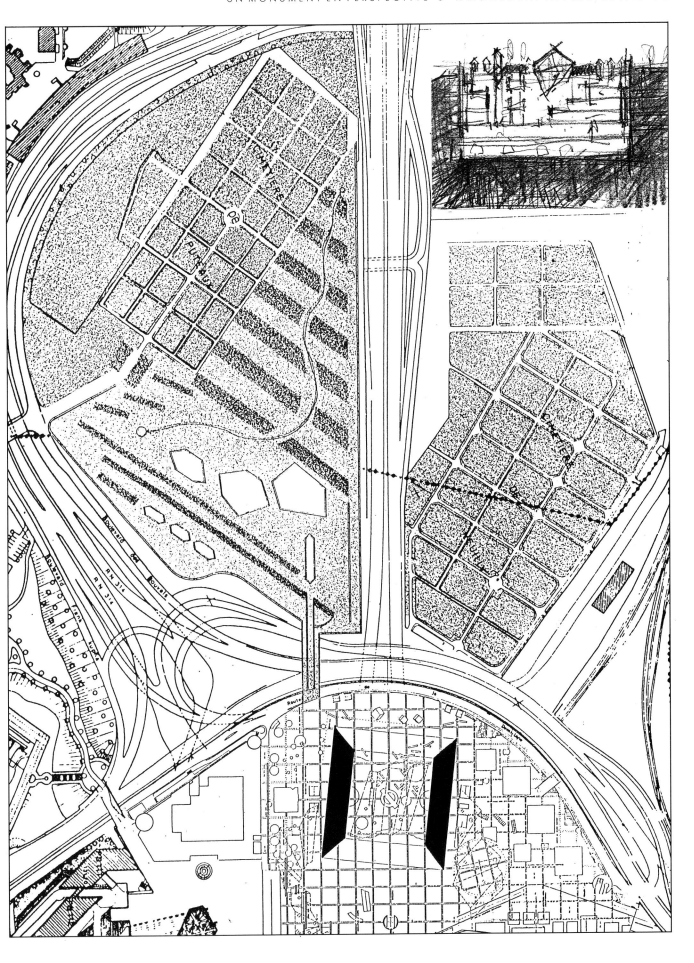

sorte de grand remblai engazonné qui eût composé, de part et d'autre de l'autoroute, une parfaite neutralisation paysagère du territoire, du cimetière de Neuilly à celui de Puteaux, le Mart honni venant prendre son jour par de rares verrières semées dans ce jardin.

Paul Andreu et ses équipes d'Aéroports de Paris étudièrent de leur côté, pendant l'été, divers partis de remplacement : une grande double structure croisée, dite « pont » parce qu'elle franchissait le boulevard et tirait l'espace vers le nord ; une composition de trois « prismes » déboîtés ; une « nappe » basse trouée de patios, qui aurait été suggérée par Gérard Thurnauer ; enfin deux solutions « à la Arp », aux façades courbes et ondoyantes qui auraient fait grincer quelques dents (« c'est le retour d'Aillaud... »), que Spreckelsen n'aima pas mais qui auraient enthousiasmé Christian Pellerin. L'architecte danois, par provocation sans doute à l'égard de Robert Lion et de la SEM, mais aussi parce que ce projet se tenait nettement en recul, aurait un jour indiqué sa préférence pour le parti d'Andrault et Parat.

L'HOMME DE MARBRE

La situation était très dégradée entre Spreckelsen et les Français et, parmi ceux-ci, plusieurs souffrent encore aujourd'hui de ce qu'en ce dernier semestre ils aient pu paraître, aux yeux de cet interlocuteur intransigeant, n'être que des « sagouins » qui allaient peut-être détériorer son œuvre. Les relations avec Paul Andreu, comme toujours dans ce type d'association, étaient parfois tendues, l'un craignant peut-être que l'autre, à certains moments, ne veuille se substituer à lui ; l'un se réfugiant dans son extrême exigence, dans ses principes parfois un peu théoriques ; l'autre, par fonction, restant plus attentif à certains problèmes de rationalité ou de budget.

« Spreckelsen ne croyait pas vraiment à notre sincérité », pense aujourd'hui l'un des acteurs de cette période difficile ; « il ne comprenait pas à quel point son œuvre était menacée, ni que la protection présidentielle, dont il avait bénéficié, n'était guère efficace en période de cohabitation. Nous essayions de tenir les délais, de nous débrouiller dans les difficultés de budget, de résoudre les terribles aléas politiques du moment ; et lui poursuivait son œuvre, imperturbable, prenant tout son temps, paraissant insensible aux problèmes qui nous tourmentaient ».

Plusieurs sujets l'avaient particulièrement préoccupé, à tel point qu'ils avaient dû être évoqués devant François Mitterrand, au palais de l'Elysée, le 3 février 1986. Inquiet de la sous-face lisse que l'entrepreneur, ou la SEM, pour des raisons d'économie, voulait imposer pour le toit de l'Arche, Spreckelsen avait imaginé d'y inscrire un motif abstrait inspiré des circuits d'ordinateurs, comme il avait songé, tout au début du projet, à en placer aussi sur les deux façades latérales de l'édifice. Il en avait d'ailleurs fait une petite maquette, avec un circuit imprimé, avant de se rallier à l'idée des caissons suspendus, que Bouygues facturerait 9,1 millions de francs.

On se querella longtemps aussi sur le verre des deux grandes façades latérales d'environ un hectare, qu'il souhaitait parfaitement lisses, éventuellement traitées en miroir. Pour cela, il fallait que le verre fût tout à fait plat, sans ces légers bombements qui font imperceptiblement onduler les façades vitrées et s'y tordre les reflets. Or, les verres isolants ondoient. On décida donc de doubler les baies, situées au fond des caissons, d'une surface plate rigoureuse en verre simple épais, plaque collée sur l'ossature pour qu'il n'y ait pas la moindre parclose, à peine des joints imperceptibles. Mais cette solution, alors nouvelle, n'obtint pas l'agrément des services spécialisés car on pouvait craindre que le verre, soumis à des efforts ou des sautes de température trop intenses, ne se décolle et tombe. Et quand la SEM trancha en faveur de joints d'aluminium, d'ailleurs fort minces, ce fut une grande déception pour Spreckelsen. Reste une façade absurde, certes très élégante, mais terriblement onéreuse tant en investissements qu'en coût de fonctionnement. Une telle façade n'a rien de cette serre un peu écologique dont on a rêvé un moment et qui aurait, on ne sait comment, tamisé les rapports physiques entre l'intérieur du bâtiment et le climat ; au contraire, elle développe, entre ses deux parois espacées d'environ 50 centimètres, une forte chaleur et présente le défaut majeur, auquel personne n'avait d'ailleurs songé avant la fabrication d'un prototype – mais alors il était trop tard –, de multiplier les reflets de verre en verre, à tel point que les malheureux occupants des bureaux, dès que le jour faiblit, ne voient plus le paysage magnifique alentour mais bien leur propre visage, rendu blafard par l'éclairage au néon.

Toujours préoccupé par la parfaite planéité de ses façades, Johan-Otto von Spreckelsen mena une longue guerre relative aux parois de marbre. Il s'était battu pour que le dispositif de fixation des plaques fût réglable, afin de pallier dans

summer to a veritable underground town planning scheme worthy of satisfying all comers, and notably the EPAD's developers. Linkways lined with small businesses established contact between the Arch's southern flank, the Quatre-Temps mall and the bridge-building that Pellerin hoped to erect in the direction of the Valmy buildings, while the northern flank linked with the Cnit, the RER express line and the Danton quarter at Courbevoie. A network of root-like passages anchored the basements of the Arch to the main poles at Tête-Défense.

But the developer was not content to act in this way, underground; he had a project for the upper air, destined to replace Spreckelsen's "hills": a slender building arching alongside the ring road and drawn by Andrault and Parat, among a barrage of curved and steel-framed buildings that appeared at la Défense that year, suitable to stand by roads and motorway interchanges. He had had a model of this reorganization of the site made to display to the select: a screen of silver mirrors standing well back from Spreckelsen's monument, pierced by a high door opening onto the footway of the Danton quarter.

What was at stake of course was to redensify the scheme in order make it profitable, and to thus be able to pay back the State by absorbing in the Sem's balance sheet the loss on the resale of the public parts of the Arch, which looked like being a difficult task indeed. Estimates have shown that the whole should now contain some 50 000 m² of office space whereas Spreckelsen's first sketches proposed no more than 6 000 m², and as studies went ahead from "piled stool" solutions to suspended "tree" structures or "plots", the figure had been boosted up to 30 or 35 000 m², the which was little adapted to office space market demands, not very rational and no doubt quite costly.

The Danish architect didn't want to hear about densifying; for him, the Arch needed breathing space where it stood at the end of its axis, just as the Arc de triomphe at l'Étoile needed an open site; he could not accept the arguments of those who thought that it would lose nothing of its majesty by being – like certain cathedrals – inserted in a more closely woven urban web, from which it would emerge magnificently. No, what he wanted – outright – was a capacity for the edifice to spread itself calmly, reigning over virtually empty space.

All the same, he drew a few studies, in Copenhagen as usual, and presented twenty or thirty proposals in an exercise book one day – a complete combinatory, at times a sort of casbah we are told – that he showed but refused to part with. Then he hit on the idea of the Folly triangle: a stone's throw to the north there was an odd piece of land jammed between the railway lines and the ring road, between Courbevoie and the Neuilly cemetery. The Bouygues firm had stacked its red and white worksite sheds there like packing cases. If the immediate surroundings of the monument could not be densified, perhaps something might be done to find the necessary space there, beyond the closed field of la Défense and yet close at hand. In April 1986, Spreckelsen studied various projects for the SEM that proposed settling on this piece of land (that was not SEM property) narrow towers of around 180 metres in height; a dossier containing plans and photos of the models remains, dated May 5th, as well as a sketch depicting his minaret idea. His sole wish was in fact to disencumber the open space around his arch and protect its sovereign stance. He was to be seen proposing a compact office block-cum-commercial centre on the Folly land and on the neighbouring site, in the Danton building zone, on either side of a large pedestrian walkway, and most of all (a picturesque project and one highly indicative of his general attitude) imagining the thorough burying of Christian Pellerin's Mart under a sort of huge lawn-covered embankment that would compose a perfectly-landscaped neutrality in the territory on either side of the motorway, from the Neuilly cemetery to that of Puteaux, the detestable Mart showing its maw only here and there thru skylights sparsely scattered over this garden.

For their part, during that summer, Paul Andreu and the Aéroports de Paris teams looked at various replacement solutions: a huge double-cross structure that came to be known as a "bridge" because it spanned the ring road and pulled the space away to the north; a composition of three offset "prisms"; a low "layer" structure pierced with patios that Gérard Thurnauer had suggested; and finally two "à la Arp" solutions with curved and undulating façades that would have set certain people gnashing their teeth ("beware the shades of Aillaud!...), which Spreckelsen disliked but which would have delighted Christian Pellerin.

l'avenir la moindre variation éventuelle de la surface des pignons. Bataille difficile car tardive : Bouygues avait reçu sa commande plusieurs mois plus tôt et n'admettait pas de solution plus coûteuse que celles qui figuraient à son marché. Ainsi pour le marbre proprement dit : l'architecte avait aimé, à Carrare, le marbre de la carrière de Figaia et quasiment promis de l'employer. Du coup, n'étant plus en concurrence, ce fournisseur l'aurait proposé à Bouygues à soixante pour cent au-dessus du prix de ses concurrents, ce que ne pouvait admettre l'entrepreneur. On soumit divers échantillons à l'architecte, qui les refusa les uns après les autres, les jugeant trop gris. Quelque temps plus tard, il retint seize échantillons sur cinquante, produits par la carrière IMEG ; Andreu crut devoir accepter et ce fut l'occasion d'une nouvelle fâcherie avec Spreckelsen qui revint sur cet agrément, estimant que la carrière ne possédait pas de cette qualité-là en quantité suffisante. Lorsqu'il abandonna son chantier, quelques mois après, il pensait sans doute que le marbre serait médiocre et que Bouygues et la SEM ne feraient pas preuve du haut niveau d'exigence souhaitable : en effet, le marbre livré n'a pas toujours été parfait ; mais, comme Spreckelsen l'eût souhaité, il fut alors refusé : deux mille sept cents plaques furent changées sur les pignons regardant Paris dans le courant de 1988.

Les occasions de friction étaient multiples : depuis le choix du marbre foncé masquant, sur les façades, le tracé des grandes mégastructures, que Spreckelsen avait longtemps souhaitées plutôt en bronze avant que Ieoh Ming Pei ne le convainque que cela noircirait trop, jusqu'à la fresque de Dewasne pour les murs intérieurs des couloirs du cube – fresque virtuelle, n'existant dans sa totalité que sur les cartons de l'artiste, mais en fait tronçonnée, d'étages en étages et de couloirs en couloirs ; c'était une pure idée conceptuelle, bien dans l'esprit de l'architecte danois dont on avait senti, dès la réflexion sur la structure constructive de son monument, combien il était attaché à une sorte d'immanence des choses : qu'elles soient là, dans leur vérité, dans leur logique sans concession, mais qu'elles ne soient pas montrées. Les investisseurs qui avaient acquis la paroi nord ne voulaient pas entendre parler de cette fresque – qui d'ailleurs ne fut pas réalisée dans leur moitié de bâtiment – ni des carreaux prévus dans les sanitaires, que Spreckelsen souhaitait de petit module, gris et blancs, pour qu'ils ne rivalisent pas avec les tons vifs de la fresque, quand eux les voulaient justement colorés et de grande taille pour « ne pas faire HLM ».

Désaccords aussi bien pour les équipements intérieurs (par exemple les spots des couloirs, que l'architecte voulait assez petits et laissant régner une lumière bien contrôlée) que pour l'aménagement du parvis et de la dalle extérieure, notamment pour le patio de la Tortue, que l'EPAD proposait de couvrir de larges claires-voies, alors que Spreckelsen, quitte à percer la dalle, préférait un vaste trou rond, qui lui fut d'ailleurs accordé avant d'être abandonné plus tard.

DEMISSION DE SPRECKELSEN

Partout, donc, des occasions de tension ; avec d'un côté l'urgence, de l'autre l'impassibilité et l'indifférence aux considérations vulgaires quand seule devait compter la perfection de l'œuvre. Fatigué, agacé, Spreckelsen semblait avoir perdu de sa force et de son extraordinaire capacité qu'il avait à la fois à s'entêter et à élaborer en son lointain royaume de Danemark, des solutions nouvelles susceptibles de protéger à jamais l'intégrité du monument.

Enfin, il y avait cette affaire des « collines », si grave, si essentielle pourtant à l'équilibre financier de toute l'opération. Quand Spreckelsen repartit, tout au début de l'été, il était convenu qu'il reviendrait avec un projet définitif qu'il mettrait au point ensuite, à Paris, avec le maître d'ouvrage. Il devait ne plus jamais revenir travailler car il allait démissionner, convoquant Jean-Louis Subileau dans son bureau de la Défense, le 31 juillet 1986, pour parapher le protocole de son départ et solder son compte définitivement.

Rien n'y fit ; il ne revint pas sur sa décision. Ses interlocuteurs étaient accablés d'un lourd sentiment de culpabilité. Or, la veille de ce 31 juillet une visite du président de la République avait été fixée sur le chantier de l'Arche. Tout le monde l'attendait, de Christian Pellerin à Francis Bouygues et au ministre Pierre Méhaignerie. On ne trouvait pas l'architecte, auquel on avait laissé des messages ici et là. Puis arriva la voiture présidentielle : Spreckelsen, souriant, était assis à la droite du chef de l'Etat qu'il était passé voir à l'Elysée, marquant une dernière fois qu'il considérait n'avoir en France qu'un seul interlocuteur.

Le lendemain eut lieu la cérémonie poignante des adieux. On avait préparé un contrat de deux pages qui entérinait le transfert des responsabilités architecturales à Paul Andreu à compter du 1er août, « Monsieur J.-O. von Spreckelsen ayant

The Danish architect – no doubt thru provocation with regards Robert Lion and the SEM, but also because their project stood well back – is reported to have expressed his preference one day for the Andrault-Parat project.

THE MAN OF MARBLE

Relations between Spreckelsen and the French were at an all time low, and, even today, among the latter-named party there are people who shudder to think that, during the final six months, they must have appeared in the eyes of this staunch interlocutor to be nothing more than "apes" threatening to deteriorate his work. As is always the case in the type of association that linked them, Spreckelsen's relations with Paul Andreu were sometimes strained, the one fearing at times that the other might take his place, seeking refuge in his extreme exigency, in principles that were somewhat theoretical; the other, as was his function, more attentive to certain problems of rationality or budget.

In the words of one of the people present during that trying period: "Spreckelsen didn't really believe in our sincerity; he didn't understand to what extent his work was threatened, nor that the presidential protection which he had had for so long was hardly effective any longer in a period of cohabitation. We were trying to keep to the deadlines, to plow thru the budget hassles, to get around the fantastic political hazards of the period; and all the time he just kept on with his work, unruffled, taking his time, apparently unconcerned by the problems that, on the contrary, were tormenting us". Several subjects had particularly worried him though, to such an extent that he spoke of them in the presence of François Mitterrand at the Élysée Palace on February 3, 1986. Worried about the smooth under face that the prime contractor or the SEM wanted to impose on the Arch's roof for economic reasons, Spreckelsen had thought of inscribing an abstract motif inspired by computer circuits there, just as he had thought at the outset of works of placing similar motifs on the edifice's two lateral façades. He had even made a small model using a printed circuit before rallying to the idea of suspended caissons, for which Bouygues was to charge 9.1 million francs.

Disputes were also drawn-out over the two large lateral façades of around one hectare in area that Spreckelsen wanted to be perfectly smooth, and which were ultimately given a mirror treatment. In order to do so, the glass had to lie perfectly flat without those slight bulges that imperceptibly undulate glazed façades and warp reflexions. Insulating glazing panels do undulate though. Thus it was decided to double the bays situated in the caissons with a rigorously flat surface in ordinary thick glass, glueing the plate on the structure so that not the slightest glazing bead would show, but only barely perceptible joints. But this solution, new at the time, did not meet with the approval of the specialized services because it was feared that, under strain or extremes of temperature, the glass might loosen and fall. And when the SEM decided in favour of aluminium joints, quite thin at that too, it was a great disappointment for Spreckelsen. What remains is a slightly absurd façade, elegant of course, but terribly expensive both in initial cost and in upkeep, that has nothing of the slightly ecological greenhouse effect that people had visualized at one stage, and which supposedly – Lord's knows how – would have toned down the physical rapports between the interior of the building and the exterior; on the contrary, between the two walls spaced about 50 centimetres apart, the façade develops a high temperature and presents the major defect, which no one had thought of before the fabrication of a prototype (and by then it was too late anyway), of multiplying reflexions from glass to glass, so much so that the unfortunate occupants of the offices, as soon as the light wanes, no longer see the magnificent landscape around them but reflexions of their own neon-livid faces.

Forever intent on the perfect smoothness of his façades, Johan-Otto von Spreckelsen fought a long battle over the marble walls. He insisted that the fixing mechanism of the plaques be adjustable in order to counter the slightest variations that might appear in the future on the surface of the gables. A difficult battle indeed since it was fought tardily: Bouygues had been given the green light several months beforehand and turned a deaf ear to solutions more costly than those that had been stipulated in the deal made. So, for the marble as such: the architect had had a hankering at Carrara, for marble from the Figaia quarry, and had nigh on promised to use it. Going on this, the over-confident supplier had supposedly offered

L'architecte du cube de La Défense vient de mettre fin à son contrat

Le Danois Johan Otto Von Spreckelsen claque la porte

L'architecte de la "tête" Défense abandonne

Pourquoi La Défense a perdu sa tête

Tête Défense : la SARI reprend un tiers du Carrefour de la communication

La nouvelle conquête de l'Ouest

demandé à se retirer de l'opération Tête-Défense ». Jean-Louis Subileau et Yves Dauge, dépêchés par la présidence, tentèrent vainement de le faire revenir sur sa décision. Spreckelsen, avec une terrible fermeté, expliqua que François Mitterrand aimait l'architecture, certes, mais que, malgré toute sa propre bonne volonté, il « ne pouvait pas refaire l'histoire » puisque le monument qu'il avait dessiné était « devenu un big business ».

La première version du protocole ne lui plut pas ; il en fit supprimer l'article 5 qui, « dans le souci de respecter le projet issu du concours international », lui ménageait une mission de conseil architectural. Plus dur encore, il fit supprimer deux lignes de l'article 2, celles au terme desquelles les parties s'engageaient à ce que la Grande Arche fût présentée « comme étant l'œuvre de Monsieur Johan Otto von Spreckelsen ». Il abandonnait tout, jusqu'à ses droits moraux de concepteur : *« It is fixed,* ma décision est prise. » Robert Lion refusa de signer jusqu'à ce que, quelques jours ayant passé, il se fût convaincu et eût convaincu l'Elysée qu'il n'y avait plus rien à faire. La presse ne devait se faire l'écho que plusieurs mois plus tard, en novembre, de cette tragique démission survenue au cœur de l'été et sur laquelle chacun avait juré de garder le secret en une période de politique intérieure relativement tendue.

L'architecte était-il déprimé, et ce départ traduisait-il un abattement profond ? Sa femme Karen le nie, reconnaissant, certes, que les derniers mois avaient été épuisants, que Spreckelsen faisait face avec un peu moins de vigueur que jadis aux difficultés incessantes, déjà physiquement atteint peut-être par cette maladie qui allait l'emporter au printemps suivant mais dont, assure-t-elle, on ne se doutait pas encore. Elle veut y voir, au contraire, une dernière manifestation de sa grande force de caractère et d'une constante volonté de faire face, jusqu'à choisir lui-même l'heure de son départ. Spreckelsen reviendra trois ou quatre fois à Paris, très détendu, voir l'avancement du chantier et les projets des « collines », qui bien sûr ne lui plurent guère.

LA BATAILLE DES COLLINES

De son côté, Christian Pellerin ne chômait pas. Prestataire de services de la SEM, il finissait la mise au point des projets souterrains et faisait établir par ses architectes un plan-masse général du site, de Valmy à l'Arche et des « collines » au Cnit, ajoutant à l'ensemble une nouvelle tour

en arc aiguë, dessinée par Andrault et Parat – la future tour Bull –, avec un piquage direct sur le boulevard circulaire.

Pour l'aménagement du Cnit proprement dit, il organisait un petit concours en juillet et demandait des maquettes à Andrault et Parat, Chaix et Morel et à Brigit de Kosmi, la propre femme de Robert Lion : cela indique que les rapports entre les diverses parties semblaient encore assez bons. En fait, le promoteur était en train de mettre le point final à son mouvement d'encerclement de l'Arche, montrant ses projets et sa stratégie urbaine très cohérente à tout ce que Paris compte de personnes influents. La SEM s'enfonçait dans l'impasse, elle n'était plus maîtresse du jeu il lui faudrait non seulement vendre le monument à la Sari mais encore accepter ses propositions architecturales.

Quatre ou cinq mois après le changement politique, les stratégies des uns et des autres aboutissaient à un face-à-face obligé : Lion/Pellerin SEM/Sari. Les choses alors s'accélérèrent soudain, comme s'il fallait à tout prix que la société d'économie mixte échappât à l'étouffement. Des contacts furent pris par Jean-Louis Subileau avec un investisseur qu'intéressaient vivement les collines : Paul Raingold (« pluie d'or ! ») dirigeant la Générale Continentale Investissements. Parallèlement, à la demande du ministre de l'Equipement, un éclat particulièrement vif étant survenu entre Robert Lion et Christian Pellerin, une mission était confiée à Max Querrien, conseiller d'Etat, président de l'Institut français d'Architecture, entouré des architectes Arretche, Belmont Boistière, Fainsilber, Grumbach et Zehrfuss, afin d'analyser les problèmes architecturaux posés par la modification des « collines » et, plus généralement, par l'environnement de l'Arche.

La SEM, qui avait un client potentiel, réunit un jury officieux le 23 septembre pour décider d'un parti. Dans la salle des maquettes où figurai encore le dernier projet Spreckelsen en plots lui furent soumis les cinq propositions de Paul Andreu ainsi que le parti d'Andrault et Parat. Il y avait là certains des membres du jury qui, en avril 1983, avait retenu le projet de la Grande Arche : Richard Rogers, Oriol Bohigas et le Français Grumbach, Thurnauer et Zehrfuss, plus Yves Dauge, Robert Lion et Jean-Louis Subileau, François Lombard, Jacques Deschamps, Max Querrien et Ada-Louis Huxtable qui semble être passée à un moment. A l'exception des architectes Belmont et Zehrfuss, qui préféraient le projet Andrault-Parat, cette assemblée se pro

it to Bouygues at a price 60 % higher than that of his competitors, much to the displeasure of the prime contractor. Various samples were submitted to the architect who rejected them one after the other, saying they were too grey. Some time later he selected sixteen samples from fifty or so, produced by the IMEG quarry; Andreu felt he was obliged to accept and another squabble broke out when Spreckelsen changed his mind again concerning his approval, saying that he doubted whether the quarry could produce the quality given in the sample in sufficient quantity. When he abandoned the worksite a few months later, he believed no doubt that the marble would be of mediocre quality and that neither Bouygues nor the SEM would show the exigency that he had wished for; in effect, the marble delivered was not always of the best, but when this occurred it was refused; thus during 1988, some 2 700 plaques were changed on the gables looking towards Paris.

Sources of friction were legion, ranging from the choice of dark marble on the façades to mask the outline of the megastructures (whereas Spreckelsen had wanted bronze up until Ieoh Ming Pei convinced him that that metal would blacken) to the mural by Dewasne for the internal walls of the cube's corridors, a virtual mural that only existed in its totality in the artist's sketches since it was to be sliced up floor by floor; this indeed was a purely conceptual idea very much in the spirit of the Danish architect, who as of the reflexion phase for his monument's constructive structure had been thought to be very much attached to a sort of immanence in things : present in their truth and in their unflinching logic, but concealed. The investors who had bought the northern wall would have nothing of this mural painting, which was never to become a reality in their half of the building, nor would they accept the small format grey and white module tiling Spreckelsen had chosen for the sanitary facilities so as to avoid a clash with the bright tones of the Dewasne mural, what they wanted were bright colours and big formats, "so as not to look like something out of a social housing block".

Disagreement also arose over the question of interior fittings (the spotlights for the corridors for example, that the architect wanted to be small to create a well-controlled light) and for the layout of the open space and the slab around the Arch, notably for the Tortue (Turtle) patio that the EPAD wanted to cover with wide openwork while Spreckelsen would have preferred a large round hole even if it meant making a hole in the slab; a solution that was in fact conceded to him before being scrapped in turn later on.

SPRECKELSEN'S RESIGNATION

There was tension on all hands then; on one side urgency, on the other impassiveness and indifference to vulgar considerations that meant nothing compared with the perfection of the work. Harrassed and weary, Spreckelsen seemed to have lost something of his strength and of his extraordinary capacity to be stubborn and to be able to elaborate, in his distant kingdom of Denmark, new solutions that might protect the monument's integrity.

Finally, there was the business of the "hills", which was nonetheless serious and essential to the financial balancing of the entire operation. When Spreckelsen went home at the beginning of summer 1986, it had been agreed that he would return to Paris with a definitive project which he would elaborate with the engineers for the works. He was destined never to do so though, since he resigned on July 31, 1986 after summoning Jean-Louis Subileau to his office at la Défense to sign the protocol agreement for his departure and settle up the remaining sums owing to him.

Nothing could sway him; he was adamant in his decision. His interlocutors were weighed down with a feeling of guilt. Now the eve of July 31st had been chosen for a visit to the Arch worksite by the president of the Republic. Everyone was waiting for him, from Christian Pellerin to Francis Bouygues and Pierre Méhaignerie. The architect was nowhere to be found, though messages had been left here and there for him. Then when the presidential limousine arrived, lo and behold : a smiling Spreckelsen was sitting on the right hand side of the head of State, whom he had been to see at the Elysée Palace; for one last time he was showing that to his mind he had one interlocutor alone in France. A two-page contract ratifying the transfer of architectural responsibilities to Paul Andreu as of August 1st had been drawn up : "Mister J.-O. von Spreckelsen having expressed the wish to withdraw from the Tête-Défense operation..." On behalf of the presidency, Jean-Louis

Le jury des collines réuni le 23 septembre 1986 dans la salle des maquettes.
●
The « hills » jury deliberating on September 23, 1986 in the models' room.

A gauche :
à l'Elysée, le 3 février 1986.

A droite, une visite
de chantier le 20 mai 1987 :
Francis Bouygues,
François Mitterrand,
Paul Andreu, Robert Lion,
Jean-Louis Subileau.

●
On the left :
at the Elysée, February 3,
1986.

On the right, a visit to
the worksite on May 20,
1987 :
Francis Bouygues,
François Mitterrand,
Paul Andreu, Robert Lion,
Jean-Louis Subileau.

nonça pour un effet de nappe basse d'où émergerait l'Arche « comme une cathédrale », parti sur lequel Andreu fut invité à poursuivre ses études.

Puis, tout aussi brusquement, la SEM entreprit une nouvelle manœuvre offensive : elle organisa en quelques heures, sur la base du parti en nappe, un concours auprès de quatre équipes d'architectes invitées à remettre un projet en quinze jours : ce furent Jean-Paul Viguier et Jean-François Jodry, qui proposèrent une structure de jardins suspendus dégageant l'Arche en un mouvement oblique, Bertrand Bonnier, Jean Nouvel et Jean-Pierre Buffi. Les trois dernières solutions participaient de la même famille : quatre barres parallèles assez basses, de part et d'autre du monument. Celles de Bonnier étaient inclinées selon la direction de la façade nord du Cnit et traversaient l'Arche. Celles de Nouvel, perpendiculaires à l'axe afin de souligner le déhanchement du Cube, menaient loin vers les terrains Danton, de l'autre côté du boulevard circulaire. Celles de Buffi, sur le même principe, étaient plus hautes et ramassées, traversées par une grande nef vitrée diagonale menant, au nord, vers Courbevoie.

Les quatre équipes furent reçues avec leur projet le 20 octobre au soir par un jury limité aux architectes Grumbach, Thurnauer et Zehrfuss, plus Deschamps pour l'EPAD, Lion et Subileau pour la SEM. On s'accorda sur le projet Buffi, plus subtilement structuré en liaison avec les réseaux souterrains du site, qu'on soumit quand même à quelques étrangers : Bohigas qui vint le 23, Isosaki le lendemain, Kurokawa le 27, et on porta les projets à Richard Meier à New York pour obtenir son aval. Venu dîner avec Emile Biasini le soir du 29, Pei, en revanche, se déclara partisan d'un grand dégagement et ne cacha pas sa désapprobation. Le 27 octobre, le choix avait été soumis à la commission Querrien qui le ratifia, bien que deux de ses membres, les architectes Belmont et Boistière, l'aient désapprouvé ; Joseph Belmont surtout, au nom de la tradition moderne faite d'objets autonomes isolés par du vide, prônait le dégagement de l'Arche aussi vive-

ment qu'Antoine Grumbach, au nom de l'urbanité, prônait le rapprochement des « collines ». De fait, il y avait quelque chose d'assez piquant à voir ainsi s'implanter à la Défense, à l'initiative de Jean-Louis Subileau, ancien de l'Atelier parisien d'Urbanisme, l'architecte parisien type de la modernité bien tempérée, Jean-Pierre Buffi.

François Mitterrand ne fut, dit-on, jamais bien convaincu de ce projet, qui lui fut présenté deux fois ; Robert Lion, paraît-il, n'y vit qu'un pis-aller mais jugea la solution élégante ; Paul Andreu l'admit courtoisement en lui reconnaissant clarté d'intentions et sobriété plastique ; enfin, les mânes de Spreckelsen regretteraient cette masse construite qui, depuis le boulevard circulaire, masquera beaucoup les faces latérales de l'Arche, que ses plots à lui, bien que hauts et serrés, permettaient d'entrevoir. Le grand mérite de ce projet est d'ordre urbanistique, notamment en ceci que le sol de sa grande nef n'est pas au niveau de la dalle, mais à quelques mètres plus bas (on y accède par de larges emmarchements) et de plainpied avec les réseaux souterrains qui mènent au Cnit et à l'Arche au niveau desquels elle fait, en quelque sorte, descendre le jour, désenfouissant les sous-sols.

L'aval de Pierre Méhaignerie obtenu sur ce point, et fort d'une promesse de financements britanniques, Robert Lion avait alors déjoué l'encerclement de la Sari. Le 1er décembre, il pouvait proposer à Alain Juppé une nouvelle stratégie, assortie d'un montage financier propre à mettre un terme aux difficultés de la Tête-Défense. En cette fin 1986, la situation était à nouveau stabilisée ; la SEM disposait d'un projet et d'un acquéreur et échappait à l'ambition qu'avait eue Christian Pellerin[18] de tout reprendre sous son aile. Un protocole signé avec la Sari le 26 octobre, moins d'une semaine après le concours des « collines », entérinait ce nouvel équilibre des forces : elle achèterait les socle et sous-socle de l'Arche, ainsi que les « collines » sud, précieuses pour elle car au contact immédiat de l'immeuble-pont vers Valmy ; en revanche, elle perdrait les « collines » nord, et donc la liaison entre l'Arche et le Cnit. La

18. Christian Pellerin, que nous avons rencontré comme tant de protagonistes de cette affaire, affirme aujourd'hui encore que cet achat était sans aucune rentabilité pour sa société ; même en tenant compte d'éventuelles boutiques implantées dans les espaces souterrains de droite et de gauche, le profit était mince. En règle générale, il ne veut plus polémiquer ni revenir sur les périodes sombres de l'affaire, qu'il juge anecdotiques, pour ne retenir qu'une nécessité : tous doivent participer à la synergie qui fera de ce quartier de la Défense ce qu'il pense devoir être « le cœur du Paris du XXIe siècle »,

comme l'Opéra fut celui de la fin du siècle dernier. S'il proteste contre la tendance au monopole dont on le taxe çà et là, dénonce le défaitisme de tous les investisseurs, publics ou privés, qui abandonnèrent ce site en lequel ils ne crurent pas assez, et bougonne contre les « borduriers » qui achètent à demi-prix des terrains sur les franges de l'opération, c'est pour insister sur la nécessité de structurer toute la zone, pour que la Défense devienne le véritable centre, y compris en termes urbanistiques, de la région ouest, et non plus seulement une sorte de finistère occidental de la capitale.

Subileau and Yves Dauge tried in vain to have him revoke his decision. But, with a terrible firmness, Spreckelsen merely explained that though he did not doubt that François Mitterrand was a genuine lover of architecture, in spite of all his obligingness, he "could not reshape the whole story" since the monument he had designed had "become big business".

The first draft of the protocol agreement was not to his liking; he had article 5 suppressed which stated that "in view of respecting the winning project of the international competition" he would retain a capacity of architectural advisor. Tougher still, he had two lines of article 2 suppressed in which it was stated that the parties agreed on the Grand Arch's being presented "as the work of Mister Johan-Otto von Spreckelsen". He was abandoning everything, even his moral rights as designer: "It is fixed, ma décision est prise". Robert Lion refused to sign the document before a few days had gone by and he was sure – and had convinced the Élysée of his conviction – that nothing more was to be done. The press was not to echo the news of this tragic resignation that took place in summer until the following November, since those who had been party to it had been sworn to secrecy given the strained political context. Was the architect depressed? And was his departure significant of a profound lassitude? His wife Karen denies this, though she admits that the preceding months had been exhausting for him, and that he had shown less vigour than he had formerly done in facing the incessant difficulties, already physically weakened perhaps by the disease that was to carry him away the following spring, but which, says she, had not been diagnosed at the time. On the contrary, she considers her late husband's decision to be an ultimate manifestation of his strength of character and his constant will to hold his head high, even to the point of choosing his own time of departure. Spreckelsen, very much relaxed, was to return three or four times to Paris to inspect the progress of the worksite and the "hills" project, which of course he was in no way pleased with.

THE BATTLE OF THE "HILLS"

For his part, Christian Pellerin did not remain idle. As a supplier of services for the SEM, he was completing his underground projects and having architects establish a general block plan of the site, from Valmy to the Arch and from the "hills" to the Cnit, adding to the whole a new slender arc-shaped tower designed by Andrault and Parat, the future Bull tower with a direct rodding on the ring road.

As for the redesign of the Cnit itself, he staged a contest in July and asked Andrault and Parat, Chaix and Morel and Brigit de Komsi (Robert Lion's wife) to submit models; which seems to indicate that relations between the various parties were still quite good at the time. In fact, the developer was putting the finishing touches to his plan for encircling the Arch, showing his projects and his town planning strategy to all the influential people in Paris. The SEM was being led down a blind alley and was no longer in control of play; not only was it to be forced to sell off the monument to the Sari but it was to have to accept its architectural proposals as well. Four or five months after the political change, the strategies of the parties concerned came to a head-on confrontation: Lion/Pellerin, SEM/Sari.

Things suddenly stepped up in pace, almost as if it was essential that the SEM avoid being smothered. Contacts were made by Jean-Louis Subileau with an investor interested in the "hills", Paul Raingold (a providential name!), chairman of General Continental Investments. At the same time, on the demand of the ministry for Equipment and following a particularly sharp clash between Robert Lion and Christian Pellerin, a work assignment was entrusted to Max Querrien, State advisor and president of the Institut français d'architecture, supported by the architects Arretche, Belmont, Boistière, Fainsilber, Grumbach and Zehrfuss, in order to analyse the architectural problems posed by the modification of the "hills", and more generally by the environment of the Arch.

The SEM, with a potential client in hand, called together an unofficial jury on September 23rd to decide on a scheme. Paul Andreu's five proposals as well as the scheme by Andrault and Parat were presented to it in the model room where Spreckelsen's last "plots" project was still on display. There were present certain members of the jury that had chosen the Grand Arch project in April 1983: Richard Rogers, Oriol Bohigas, the Frenchmen Grumbach, Thurnauer and Zehrfuss, as well as Yves Dauge, Robert Lion, Jean-Louis Subileau,

A l'Elysée le 24 mars 1987, de gauche à droite : Youssef Baccouche, Peter Rice, Paul Andreu, Jean-Louis Subileau, Jean-Pierre Hoss, François Mitterrand et Jean-Pierre Buffi.

•

At the Elysée, March 24, 1987 : Youssef Baccouche, Peter Rice, Paul Andreu, Jean-Louis Subileau, Jean-Pierre Hoss, François Mitterrand and Jean-Pierre Buffi.

Maquettes comparatives des
projets de « collines » en
concurrence en 1986 ;
de gauche à droite
et de haut en bas :
les plots de Spreckelsen, l'arc
d'Andrault et Parat poussé
par la Sari à l'été, quatre
des esquisses d'Andreu (dites
Arp, pont, nappe et prismes)
et les quatre concurrents de
la consultation d'octobre :
Nouvel, Bonnier, Viguier-
Jodry et Buffi.
Le projet de « collines » de
Jean-Pierre Buffi fut retenu
à la fin octobre 1986 :
quatre barres parallèles
assez hautes et serrées,
venant très près de l'Arche,
allant jusqu'au ras du
boulevard, et traversées par
une haute nef vitrée menant,
oblique, vers la future Zac
Danton.

●

*Comparative models of the
« hills » projects in
competition in 1986 ;
from left to right,
and from top to bottom :
Spreckelsen's plots,
Andrault and Parat's arc
put forward by the Sari
that summer, four of
Andreu's drawings (called
Arp, bridge, apron and
prisms) and the four
contestants of the October
consultation : Nouvel,
Bonnier, Viguier-Jodry and
Buffi.
The « hills » project by Jean-
Pierre Buffi was selected
late October 1986 : four
parallel blocks, quite tall
and closely set, coming very
near to the Arch and
reaching down alongside the
boulevard, and crossed by a
high glazed nave cutting in
an oblique from the Danton
building zone.*

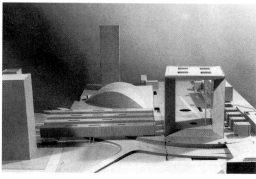
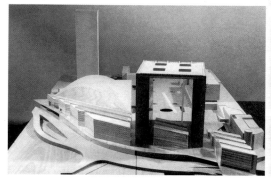

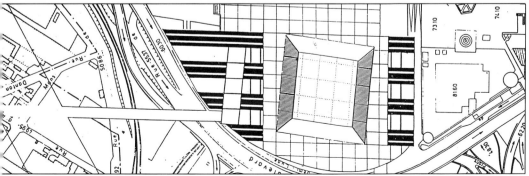

société Générale Continentale Investissements, de son côté, s'engageait à acheter les «collines» Buffi pour 875 millions de francs hors taxes, et à trouver avant quelques mois les partenaires nécessaires à l'opération.

Christian Pellerin, qui s'était porté acquéreur des sous-sols de l'ancien Carrefour de la communication pour la somme de 100 millions, déclarait au *Matin de Paris* l'avoir fait «pour ne pas voir se répéter l'opération trou des Halles», donc, semblait-il, au nom de l'intérêt public. Tout le monde paraissait content, l'Arche était déjà arrivée à mi-hauteur et l'on faisait les premiers essais de marbre (ceux que l'on jugera trop gris).

Après la brève guerre des collines, la paix régnait, une paix armée où chacun préparait la prochaine guerre et durant laquelle la SEM se demandait quelle noble activité publique elle allait pouvoir héberger sur le toit du monument.

LES CINQ CANTINES
DE MONSIEUR BOUYGUES

Mais c'est sur un tout autre front qu'allait, à nouveau, s'ouvrir un conflit extrêmement violent : celui de l'entreprise. Francis Bouygues avait tout mis en œuvre pour obtenir ce marché, alors que ceux du Grand Louvre et du ministère des Finances lui avaient échappé. Choisi en mai 1985, il posait la première «pierre» le 9 juillet en compagnie du président de la République et menait son chantier à un train d'enfer. Les travaux avaient été lancés beaucoup trop vite et les marchés passés avant que toutes les études aient été achevées, afin que l'opération fût irréversible lors du changement politique de mars 1986; il en naissait constamment des problèmes et des contestations. Déjà, en février 1986, l'entrepreneur, qui réclamait 80 millions de suppléments, avait, au terme d'une négociation serrée, obtenu quelques indemnités et des délais supplémentaires pour l'achèvement du toit, renonçant à toute réclamation «pour des faits connus à ce jour». Mais en décembre, à peine résolue l'affaire des «collines», il se remit à gémir qu'on l'égorgeait : c'est tout son béton qui craquait et se plaignait de ses pauvres 300 000 tonnes mal payées.

Il avait emporté le marché de construction de la carcasse du bâtiment pour environ 400 millions, plus le clos et le couvert pour un montant à peu près identique, souvent par le biais de diverses sous-traitances ou cotraitances, soit approximativement 800 millions, la moitié du coût estimé de la Grande Arche. Réalisant que le projet avait changé entre temps, qu'il avait peu à voir avec ce pourquoi il avait signé, il faisait établir des listes infinies de réclamations, demandait plusieurs mois de délais et prétendait que ce qu'il avait signé pour 400 millions valait maintenant le double.

Un jour arriva la réclamation officielle de l'entrepreneur : des kilos de papiers, contenus dans cinq grosses cantines de fer, pour un total de 410 millions de francs, lourde missive accompagnée d'une assignation devant le tribunal de Commerce de Paris et d'une menace : les cinq premières cantines traduisant en effet les dépassements tels qu'arrêtés à la fin décembre 1986, il pouvait en arriver du même genre chaque trimestre à venir. Ce fut alors un an de procédures, avec des réunions de quarante à cinquante personnes, des nuées d'experts discourant devant des plans de ferraillage, jusqu'à ce que, finalement, les discussions continuant en sous-main, un accord verbal soit conclu à la veille de Noël 1987, entériné par une signature officielle quelques semaines plus tard, un accord au terme duquel l'entreprise se voyait accorder 80 millions supplémentaires, et signait un engagement définitif de bon achèvement des travaux, renonçait à toute autre réclamation et s'engageait sur un épais recueil de clauses.

Francis Bouygues, qui avait achevé au printemps la construction de son pompeux siège social, Challenger, frappé en son entrée de caracolantes copies des chevaux de Marly, et acheté la première chaîne de télévision, pouvait désormais sans arrière-pensée faire de cette œuvre architecturale son œuvre de maçon et claironner sur TF1 la gloire des «élégants ferraillages qui s'envolent et ne vivent que le temps d'une image dans les bras d'un nuage. »

MOMENTS D'UN CHANTIER

Il est vrai que ce chantier, dont Bouygues fit très légitimement sa vitrine, fut un moment de vif plaisir pour les amateurs de construction. À mi-chemin du génie civil et du bâtiment, entre le colossal et le fragile, ce léger édifice de 300 000 tonnes draina des kyrielles de visiteurs officiels et des foules de promeneurs dominicaux impressionnés par la rapidité des travaux.

Au changement politique de mars 1986, seuls les douze gros piliers étaient coulés, dressant leurs chapiteaux qui, un jour, porteraient sur des coussins de néoprène le gigantesque cube hyperstatique, à raison de quatre fois le poids de la tour Eiffel par pilier, eux-mêmes alors disparaissant

Jacques Deschamps, Max Querrien, and Ada-Louise Huxtable who seems to have put in an appearance too. With the exception of the architects Belmont and Zehrfuss, who preferred the project by Andrault and Parat, the assembly opted for a low level effect from which the Arch would emerge "like a cathedral", an approach which Andreu was requested to follow up with studies.

Then, just as abruptly, the SEM undertook a new offensive manoeuvre : in the space of a few hours, it organized a competition going on the low level approach that grouped four teams of architects, who were asked to submit projects in a fortnight's time; these were Jean-Paul Viguier and Jean-François Jodry who proposed a hanging gardens structure that disengaged the Arch in an oblique movement, Bonnier, Nouvel and Buffi. The last three schemes were similar in kind : four quite low parallel blocks on either side of the monument. Bonnier's blocks were gently sloped in the direction of the Cnit's northern façade, and crossed the Arch; Nouvel's were perpendicular to the axis in order to underscore the Cube's skew-hipped stance, and led away towards the Danton lands on the other side of the ring road; and those by Buffi, going on the same principle, were taller and more compact, crossed diagonally by a huge glazed nave which to the north led towards Courbevoie.

On the evening of October 20th the four teams, with their projects in hand, were received by a jury limited to the architects Grumbach, Thurnauer and Zehrfuss, plus Deschamps for the EPAD, and Lion and Subileau for the SEM. Buffi's project was agreed on, since it appeared to be more subtly structured in liaison with the site's underground networks, but it was submitted for approval all the same to several foreigners : Bohigas who came on the 23rd, Isosaki the following day, Kurokawa on the 27th; and the projects were also sent to New York for Richard Meier's approval. Pei though, who came to dine with Émile Biasini on the evening of the 29th, declared himself favourable to a wider opening of space and made no secret of his disapproval. On October 27th the selection was submitted to the Querrien commission, which approved it, despite the discordant voices of two of its members, the architects Belmont and Boistière; more especially, Joseph Belmont, in the name of the modern tradition made up of autonomous objects isolated by open space, favoured clearing away around the Arch as strongly as Antoine Grumbach, in the name of urbanism, called for the grouping of the "hills". Doubtless there was something a trifle titillating in seeing Jean-Pierre Buffi, the typical Parisian architect of even-tempered modernity, setting up at la Défense on the initiative of Jean-Louis Subileau, a former member of the Atelier parisien d'Urbanisme.

Word is that François Mitterrand was never thoroughly taken by the project, which was presented to him twice; that Robert Lion saw it as being a stopgap though he considered it elegant, and that Paul Andreu accepted it courteously granting the clarity of its intentions and its plastic sobriety; and finally that the shades of Spreckelsen lament this built mass which from the ring road masks quite a bit of the Arch's lateral façades, whereas his own plots though high and closely spaced afforded partial views. The project's main merit is of an urbanistic order, notably in that the ground floor of the huge nave is not on the slab level but several metres lower (access is by wide stairways) and level with the underground networks that lead to the Cnit and the Arch, thus bringing in daylight and unearthing as it were the basement spaces.

Having obtained the approval of Pierre Méhaignerie on this point, and bolstered up by a promise of British finance, Robert Lion thus countered the Sari's encircling strategy. On December 1st, he was in a position to submit a new strategy to Alain Juppé, backed up by a financial package such as might end the difficulties of the Tête-Défense. With the situation stabilized again at the close of 1986, the SEM disposed of a project and a buyer and seemed to have escaped Christian Pellerin's ambition to draw everything under his wing. A protocol was signed with the Sari on October 26th, less than a week after the "hills" contest, ratifying this new balance of forces : the Sari was to buy the base and sub-base of the Arch, as well as the southern "hills", precious because of their being in contact with the bridge-building towards Valmy; on the other hand, the General Continental Investments company bound itself to buy Buffi's hills for 875 million francs tax free, and to find within the next few months the partners necessary for this operation.

Christian Pellerin, who had bought the basement spaces of the defunct CICOM for the sum

Signature du protocole définitif entre Robert Lion et Francis Bouygues, le 11 février 1988.
●
The definitive signing of the protocol between Robert Lion and Francis Bouygues, February 11, 1988.

engloutis à jamais dans les tréfonds des sous-sols. Puis on entreprit de couler les mégapoutres du bas, le monument étant constitué de quatre mégacadres espacés de 21 mètres, en largeur et en hauteur, et constituant une manière de gigantesque casier où s'inséreraient planchers et cloisons. La partie verticale de ces cadres est formée de structures de 1,50 mètre d'épaisseur, à peine percées à chaque étage, poinçonnées plutôt, de deux petits trous qui seraient les portes des couloirs, structures solidarisées par des mégadalles dans les parois et par des mégapoutres transversales au niveau du socle et du toit.

Lorsque, l'année suivante, parvint l'accablante nouvelle de la mort de Spreckelsen le 16 mars 1987, on avait déjà coulé dans chaque paroi trois des multiniveaux de 21 mètres et sept étages que des poutres métalliques provisoires, les butons, maintenaient bien écartées. Deux mois plus tard, Francis Bouygues présentait au président de la République un chantier qui avait encore crû de deux multiniveaux et dont les parois latérales étaient pratiquement achevées. L'ensemble montait à raison de deux étages par semaine, avec ses caissons moulés en bloc comme des gaufres. Les façades latérales vitrées et les coques d'aluminium des façades intérieures se mettaient en place en même temps, pendant que les grues ferraillaient dans les hauteurs et que le béton coulait encore à flots, en une étrange coexistence de l'encore brut et du déjà fini, parfaitement brillant et délicat. En juin 1987 était installé le cintre rouge qui allait supporter la grande performance technique de l'affaire : la coulée de la première des quatre mégapoutres supérieures, hautes de plus de neuf mètres, longues de 110 pour une libre portée de 70. Ces poutres, d'un poids de 2 000 tonnes pièce, étaient ainsi moulées par fragments dans une sorte de grand wagonnet roulant là-haut, sur un cintre lui-même porté par deux fûts de grue, comme le maigre pont métallique qui eût, dans quelque western, franchi un vertigineux canyon.

Quinze ans après le scandale de 1972, l'émotion allait-elle renaître? On voyait en effet clairement se manifester, entre les jambes de l'Arc de triomphe, la barre horizontale du cintre puis de la poutre : le bâtiment se verrait depuis la Concorde et jusqu'au milieu des Champs-Elysées, changeant selon l'heure et la couleur du temps, lumineux lorsque le soleil du matin éclairerait à ras son tympan de marbre blanc, sombre le soir à contre-jour, encore plus sombre, sinistre même, dans l'atmosphère brumeuse des jours gris.

L'affaire aurait dû éclater aussi vive qu'autrefois ; le site glorieux était indiscutablement profané. Mais, soit qu'on fût las de ce type de querelle, soit qu'on dormît au *Figaro* à l'approche de l'été, nul en tout cas ne pipa. C'était désormais trop tard : l'Arche était née dans le silence. Qui n'avait dit mot semblait avoir consenti. Demain, sans doute, sa beauté intrinsèque interdirait qu'on ne la jugeât plus du seul point de vue de la perspective des Champs-Elysées. De fait, il n'y eut guère que *Le Quotidien* (et encore, une seule fois, l'été suivant) pour dénoncer violemment dans la légende d'une photographie cette « monstruosité ridicule qui défigure la perspective des Champs-Elysées », digne des « excès de l'urbanisme pompidolien », une « agressive construction » que François Mitterrand « et les siens eussent probablement condamnée avec la dernière violence si elle avait été le choix d'un président de droite ». Tardive réaction, alors que chacun s'accordait désormais à reconnaître la splendeur du monument, en cet été 1988 où le marbre achevait d'être posé, ainsi que les façades de verre et le caissonnage du grand vide, où commençaient à se mettre en place la cage d'ascenseurs haubanée puis les structures qui allaient supporter le nuage, enfin, un peu plus tard, les grands emmarchements menant au parvis.

LE FACE-A-FACE DES DEUX VIDES

Mais voici qu'emportés par l'affaire Bouygues et tout au plaisir d'en visiter le chantier, nous avions perdu de vue nos aventuriers de la Grande Arche, maintenant mieux assis entre cube et « collines » depuis qu'ils avaient su diviser pour régner et desserrer l'étreinte de Christian Pellerin. La stratégie qu'ils avaient proposée en décembre 1986 au ministre du Budget Alain Juppé, était donc de céder à la Sari le socle et sous-socle de l'Arche ainsi que les « collines » sud que des bureaux s'installent dans les deux parois du monument, que le sort du toit reste quelque mois encore en suspens et que les « collines » nord soient vendues à des investisseurs anglais amenés par Paul Raingold.

La situation était éclaircie jusque devant l'opinion publique, longtemps tenue dans l'ignorance de tout ce qui se tramait sur la dalle de Chicago-sur-Seine. Un article de Frédéric Edelmann dans *Le Monde* daté du 2 novembre, annonçait la « nouvelle conquête de l'Ouest » et livrait en vrac l'annonce du départ de Spreckelsen trois mois et demi plus tôt, quelques moments de la guerre des « collines » et la première dénonciation

of 100 million francs, said in an interview published in the Matin de Paris that he had done so "to avoid a repetition of the Les Halles hole" affair, and thus it would appear, for the good of the public[15]. Everyone seemed to be pleased, the Arch was already half way up and the first trials for the marble facing were under way (the stone that was to be deemed too grey).

After the brief battle of the "hills", peace seemed to have come again, but it was an armed peace during which the next confrontation was being prepared for, with the SEM wondering what noble public activity might be housed in the roof of the monument.

MISTER BOUYGUES' FIVE TRUNKS

An extremely violent conflict was to open on a quite different front : that of the firms. Francis Bouygues had employed all the means at his disposal to win this work deal, since the Grand Louvre and Ministry of Finances jobs had slipped thru his fingers. Selected as prime contractor in May 1985, he laid the first stone on July 9th in the company of the president of the Republic, and went at the job hell bent for leather. The works had been hastily launched and work deals were settled before studies had been completed so as to ensure work would be sufficiently advanced by the time of the political change of March 1986 ; and this led to incessant problems and squabbling. Already in February 1986 following a closely fought negotiation, the prime contractor, who was asking for an extra 80 million francs, had been given a few indemnities and was granted extended deadlines for the completion of the roof, renouncing on any further claim "for facts known to date". But in December, with the "hills" affair barely settled, once again he began to groan that he was being bled dry : all his concrete was cracking and he was complaining about his poorly paid 300 000 tonnes.

He had won the work deal for construction of the building's carcase for around 400 million

francs, and then the open and closed work for an almost identical sum, often by virtue of sub-contracting and co-contracting : a total of around 800 million francs, half the estimated cost of the Arch. But he considered that the project had changed in the meantime, and that it had little to do with what he had signed for, and thus had interminable lists of claims drawn up demanding several months over the deadlines and saying that what he had signed for at 400 million was now worth twice that amount.

One day, the prime contractor's official claim turned up : kilo-loads of paper crammed into five big metal trunks, demanding a total of 410 million francs extra, a weighty missive indeed, accompanied by a summons to appear at the Paris Business Courts and a threat : in effect, these five trunk loads of paper stood for whatever had gone beyond the initial deal at the end of 1986, and the same sort of thing might happen with each three monthly term from then on.

Then followed a year of proceedings, with meetings of forty to fifty people, swarms of experts in intent discussion over the form-working plans, until finally, the discussions having been pursued in private, a verbal agreement was reached on Christmas Eve 1987, and ratified by an official signature some weeks later; an agreement according to whose terms the firm was to receive a further 80 million francs and sign a definitive engagement for the completion of the works, renouncing any other claim and binding itself by a bevy of clauses.

Francis Bouygues, who that spring had finished building his pompous Challenger headquarters, with its entrance enhanced by rearing copies of the horses of Marly, and bought the TF 1 television channel, could henceforth without second thoughts make of this architectural work his own piece of masonry, and trumpet to the glory of "these elegant flying forms that live for the space of an image in the arms of a cloud".

Le Cnit vide, mai 1988.
•
The empty Cnit, May 1988.

15. Christian Pellerin, whom I have spoken with along with so many other protagonists of this affair, still claims today that this purchase was of no profit for his company; even taking into account the eventual boutiques on either side of the underground spaces, profit was slender. In general, he has no desire to enter into argument nor dig up again the sombre periods of the affair, which he considers would be mere tale-telling, and has only one priority : ensure that all present participate in the synergy that will make of la Défense what he hopes it will become : "the heart of 21st century Paris" just as the Opera quarter was that of the last century. If he protests against the tendency to monopolize that he is so often reproached with here and there, denounces the defeatist attitude of all the other investors both public and private, and grumbles about the "sideliners" who bought up the land bordering on the scheme at half price, it is only to better insist on the necessity of structuring the entire zone, so that La Défense will become a real centre – in town planning terms as well – for the western region, and not just a sort of western land's end for the capital.

publique du projet de rénovation du Cnit « joliment bousillé par Andrault et Parat, soudainement devenus aveugles » : divers éléments du dossier qui suscitèrent une vague d'articulets ricochant dans la presse des jours suivants et, le 13 novembre, un communiqué officiel de la SEM exposant que les difficultés passées allaient faire de l'ensemble « non seulement une grande œuvre architecturale, mais aussi une opération d'urbanisme exemplaire ».

L'affaire du Cnit rénové ou malmené fit naître de nombreux débats, mais beaucoup trop tardifs. Le projet d'Andrault et Parat était à l'évidence trop plein, outre une extrême maladresse d'écriture architecturale, au moins dans sa première version, avec des colonnades postmodernisantes peu dans la manière de ces concepteurs, même si elles semblaient conformes à l'idée de cette « place du village » souhaitée par le promoteur. L'article de Frédéric Edelmann déplorant que le « triangle fier et nerveux » puisse voir un jour « sortir de ses deux verrières éclatées deux protubérances rondes », ne rencontra guère d'écho dans la presse avant que, l'année suivante, nous ne nous risquions dans un article du *Nouvel Observateur* à regretter que « cette splendide voûte soit demain bourrée jusqu'à la gueule de constructions indigentes ».

Il fallut patienter plusieurs mois encore avant que l'opinion ne s'émeuve et ne prenne vraiment conscience du désastre ; et attendre la démolition des structures intérieures du Cnit, dégageant la fabuleuse coque aérienne, ses nervures précises dénudées pour l'anniversaire de ses trente ans, ses trois membres jaillissant de leurs chevilles minces, absolument grandioses et raffinés. Beaucoup, alors, devinrent conscients de l'extrême beauté du dialogue architectural des deux grands vides, celui de l'Arche et celui du Cnit, en cet été 1988 où la Défense fut absolue, où le quartier d'affaires, pour la première fois, accédait à un certain sublime.

Christian Pellerin organisa le 26 juin un banquet de mille huit cents couverts devant la carcasse vide, illuminée par un spectacle pyrotechnique impressionnant. Deux anciens ministres de l'Equipement, le barriste Méhaignerie et le socialiste Quilès (alors chargé des Télécommunications, qu'on fit accueillir par les acclamations d'une véritable claque) vinrent apporter l'aval des politiques. Sitôt évanouies les dernières notes frénétiques d'un Ray Charles qu'on avait fait venir à grands frais des Etats-Unis, le chantier allait démarrer à pleine vitesse, pour que le nouvel

aménagement soit achevé lui aussi le 14 juillet 1989, comme les grands chantiers culturels de l'Etat, comme l'Arche sa voisine.

Si certains rêvèrent encore que le retour de la gauche au pouvoir allait leur permettre de briser les espoirs de Pellerin et d'interrompre son chantier, un moment avec l'hypothèse qu'on pourrait déployer sous cette voûte la salle de lecture de la très grande bibliothèque annoncée par François Mitterrand, la bénédiction formelle apportée à l'opération par l'un des concepteurs du Cnit, l'architecte Bernard Zehrfuss, sembla disperser les contestataires ; mais il se révéla bientôt qu'un autre des architectes n'était pas mort, Robert Camelot, qui déclara ne partager « nullement l'enthousiasme » de son confrère, et que n'était pas mort non plus l'ingénieur Nicolas Esquillan, qui préféra s'éclipser le 21 janvier 1989, dans sa quatre-vingt-septième année, sans avoir fait connaître son point de vue.

La polémique continua assez mollement, fin 1988, tant dans *l'Architecture d'aujourd'hui* que dans *Le Monde* où Edelmann revint à la charge, regrettant que l'on s'apprêtât à perdre ainsi « l'un des plus beaux espaces et des seuls gestes architecturaux grandioses que le mouvement moderne ait donnés à la France », cette vaste coquille que l'on allait « beurrer d'abondance » et « farcir férocement de tout ce dont l'exaltation de la libre concurrence a besoin », en une opération qui devrait cependant réactiver de manière significative le haut lieu sacré mais un peu froid de la Tête-Défense.

Une pétition d'architectes internationaux menés par Paul Chemetov (Mario Botta, Borja Huidobro, Renzo Piano, Aldo Rossi, Alvaro Siza et James Stirling) célébra pour la forme le « beau gâchis », en annonçant, sur le ton des prophètes inspirés à la veille des grands malheurs, qu'il était « tout juste temps de se réconcilier avec notre temps », tandis que Roland Castro, occupé à on ne savait trop quelle restructuration de ces banlieues du Capital (et à l'élaboration, pour la Sari et la SCIC, d'un vaste plan-masse pour un développement mixte, habitat-emplois, de la ZAC Danton), dénonçait « cette manie bien française de vouloir sacraliser les œuvres architecturales ».

Les pages saumon du *Figaro* portaient *urbi et orbi* la bonne nouvelle : il nous allait naître au ciel « une voûte étoilée pour 1989 », divin objet que *Libération*, feuille mécréante, voyait plutôt comme « un immeuble sous une cloche à fromage » ; enfin, Delfeil de Ton, dans sa rubrique du *Nouvel Observateur,* vitupéra sur deux colonnes

Tête-à-tête des deux vides :
le Cnit et l'Arche, mai 1988.
●
*Two empty spaces in tête-
à-tête : the Cnit and the
Arch, May 1988.*

HIGHLIGHTS OF A WORKSITE

Indeed, this worksite which Bouygues quite legitimately made into its show-window, provided a moment of intense pleasure for people interested in construction. Occupying an intermediary position between civil engineering and building, between the colossal and the fragile, this seemingly light edifice weighing 300 000 tonnes attracted scores of official visitors and hordes of Sunday stollers impressed by the swiftness of the works.

At the time of the political change in March 1986, only the twelve megapiles had been poured, raising their capitals that were one day to receive over neoprene cushions the gigantic hyperstatic cube, weighing four times the Eiffel Tower for each pile, which were in turn to disappear swallowed forever in the depths of the underground levels. Following this, work began on the megabeams of the base, the monument being constituted of four megaframes of 21 metres in width and height forming a sort of gigantic rack in which the floors and walls were to be inserted. The vertical part of these frames was formed of structures 1,50 metres thick, barely pierced at each floor but rather pin-pricked by two little holes which were to be the corridor doors, these structures being made solid by megaslabs in the walls and huge transversal megabeams on the base and roof levels.

When the tragic news of Spreckelsen's death broke the following year, on March 16, 1987, three of the 21-metre multi-levels and seven floors had been poured, with temporary metallic stays set in place to keep them correctly spaced.

Two months later Francis Bouygues presented to the president of the Republic François Mitterrand a worksite that had grown by two more multi-levels and whose lateral walls were almost completed.

The whole went forward at the rate of two floors per week, with the waffle-like caissons moulded in a block. The glazed lateral façades and the aluminum shells of the interior façades were being set into place at the same time as cranes swung their towers overhead and rivers of concrete were being poured, a strange coexistence of the still rough and the already finished, perfectly shiny and delicate.

In June 1987 the red belt that was to support the great technical performance of the affair was installed : the pouring of the first four upper megabeams, each more than nine metres high, 110 metres long and with an unsupported span of 70 metres. These beams, weighing upwards of 2 000 tonnes apiece were moulded piece by piece in a sort of huge rolling wagon in the sky, borne up by a belt strung between two crane masts, somewhat like one of those flimsy metal bridges that span vast canyons in old westerns.

People wondered whether strong feelings were going to spring up again fifteen years after the scandal of 1972. In effect, the belt's horizontal bar was clearly visible between the legs of the Arc de triomphe, and this indicated that the building would be able to be seen from the Concorde and half way up the Champs-Elysées, changing with the hour and the colour of the sky, luminous with the morning sun full on its white marble spandrel, darksome when backlit in the evening, sinister even in the misty atmosphere of grey days.

The affair should have blown sky high as it had formerly done, since the glorious perspective had undeniably been profaned. But whether it be that people were weary of that sort of squabbling, or that with summer coming on people at Le Figaro were already taking it easy, not a peep came from anyone. There was no turning back now : the Arch had been born in silence.

The absence of protest was considered tantamount to agreement. Tomorrow no doubt, the Arch's intrinsic beauty would forestall all adverse criticism based on the Champs-Élysées perspective alone. And in fact, there was little more than Le Quotidien de Paris (and even then, once only, and the following summer) to come forward with a violent denunciation in a photo caption of this "ridiculous monstrosity disfiguring the Champs-Élysées perspective" worthy of the "excess of Pompidolian urbanism", an "aggressive construction" that François Mitterrand "and his cronies would have no doubt condemned with the utmost violence had it been the choice of a right-wing president".

A tardy reaction indeed, coming in summer 1988 with everyone agreed on the monument's splendour, the marble almost laid as well the glazed façades and the caissonning of the great span, work under way on the cages of the scenic lifts and the bearing structures for the clouds, and beginning a little later on the wide flights of stairs leading to the open space.

Le projet des architectes Andrault et Parat pour la rénovation du Cnit suscita de vives polémiques, surtout après que la belle structure de béton armé jaillissant avec une portée de 218 mètres, fut mise à nu, entamant un splendide dialogue avec la Grande Arche en chantier.

●

The Cnit renovation project by architects Andrault and Parat sparked off bitter dispute, especially after the reinforced concrete structure with its 218 metres span had been stripped, setting up a superb dialogue with the Grand Arch under construction.

En 1986 et 1987, Christian Pellerin fit étudier par les architectes Chaix et Morel un projet de salon de l'auto destiné à occuper le sous-sol de l'Arche dont il s'estimait propriétaire, et à animer le parvis de la Défense. Plus tard, le projet sera repris en un autre site : le toit du centre commercial.

●

In 1986 and 1987, Christian Pellerin had architects Chaix and Morel do studies of a project for an automobile show room destined to occupy the Arch's basement (which he considered himself to be the owner of) and to enliven the open space at la Défense. Later the project was to be taken up again on another site : the roof of the shopping centre.

La stratégie d'ensemble de Christian Pellerin connaîtra deux phases principales : d'abord la création sur les terrains Valmy, à l'extérieur du boulevard circulaire, de l'Infomart (on remarque sur ce dessin de 1985 les collines de Spreckelsen), puis, après l'achat du Cnit, et le transfert de l'Infomart, son remplacement par un village d'entreprises, complexe hôtelier et aquaboulevard (on remarque sur ce dessin de 1986 les nouvelles collines de Buffi). Ces deux vues prouvent combien les collines et le sous-sol de l'Arche eussent été utiles pour la Sari, entre Cnit et Valmy.

●
Christian Pellerin's overall strategy was to go thru two main phases : at first the creation of the Infomart on the Valmy lands, beyond the ring road (Spreckelsen's « hills » are visible in this drawing dating from 1985), and then, after the purchase of the Cnit and the Infomart's being transferred, its replacement by a firms' village, a hotel complex and aquaboulevard (Buffi's « new hills » are visible in this drawing dating from 1986). Both views prove how useful the hills and the Arch's basement would have been to the Sari, between the Cnit and Valmy.

La société Saga, réunissant les associés de la Grande Arche, Caisse des dépôts et groupe Maxwell, organisa dans les polémiques un concours en vue de construire sur le triangle de la Folie. Le 14 février 1989, c'est le spectaculaire projet de « tour sans fin » de Nouvel et Ibos, haute de 400 mètres, que retenait le jury.

●
The Saga company, uniting the associates of the Grand Arch – the Caisse des dépôts and the Maxwell group – organized amidst hue and cry a competition in view of building on the Folie triangle. On February 14, 1989, the spectacular « endless tower » project by Nouvel and Ibos – 400 metres high – was selected by the jury.

contre les vandales, jugeant intolérable « que le vide admirable soit changé en un plein hideux » et déclarant le Cnit « beau comme les Halles de Baltard avant qu'on les démolisse ».

LE MUSEE ENTERRE ET LE RETOUR DE L'ETAT

Pour l'Arche, l'année 1987, qui fut celle de la grande bagarre avec Francis Bouygues, fut aussi celle de la stabilisation financière définitive. La stratégie soumise au ministre Juppé à la fin de l'automne précédent reçut son accord officiel le 19 février, assorti d'une sorte de moratoire pour que le sort du toit puisse bénéficier d'un délai supplémentaire d'un an. Assez vite, les investisseurs anglais confirmaient leurs intentions et amenaient un partenaire majoritaire : la société Heron International de Gerald Ronson. L'option favorable pour la vente accordée le 28 novembre à Paul Raingold se traduisait le 2 avril 1987 par une promesse de vente « synallagmatique » qui, dit-on à l'époque, portait sur un montant d'à peu près un milliard de francs, le plus gros investissement britannique jamais réalisé en France.

Curieusement, le ministère de l'Equipement venait alors en renfort. Comme le ministère des Finances paraissait vraiment ne pas vouloir quitter le vieux Louvre où Edouard Balladur l'avait réinstallé dans ses pompes et ses fastes quelques mois après le déménagement à la cloche de bois organisé par Pierre Bérégovoy, le bruit courait

que celui de l'Equipement pourrait bien se satisfaire de l'ouvrage d'art très « brut de décoffrage » de Chemetov et Huidobro. Ce transfert fut étudié, parmi d'autres solutions, par les services de l'Etat. Puis, brusquement, lors d'un grand show médiatique organisé par le Cofer de Christian Pellerin, le forum « l'Europe de la performance se rassemble à la Défense », Pierre Méhaignerie annonçait le 24 mars que c'était maintenant « définitif » : le ministère s'installerait dans la Grande Arche, en même temps qu'une Fondation européenne de la ville et de l'architecture s'implanterait à ses pieds[18].

C'était un événement tout à fait important, même si, dans la confusion où tout le monde baignait à ce moment-là, il n'eut que peu d'écho. L'Arche, qu'on s'était résigné à voir redevenir du bureau « banalisé », accueillait à nouveau un grand service public, ou du moins les humbles fantassins d'un grand service public. On pensa en effet que, si les gens des Finances devaient quitter le Louvre et n'étaient pas à même de se faire offrir le palais moderne dont ils rêvaient sur le terrain Branly, ils pourraient bien loger à la place de leurs confrères de l'Equipement dans le bel hôtel de Roquelaure du boulevard Saint-Germain, ceux-ci se rendant pour partie à Bercy, pour partie à la Défense.

Puis il devint public que l'Equipement non seulement venait dans le quartier d'affaires mais

Méhaignerie remporte la bataille de La Défense

---

19. Le musée de l'architecture est un vieux serpent de mer, souvent caché, parfois jaillissant. Commandé par Paul Quilès, le rapport du président de l'IFA Max Querrien insistait en juin 1984 sur la nécessité qu'il soit installé à Paris, en un lieu central. En avril suivant, le rapport de Joseph Belmont retenait deux lieux : le palais de Chaillot, « peu favorable », là où était établi le musée du Cinéma, en liaison avec le vénérable et émouvant musée des Monuments français ; et la Défense car, « entre le toit du RER et le parvis, il existe d'immenses espaces, meublés de structures cyclopéennes rappelant quelque cathédrale abandonnée ». Ce musée, bénéficiant de l'appui du Cofer, aurait été largement financé par les entreprises de la Défense par le biais d'une fondation ; certains crurent y voir au premier abord un « projet enterré ». Pourtant, le 3 octobre suivant, l'équipe Chaix et Morel était retenue après une rapide consultation ; elle étudiait diverses solutions, en liaison avec une tour à construire, dite PB6, dont le rez-de-chaussée aurait pu devenir la « maison de la Défense », mission plus tard dévolue au Cnit. L'affaire en resta là, Joseph Belmont continuant à titre personnel à pousser ce projet. Elle fut relancée par la décision commune des ministres de l'Equipement et de la Culture, annoncée au forum du 24 avril 1987, de créer une fondation ad hoc appuyée sur le mécénat, dont Joseph Belmont et Christian Pattyn, ancien directeur du Patrimoine, devaient avant trois mois proposer un montage « opérationnel », en coordination avec ce qui allait être imaginé par ailleurs pour le toit de l'Arche. Un projet enthousiaste et flou gonfla et prospéra

rapidement, qui ne se voulait plus que la « tête de pont » d'un réseau éclaté des provinces à l'Europe, et tissait ses rets de plans-reliefs aux écomusées, des expositions du bâtiment aux anciennes collections de modèles des Ponts et Chaussées. Les équipes de Christian Pellerin étaient associées aux travaux ; on songea un moment à occuper le toit de l'Arche avec un musée de maquettes de plein air. En janvier 1988, Pierre Méhaignerie exposa dans une interview que, le toit n'étant plus disponible, on étudiait un nouveau site. Une nouvelle mission fut donc confiée à une nouvelle équipe : François Barré, directeur du parc de La Villette, Pierre Richard, représentant la Caisse des dépôts, et l'éditeur Marc-Noël Vigier. Leur projet, très ambitieux, d'observatoire des cités du monde, visait clairement une implantation dans le socle et le sous-socle de l'Arche. Le 14 avril, un mois après que ce rapport, dit FEVA, lui ait été remis, Pierre Méhaignerie y renonçait publiquement, en « cette période de disciplines extrêmement dures » où l'on avait déjà « trop multiplié les investissements culturels à Paris ».

Il restait de cette aventure la préparation par François Barré de l'exposition inaugurale de l'Arche dans le socle du monument, et son projet, mis en compétition avec deux autres (dont une salle des ventes et un marché du mécénat d'art d'une part, un « quartier des ambassades des plus grandes entreprises européennes high-tech », d'autre part), d'une cité du cinéma et de la vidéo qui pourrait s'y installer ensuite, intégrant une reprise de la triomphale exposition Cités-Ciné qu'il avait montée à La Villette fin 1987.

TWO EMPTY SPACES FACE TO FACE

But what with the Bouygues affair and the pleasure of visiting the worksite we have lost sight of our Grand Arch adventurers, better settled now between the Cube and the "hills" having learnt how to divide and rule and loosened Christian Pellerin's grip. The strategy they presented to Budget minister Alain Juppé in December 1986 entailed ceding the Arch's base and sub-base as well as the hills to the Sari, installing offices in the monument's two walls, leaving the roof's fate hanging in the balance for a few months more, and selling off the northern "hills" to the English investors introduced by Paul Raingold.

The situation had cleared up, even with regards public opinion that had been kept in the dark a long time over what was cooking down at Chicago-by-the-Seine. An article by Frédéric Edelmann published in Le Monde on November 11th announced the "new conquest of the West" and gave pell-mell the news of Spreckelsen's death three and a half months earlier, a few glimpses of the battle of the "hills" and the first public denunciation of the Cnit renovation project, "nicely botched up by Andrault and Parat, suddenly gone blind"; in short, diverse elements from the dossier that were to spawn a spate of little ricochet articles in the press over the following days and, on November 13th, an official communiqué from the SEM in which it was stated that now the difficulties were over and done with the whole would be "not just a great architectural work, but also an exemplary town planning scheme".

The affair over the renovated or botched-up Cnit gave rise to much debate, but it was all too late in coming. The Andrault-Parat project was quite obviously too full, apart from an extreme clumsiness in the architectural writing – at least in the first version – with its post-modernizing colonnades that clashed with the manner of the original designers, even if they did seem to be in line with the "village square" idea that the developer had in mind. Frédéric Edelmann's article deploring that the "proud and high-strung triangle" should one day see "two round protuberances sticking out of its burst glazing" went unechoed until the following year when I made an attempt in an article in the Nouvel Observateur at regretting that "the splendid vault be crammed full of second-rate constructions".

Several months more were needed before public opinion was swayed and became aware of the impending disaster; and this in the shadow of the demolition of the interior structures of the Cnit, that would disengage the fabulous aerial shell, with its precise ribbing laid bare for its thirtieth anniversary, its three members shooting up from their slender ankles, absolutely grandiose and refined. In the summer of 1988 when la Défense was paramount, and where for the first time ever the business quarter took on something of a sublime nature, a lot of people became conscious of the extreme beauty in the architectural dialogue between these two empty spaces standing face to face – that of the Arch and that of the Cnit.

On June 26th, Christian Pellerin organized a banquet for 1 800 guests in front of the empty carcase, illuminated by a spectacular fireworks display. Two former ministers of Equipment, the Barrist Méhaignerie and the Socialist Quilès (at the time head of Telecommunications, who was welcomed by the acclamations of a regular cheer squad) came to give the approval of the political heads. Once the frenetic notes of Ray Charles's last number died away (the singer had been flown from the States especially for the occasion, for a pretty penny), the worksite was to go full speed ahead so that the new development would be finished by July 14, 1989, like the State's big cultural worksites, and like its neighbour the Arch.

If certain people still dreamed that the Left's return to power would enable them to shatter Pellerin's hopes and stop his worksite, going on the hypothesis that the reading room of the giant library announced by François Mitterrand might be settled under the vault, the formal approval given by one of the Cnit's designers, Bernard Zehrfuss, seemed to utterly rout the protesters. But it soon came to light that another of the Cnit's architects, Robert Camelot, was still alive, and that he declared that he did "not at all share the enthusiasm" of his colleague; and the engineer Nicolas Esquillan was still alive at the time too, though he preferred to slip away in his eighty-seventh year on January 21, 1989 without making his opinion known.

The argument went on rather flabbily until the end of 1988 in Architecture d'aujourd'hui and Le Monde where Edelmann made another sortie, regretting that people were on the verge

Le chantier à l'été 1987.
•
*The worksite in summer
1987*

encore achetait la totalité des trente-cinq étages de cette paroi sud que, quelques mois plus tôt, il hésitait à louer. L'Etat achetait vingt-deux étages, investissant 1,3 milliard de francs dans ce déménagement, et faisait acheter le reste par l'EPAD : treize étages pour environ 500 millions, acquis par l'Etablissement public sur ses copieux profits.

Lorsque, au printemps 1988, la gauche revenue au pouvoir, les messieurs des Finances durent se résigner à émigrer bientôt dans ce Bercy qu'ils abhorraient, le ministre de l'Equipement ne confirma pas sa venue personnelle à la Défense, trop heureux de conserver le havre confortable de Saint-Germain. Non, ce seraient les fonctionnaires qui viendraient, en compagnie d'un secrétaire d'Etat ou ministre de second rang, celui des Transports par exemple, ou même, mais il pourrait se perdre dans ces trop vastes étages, celui de l'Environnement.

LES FIANCES DU BICENTENAIRE

Restait donc le lancinant problème du toit. On le proposa un moment à l'EPAD qui aurait pu l'acheter, 200 millions si l'on voulait vraiment, et l'aurait rendu à l'Etat, avec tout son magot, après sa dissolution. On avait en tout cas convaincu les ministres de la cohabitation que l'on ne pouvait vendre un lieu si mythique à Olida ou Mitsubishi, ce qui eût été bien peu gaulliste.

Or, deux choses marchaient particulièrement mal cette année-là en France : l'affectation du toit de l'Arche et la préparation de la commémoration du bicentenaire de la Révolution. C'est tout naturellement qu'on vint à les marier, du moins à les fiancer quelques mois. Les présentations eurent lieu le 7 mai 1987. Ce jour-là, il faisait frisquet, Edgar Faure, que Jacques Chirac et François Mitterrand avaient chargé de la commémoration, vint visiter l'Arche avec son petit chapeau noir. Peut-être aussi voulait-il mettre à l'épreuve là-haut son fameux aphorisme selon lequel, en politique comme ailleurs, « ce n'est pas la girouette qui change, mais le vent ». La belle Arche abandonnée, avec sa robe de marbre blanc, lui plut énormément. Il lui vint alors l'idée, peut-être soufflée par les marieurs, d'en faire « une arche de Noé du bicentenaire », qui consisterait principalement en une Fondation des droits de l'homme et des sciences de l'humain qu'il présiderait. En trois semaines, il sut convaincre le chef du gouvernement de la lui accorder.

En effet, « nul n'était plus qualifié que le président Edgar Faure pour occuper cette fonction » :

c'est ce que confirma le Premier ministre venu au retour des vacances, le 25 août, faire pour la première fois l'ascension du monument, accompagné des ministres Balladur, Juppé et Méhaignerie, ainsi que du secrétaire d'Etat à l'Environnement Malhuret. « Quand il y a une idée originale et jeune, confia-t-il à Edgar Faure, on est tout à fait sûr que, si l'on s'adresse à vous, on ne sera pas déçu. » Plus généralement, Jacques Chirac jugea l'Arche promise à un destin « aussi prestigieux » que celui de la tour Eiffel.

Tout allait vraiment bien cet été-là. Le promoteur Pellerin jouait sa mélodie en sous-sol, l'Etat s'installait dans l'aile sud, le privé dans la droite, à égalité, et les droits de l'homme chantaient, séraphiques, sur le toit d'un monument auquel ils allaient, assurément, conférer l'éternité.

Et voici qu'arriva, en novembre dit-on, un nouvel intrus : l'homme de presse britannique Robert Maxwell, étonnante personnalité, puissante figure à la Citizen Kane. Il était dans le réseau des droits de l'homme depuis que son ami Michel Baroin, prédécesseur d'Edgar Faure au bicentenaire, l'avait chargé d'éditer les « archives de la Révolution française », quelque vidéodisque à dimension internationale. On avait convaincu Edgar Faure qu'une aussi grandiose idée avait également besoin du socle de l'Arche et que les projets de Pellerin risquaient d'y détonner. Edgar Faure s'en ouvrit à Maxwell : celui-ci écrivit au ministre Juppé qu'il était tout disposé à rendre service à la France et proposait d'acheter cent cinquante millions ce qui avait autrefois été concédé à la Sari pour 100 millions : une véritable aubaine pour le cabinet du ministre du Budget, si soucieux, à l'époque, de rentabiliser l'affaire.

LA DERNIÈRE GUERRE ET LES AUTOS

Le ministre RPR décida donc de vendre au « travailliste » Robert Maxwell, associé à la Caisse des dépôts, et non plus à cette Sari qui s'estimait pourtant propriétaire des lieux depuis le fameux protocole du 26 octobre 1986. Pour la seconde fois, ce que l'on appelait alors le « tout Etat RPR » entravait les ambitions de Christian Pellerin à la Défense puisque, l'année précédente, on lui avait déjà repris les « collines » nord au profit du groupe d'autres investisseurs anglais. Ce promoteur, ce n'est un secret pour personne, n'était pas en odeur de sainteté dans la galaxie gaulliste, comme en témoigne le fait qu'il n'ait jamais pu monter d'opération sur le sol parisien.

Robert Maxwell acheta donc, par le biais d'une société dite SAGA, constituée pour l'occasion

of losing "one of the most beautiful spaces and one of the only grandiose architectural gestures that the modern movement has produced in France", this vast shell that was going to be "buttered up" and that, significantly, the sacred but slightly frigid Tête-Défense site was going to be "ferociously stuffed with everything the exaltation of free competition needs".

For the sake of form, a petition of international architects headed by Paul Chemetov (Mario Botta, Borja Huidboro, Renzo Piano, Aldo Rossi, Alvaro Siza and James Stirling) celebrated the "beautiful botch job" and announced in the manner of inspired prophets on the eve of great disasters that there was "just enough time left to be reconciled with our age", while Roland Castro, on the contrary, busy on some restructuration work somewhere in the suburbs of the capital, and with the elaboration for the Sari and the SCIC of a vast block plan for a mixed development of housing and work space in the Danton construction zone, denounced "this typically French mania of wanting to make architectural works sacred".

The pink pages of Le Figaro spread urbi et orbi the good news : "a starred vault" was to be born in the sky in 1989, a divine object that Libération – a scurrilous newspaper – preferred to describe as "a building under a cheese cover"; finally Delfeil de Ton in his column in the Nouvel Observateur vituperated against the vandals, saying it was intolerable "that an admirable empty space be transformed into a hideous full" and declaring the Cnit to be "as beautiful as Les Halles by Baltard, before they were demolished".

THE BURIED MUSEUM AND THE RETURN OF THE STATE

For the Arch, 1987, which was the year of the big shindy with Francis Bouygues, was also that of the definitive financial stabilizing. The strategy submitted to minister Juppé at the close of the preceding autumn received official approval on February 19th, accompanied by a sort of moratorium ensuring that the fate of the roof should remain undecided for another year. Quite soon after the English investors confirmed their intentions and brought in a majority partner : Gerald Ronson's company, Heron International. The favourable sales option given on November 28th to Paul Raingold materialized on April 2, 1987 in a "two party" sales promise, which it was rumoured

concerned a sum of one billion francs, the biggest British investment ever made in France.

Oddly enough, the ministry of Equipment and Housing then brought up reinforcements from the rear. Since the ministry of Finances seemed fixed in its intention of staying put in the Louvre, where Édouard Balladur had reinstalled it amidst pomp and ceremony a few months after the hasty house-shifting organized by Pierre Bérégovoy, word got around that the Equipment and Housing ministry might do nicely in Chemetov and Huidboro's "stripped concrete" civil engineering work at Bercy. This transfer was given some thought by the State services, along with other solutions. Then suddenly, in the midst of a big media show staged by Christian Pellerin's COFER, a forum entitled "High performance Europe rallies at la Défense", Pierre Méhaignerie announced on March 24th that the decision was now "final" : the ministry would be setting up in the Grand Arch, while the European foundation for the city and architecture would set up at its feet.

It was quite an event even if in the confusion current for everyone at the time there were few repercussions. The Arch, which people had become resigned to seeing relegated to the rank of "ordinary" office space was once again to house a big public service, or at least the humble minions of a big public service. In effect, it was thought that if the Finance people were going to have to leave the Louvre and were not in a position to offer themselves the modern palace of their dreams on the Branly site, they could at least take the place of their Equipment and Housing colleagues in the classy hôtel de Roquelaure on boulevard Saint-Germain, since the former occupants would be heading off in part to Bercy and in part to La Défense.

Then it was announced publicly that not only was the Equipment and Housing ministry to set up in the business quarter but that it was to buy thirteen floors, and then the totality of the thirty-five floors of the Arch's southern wall that a few months before it had been hesitant to even rent. The State was buying twenty-two floors, investing 1.3 billion francs in this shifting-house operation, and was having the remainder of the floors bought by the EPAD : thirteen floors for around 500 million francs, to be acquired by the public establishment out of its cornucopia of profits, it being obvious

En haut : Edgar Faure visite l'Arche le 7 mai 1987.
Ci-dessus : visite du premier ministre Jacques Chirac le 25 août 1987.

•

Top : Edgar Faure visits the Arch on May 7, 1987. Above : visit by the then prime minister Jacques Chirac on August 25, 1987.

avec la Caisse des dépôts et dont il détenait cinq huitièmes des parts, un espace qui, avec son aménagement, revint à près de 290 millions.

Une somme vraiment importante puisque investie sans qu'il y eût le moindre projet concret, et sans espoir de la voir rentabilisée avant longtemps. Que ce fût aussi le moment où il introduisait son groupe en bourse sur le marché parisien, qu'il ait pu imaginer y implanter plus tard un centre de communication privé au contour encore flou, ou qu'il ait été, comme l'assurent certains, extrêmement ému de s'installer ainsi sur l'axe historique de Paris, il est évident que joua aussi une énorme antipathie personnelle à l'encontre de son concurrent.

Et puis, surtout, il s'agissait de Paris ; Paris dont l'un de ses conseillers, l'avocat d'affaires international Samuel Pisar, se plaît à souligner qu'il est l'anagramme parfait de son nom : Paris, Pisar. Et même plus encore puisqu'on peut poursuivre le jeu : Paris l'amuse, Samuel Pisar.

Alors, en cette fin d'automne 1987, la guerre entre Robert Lion et Christian Pellerin se ralluma, avec une extrême violence. Le promoteur avait fait dessiner dans l'été par les architectes Chaix et Morel un projet de salon de l'automobile ; dans le socle et le sous-socle, un « espace musée », doublé d'un « espace production » destiné apparemment à financer le premier, accueillant une sorte de salle des ventes où les firmes eussent exposé leurs derniers modèles. A n'en pas douter, c'était une idée populaire, susceptible de drainer les foules, mais qui ne plaisait évidemment ni à la SEM ni à Edgar Faure : « Ze ne veux pas de ce garaze à mes pieds ! »

Lorsqu'il apprit l'arrivée inattendue de Maxwell, Pellerin organisa en toute hâte une annonce publique de son projet. Le 9 décembre 1987, dans les salons de l'Automobile Club, place de la Concorde, en présence de Jean-Marie Balestre, président de la FISA, Fédération internationale du sport automobile, et du président du Conseil général Graziani, Christian Pellerin exposa les grandes orientations de ce « centre Pompidou de l'automobile », enrichi des possibilités qu'offrait le parvis (démonstrations de véhicules anciens, festivités annuelles du départ du rallye Paris-Dakar) et de l'idée de créer sur le boulevard circulaire, transformé en circuit de course de quatre kilomètres, un Grand prix de Paris de Formule 1, tremplin médiatique international, « ouverture sur des millions de téléspectateurs ».

A la question de savoir où en étaient les rapports avec la SEM Tête-Défense, il répondit que la France était « un Etat de droit », qu'il comptait se faire donner ce qui lui était dû par contrat et qu'il avait d'ailleurs assigné la SEM devant les tribunaux. Il interprétait le protocole de l'année précédente comme une ferme promesse de vente ; ses interlocuteurs affirmaient n'y voir qu'une déclaration commune d'intention, assortie de multiples clauses suspensives et ambiguës (la moindre d'entre elles consistant à savoir si eux, qui avaient vendu ou promis de vendre, étaient effectivement propriétaires), document d'ailleurs devenu caduc un an après sa signature, car il n'avait pas reçu de commencement d'exécution.

Après diverses tractations politico-financières menées à quelques jours du changement politique de 1988, l'affaire finit par une transaction, officialisée plus tard par un acte du 15 février 1989, qui concédait à la Sari trois des quatre plots des « collines » sud, au contact du pont-bâti menant aux terrains Valmy. Cette société qui avait espéré posséder tout le site de la Tête-Défense, du Cnit aux « collines » nord, des sous-sols de l'Arche jusqu'à Valmy, revenait de bien loin et devait se contenter désormais de la portion congrue.

Le 29 février précédent, 1988 donc (année bissextile !), quinze actes juridiques avaient définitivement remis d'aplomb le précaire échafaudage, sans cesse vacillant, qui avait régi depuis la crise de la cohabitation, c'est-à-dire depuis près de deux ans, le statut de la propriété foncière et immobilière sur ce site ouvert à toutes les tempêtes. La Sari avait, depuis plusieurs semaines déjà, développé un nouveau projet de salon de l'automobile, encore une fois dessiné par les architectes Chaix et Morel mais cette fois perché, en compagnie d'une salle de cinéma panoramique Omnimax, sur le toit du centre commercial des Quatre Temps.

PASSAGE D'UN FUNAMBULE

Edgar Faure consacra une bonne part de ses efforts, en 1987, à la mise sur pied de sa Fondation internationale des droits de l'homme et des sciences de l'humain, qu'il concevait manifestement comme l'œuvre qui eût couronné sa carrière politique. Il était assisté dans cette tâche par Jean-Pierre Hoss, ancien directeur de Radio Monte-Carlo, qui, dès février, avait exploré les très nombreuses pistes susceptibles de retrouver une affectation au toit de l'Arche.

L'idée de cette fondation, curieusement, semblait légitimer *a posteriori* le rêve idéaliste de Spreckelsen, cette « fenêtre sur le monde, ouverte

that with the EPAD's probable dissolution the property would revert to the State.

When in spring 1988, with the Left back in power, the Finance gents had to resign themselves to an imminent emigration to detested Bercy, the ministry of Equipment and Housing did not confirm its displacement to la Défense, pleased as pie to be able to keep their haven on boulevard Saint-Germain. No, the workers would go there, in the company of a secretary of State or a second rate minister, Transports for example, or even the minister for the Environment, though he or she might get lost on those over-sized floors[15].

THE BICENTENARY FIANCÉS

The irksome problem of the roof remained. At one stage it was proposed to the EPAD, which could have bought it for 200 million francs if it had really wanted to, and would have given it back to the State with all its loot on its dissolution. In any case the cohabitation period ministers had been convinced that there was no way such a mythical place could be sold off to Olida or Mitsubishi, which would not have been a very Gaullist thing to do.

Now there were two things that were not doing very well in France that year : the Arch's

roof and the preparation for the Revolution bicentenary commemoration. Quite naturally then they were married off to each other, or at least were engaged for a few months. The introductions took place on May 7th. It was quite cool that day and Edgar Faure, whom Jacques Chirac and François Mitterrand had put in charge of the commemoration, came to visit the Arch wearing his customary black hat. Perhaps he wanted to test his own favourite saying, according to which in politics as elsewhere; "it isn't the weathercock that changes, but the wind". He was very much taken by the beautiful abandoned Arch with its white marble robe. The idea came to him then, perhaps whispered in his ear by the marriers, to make "a bicentenary Noah's Ark" of it, consisting mainly of a Foundation for human rights and the humanities, that he would chair. Within three weeks, he was able to convince the head of government to hand it over to him.

In effect, "no one was as qualified as the president Edgar Faure to assume this function"; which is what the prime minister confirmed when on returning from holidays on August 25th he came for the first time to climb up the monument, in the company of ministers Balladur, Juppé and Méhaignerie, as well as

18. *The museum of architecture is a sort of Loch Ness monster, hidden most of the time, popping up at odd moments. On the request of Paul Quilès, the report made by IFA president Max Querrien in June 1984 insisted on its being set up in Paris, in a central place. The following April, Joseph Belmont's report selected two possible sites : the Palais de Chaillot, "not very favourable", which already housed the Museum of Cinema, in liaison with the venerable and moving Museum of French Monuments; and la Défense, since "between the roof of the RER express line and the open space lie vast areas furnished with cyclopean structures reminiscent of abandoned cathedrals". With the support of the Cofer, the museum would have been easily financed by the firms at la Défense thru a foundation; on first sight, certain people considered it to be a "buried project". But the following October 3rd, the Chaix and Morel team was chosen after a rapid consultation; it looked at several solutions in liaison with a tower to be built, known as the Pb6, whose ground level floor could have been used as the "la Défense open house", a mission which has since devolved to the Cnit.*

Things were left at that, with Joseph Belmont trying to push the project ahead on his own initiative. Some momentum came with the decision taken in common by the ministers of Equipment and Culture, announced in the forum on April 24, 1987, to set up an ad hoc foundation based on sponsorship, for which Joseph Belmont and Christian Pattyn, former director of Heritage, were to propose an "operational" hypothesis within three months time, in coordination with whatever would be thought up for the Arch's roof.

An enthusiastic and hazy project swelled and prospered straight away, deeming itself to be nothing less than the "bridgehead" for an exploded network reaching into the provinces and Europe-wide, weaving its web of relief-plans and eco-museums, from building exhibitions to old collections of models from the Ponts et Chaussées. Christian Pellerin's teams were associated to the works; at one stage it was thought the roof could be made over to an open air museum for models.

In an interview given in January 1988, Pierre Méhaignerie stated that since the roof was no longer available another site was being sought. A new assignment was thus given to a new team : François Barré, the La Villette park director, Pierre Richard, the representative of the Caisse des Dépôts, and the publisher Marc-Noël Viguier. Their extremely ambitious project for an observatory of the cities of the world clearly aimed at setting itself up in the Arch's base and sub-base. On April 14th, a month after their report known as the Feva had been submitted, Pierre Méhaignerie publicly disclaimed it what with "this period of extremely rigorous disciplines" where there had already been « too many cultural investments in Paris".

What remained of this adventure was François Barré's preparation of the Arch's inaugural exhibition, and his project, which went into competition with two others (including an auction room and an art patrons' market on one hand, and "a diplomatic quarter for big European high tech firms" on the other) for a cinema and video city integrating a remake of the triumphant "Cité-Cinés" exhibition he had organized at La Villette late 1987.

sur un avenir imprévisible », ce « symbole d'espoir » dédié au « triomphe de l'humanité ». Il est de ces monuments rares qui semblent préexister à leur utilisation éventuelle, de ces formes qui, contrairement au dogme rationaliste, créent un jour leur fonction.

Dès l'automne circulait le programme théorique de la Fondation : constituer « un lieu d'un grand rayonnement intellectuel » et, plus précisément, étudier les problèmes éthiques ou « épistémologiques » nés des découvertes scientifiques (par exemple la procréation artificielle et les manipulations génétiques, l'intelligence artificielle, les risques nucléaires), en analyser les conséquences juridiques, « identifier, sinon résoudre » certains problèmes majeurs des sociétés modernes, en termes culturels ou « sociétaux », en termes d'aires de développement ; finalement, dans une expression dont la pompe convenait assez bien à cet « arc de triomphe », rechercher « les fondements d'un nouvel humanisme » et pérenniser le message du bicentenaire de la Révolution.

Il s'agissait plus concrètement d'accueillir séminaires et colloques, conférences hautement prestigieuses à caractère moral ou philosophique, et même d'organiser des séances de formation permanente, pourquoi pas un véritable doctorat, à l'usage des professions que les droits de l'homme pouvaient concerner : journalistes, avocats, médecins, etc. L'adjoint d'Edgar Faure à la mission du bicentenaire, l'historien Pierre Lunel, parlait de l'« impérieuse nécessité » (...) de « faire entrer de nouveaux concepts dans le troisième millénaire », qu'il annonçait comme devant être « l'ère du quatrième cerveau », après le reptilien, le limbique et le néocortexique, le cerveau étant appelé à être logé « non plus dans la boîte crânienne, mais à l'extérieur, dans des installations multiples et mouvantes : fichiers, bibliothèques, ordinateurs, etc. »

Edgar Faure lui-même, qui souhaita débaptiser le monument pour qu'il ne soit plus Arche de l'humanité mais de la fraternité (ce que certains interprétèrent comme la marque d'une mainmise des occultes fraternités maçonniques), évoquait son souhait que la nouvelle institution pût renouveler, « à l'aube du XXIe siècle, la réflexion sur les droits de l'homme, avec une capacité d'innovation égale à celle dont avaient fait preuve les Constituants de 1789 ». On lui reprocha de se

consacrer trop exclusivement à ce noble dessein, et trop peu à la commémoration proprement dite, alors qu'approchait rapidement l'année 1989.

Tout occupé à son Arche qu'il nommait curieusement une « tour Eiffel horizontale », il délaissait en effet quelque peu le bicentenaire, autour duquel s'empressaient diverses figures de cette fin de siècle : Jean-Michel Jarre, Mireille Mathieu, Robert Hossein et Alain Decaux, et cette grande voix d'Yves Mourousi à la gouaille de Mêlécasse, intervieweur favori du chef de l'Etat.

Et puis, le 30 mars, à un mois des élections présidentielles du printemps 1988, Edgar Faure mourait à l'hôpital Laënnec. Celui qu'on décrivait joliment « tout occupé à ne dire que deux mots, mais en mille », celui qui, plein d'humour, proclamait que « deux hommes auraient pu, peut-être, éviter la révolution de 1789 : Turgot, mais il était alors déjà mort, et moi-même, mais je n'étais pas encore né », quittait la scène. Dans *Le Monde*, Michel Kajman saluait ses « habiletés funambulesques » et sa « vocation naturelle à gérer, de haut, cette énorme entreprise de compromis » qu'était la commémoration de l'événement sous le régime de la cohabitation politique. Il allait falloir une année pour lui trouver un successeur, durant laquelle le sort de la Fondation reposait entre les mains de son vice-président, Robert Maxwell, devenu président par intérim, mais surtout de Robert Lion et de Jean-Pierre Hoss.

LE TOIT ET LE SOMMET

Si tous les efforts étaient, dans l'immédiat, mobilisés autour de l'organisation du sommet des chefs d'Etat des sept pays les plus riches du monde pour le 14 juillet 1989 (Allemagne, Canada, Etats-Unis, France, Italie, Japon et Royaume-Uni), réunion qui promettait d'être la grande apothéose de François Mitterrand parmi ses chantiers parisiens flambant neufs, avec les extraordinaires problèmes de protocole, de sécurité et d'affluence qu'allait entraîner un tel rassemblement de sommités (on parlait d'au moins six mille journalistes à installer pour trois jours dans une vingtaine d'étages de la paroi sud de l'Arche, avec tout leur « câblage »), la Fondation proprement dite n'avançait guère.

L'historien Jean-Noël Jeanneney, nommé le 25 mai 1988 président de la mission du bicentenaire en rivalité avec le ministre Jack Lang[20], ne s'intéressait guère au sort de la « nouvelle tour

20. Dépité de n'avoir pu obtenir ce « grand ministère de l'intelligence » qu'il ambitionnait, Jack Lang obtenait le titre

de ministre de la Culture, de la Communication, des Grands Travaux et du Bicentenaire.

secretary of State for the Environment, Malhuret : "When there's an original and youthful idea in the air, people can be sure that if they ask you about it they won't be disappointed". More generally, Jacques Chirac considered the Arch to have in store a destiny "as prestigious" as that of the Eiffel Tower.

All was well that summer. The developer Pellerin played his music in the underground, the State was setting up in the south wing, the private sector in the right, on an equal footing, and the rights of man were seraphically singing on the roof of a monument to which, no doubt, they would confer the dimension of eternity.

But that November, lo and behold another intruder showed up, the British press mogul Robert Maxwell, a surprising personality, a powerful figure à la Citizen Kane. He had been involved in the human rights network since his friend Michel Barouin, Edgar Faure's predecessor in the bicentenary organization, had asked him to publish the "archives of the French Revolution", a videodisc or two of international scope. Edgar Faure had been persuaded that an idea as grandiose as this needed a base too – that of the Arch – and that Pellerin's projects threatened to clash with it. Edgar Faure opened up to Maxwell who wrote to minister Juppé saying that he was prepared to serve France, and would buy the Arch's base (which had previously been sold to the Sari for 100 million francs) for 150 million francs, a windfall indeed for the Budget minister's cabinet, which at the time was so concerned with making the affair a financial success.

THE LAST WAR AND THE CARS

The RPR minister decided to sell to the "worker" Robert Maxwell, associated to the Caisse des dépôts, and not to the SARI which nonetheless considered itself owner of the place since the well-known protocol of October 26, 1986. For the second time then, the entity known at the time as the "all RPR State" was putting a spoke in Christian Pellerin's wheel at la Défense, since the year before the northern "hills" had been taken back from him for the benefit of another group of English investors. It is nobody's secret that the promoter was not in the Gaullist galaxy's good books, as is evidenced by the fact that he has never been able to put together an operation within the Paris city limits.

Robert Maxwell was the buyer then, thru a company known as the SAGA, set up for the occasion with the Caisse des dépôts, and of which he held five eighths of the shares; a space which, with the cost of its interior fitting, totalled 290 million francs.

This represented an extremely large investment all the more so since there was not the slightest concrete project as yet, and no hope of seeing the outlay become profitable before a long time. Whether it be that Maxwell, having also chosen this moment to introduce his company on the Parisian stock exchange, had thought he might be able to set up there later in the peace a private communications centre of hazy contours, or whether he had been – as some people say he was – extremely moved to be setting up on the historical axis of Paris, it is obvious that an enormous personal dislike of his competitor also had something to do with the affair. And more than this, what was really at stake was Paris itself – Paris, one of whose council advisors, the international lawyer Samuel Pisar, is pleased to point out that his name is its anagram : Paris/Pisar. And the game can even go on including his first name : Samuel Pisar : "Paris l'amuse".

So at the end of October 1987, the war between Robert Lion and Christian Pellerin flared up again with an extreme violence. That summer, the developer had drawings made by the architects Chaix and Morel for an automobile showroom project; in the base and sub-base, a "museum space" was to be twinned with a "production space" apparently destined to finance the former, and including a sort of sales room where firms could exhibit their most recent models. No doubt the idea would be popular and would draw the crowds, but it was obviously distasteful to the SEM, and to Edgar Faure :"I don't want a garage at my feet !", he stammered.

When he had wind of Maxwell's unexpected arrival, Pellerin organized post haste a public announcement of his project. On December 9, 1987 in the salons of the Automobile Club place de la Concorde, in the presence of FISA chairman Jean-Marie Balestre (International federation of automobile sport) and of General advisory chairman, Graziani, Pellerin spoke of the main orientations of this "Pompidou Centre for automobiles", enhanced by the possibilities the open space on ground level afforded (vintage car exhibitions, annual

En haut : Jean-Pierre Hoss, Christian Pellerin, François Mitterrand et Robert Lion évoquant le sort du toit de l'Arche le 20 mai 1987.
Ci-dessus : le chantier en août 1988.
●
*Top : Jean-Pierre Hoss, Christian Pellerin, François Mitterrand and Robert Lion discussing the fate of Arch's roof on May 20, 1987.
Above : the worksite in August 1988.*

Eiffel », tout occupé qu'il était à de plus urgentes perspectives.

Même l'Elysée hésitait, en froid avec la Fondation depuis qu'Edgar Faure, quelques semaines avant sa disparition, avait cru devoir inviter à voter Jacques Chirac plutôt que François Mitterrand aux élections présidentielles, crime définitif de lèse-majesté. Beaucoup de gens se mêlaient de cette affaire : Jacques Attali, l'intellectuel officiel de la présidence de la République, très hostile, les membres de la Fondation France-Libertés qu'animait l'épouse du chef de l'Etat, les réseaux des divers cabinets. Les difficultés étaient accrues par le trouble idéologique qui divisait la gauche au moment de commémorer des valeurs qu'ici et là on interprétait différemment, trouble dont un des signes les plus visibles fut le départ de Régis Debray : celui-ci devait quitter la présidence de la République à la fin octobre sous prétexte de se consacrer à ses travaux littéraires, en fait pour marquer sa désapprobation du « consensus mou » et du « breuvage tiède » qu'on allait servir aux citoyens et qui convenait mal à cet ancien théoricien de la guérilla et de la révolution dans la révolution.

La Fondation survivait donc dans l'incertitude, avec son vaste toit ouvert sur toutes les perspectives, ce toit qu'Alain Juppé avait demandé que l'on vendît coûte que coûte, à qui en voudrait, pour cent millions, et qu'Edgar Faure s'était vu octroyer pour un franc après certain discours amical au congrès RPR de Villepinte, ce qui ensuite avait été transformé en une location symbolique pour cent francs annuels, l'Etat restant prudemment propriétaire des lieux.

Le programme évoluait peu mais les travaux avançaient, financés sur le budget des Grands Travaux et sur celui de la préparation du sommet des Sept. Mais la Fondation, dans l'attente d'une reconnaissance officielle du chef de l'Etat et de la nomination d'un président capable de la porter efficacement (l'ancien commissaire européen aux rapports nord-sud à Bruxelles et ancien ministre des Relations extérieures Claude Cheysson se faisait prier), s'orientait vers une direction moins universitaire et académique que celle à laquelle avait songé Edgar Faure, faisant une part plus importante à l'accueil des « associations de terrain » : Amnesty International, les organisations caritatives, médicales et humanitaires non gouvernementales.

Elle organisait tranquillement son programme pour l'après-sommet, réfléchissait à son équilibre budgétaire qui devait reposer sur les recettes des ascenseurs panoramiques, la location de ses locaux exceptionnels pour toutes sortes de manifestations, les droits dérivés de l'utilisation de l'image de l'Arche et la constitution d'une sorte de club de mécènes apportant cinq millions de francs chacun : la Caisse des dépôts, Robert Maxwell, la Ville de Paris, deux groupes japonais associés (par l'intermédiaire de l'architecte Kisho Kurokawa) et un ami d'Edgar Faure, le promoteur Pierre Dehaye, en attendant d'autres donateurs éventuels.

LE CIEL, LE CACHE ET LE MONTRE

Etrange endroit que ce toit, cet espace d'un hectare placé de biais sur l'axe historique de Paris, en un lieu qui, par quelque malice des dieux, se trouve très exactement recouper, en son centre exact, l'alignement de deux parmi les principaux amers dans la houle des mansardes parisiennes : la tour Eiffel et le bloc noir de la tour Montparnasse, à tel point qu'il s'en faut de trois pas à gauche ou à droite pour que ces deux grandes balises paraissent se déplacer comme des mires derrière le compas d'un navigateur.

Etrange endroit, vaste et vide, que jamais ne meubleront les foules puisque les règlements de sécurité interdisent qu'on y admette plus de sept ou huit cents personnes. Un toit que Spreckelsen rêvait adouci de pergolas d'où eussent ruisselé peut-être des vignes, dans une confrontation presque pré-socratique avec le ciel, mais où se développera maintenant, en chacun des quatre patios carrés, la froide céramique blanche d'un fragment de zodiaque dessiné par Jean-Pierre Raynaud.

Divers débats sont nés, ici ou là, sur le point de savoir si l'Arche ainsi construite était bien comme l'avait souhaitée Johan Otto von Spreckelsen avant qu'il l'abandonne en juillet 1986 refusant même de signer cette clause du contrat qui lui en reconnaissait toute la paternité. La réponse se complique de ce qu'inévitablement l'avancement des études et la succession de difficultés de tous ordres, notamment politiques, survenues en cascade après son départ, ont exigé que tel ou tel choix, auquel il n'avait pas été confronté et sur lequel on ne connaîtra jamais sa position, soit effectué par son successeur, l'architecte Paul Andreu.

Le monument ressemble exactement à ce que promettaient les maquettes de Spreckelsen ; il en est même la splendide transfiguration dans le béton, le marbre, le verre et les fers éclatants. Avec, en plus, ce qui naît d'émouvant et d'asse

festivities for the Paris-Dakar rally's departure), and of the idea of staging on the ring road, that would be transformed into a four kilometre long race circuit, a Grand Prix de Paris car race : a trampoline for international media, "opening to millions of televiewers".

In answer to the question of how relations with the SEM-Tête-Défense stood, he replied that France was "a State by law", that he meant to be given what was owing to him by contract, and had served a summons to the SEM to appear in court. He interpreted the protocol of the preceding year as a definite promise of sale; his interlocutors though claimed it was nothing more than a common declaration of intention, cloyed by a great many ambiguous or suspensive clauses (the least of which consisted in settling whether those who had sold or promised to sell were in fact the owners), a document which had become null and void a year after its signing anyway, since its execution had not been begun.

After a series of politico-financial dealings settled a few days prior to the political change of 1988, the affair ended in a transaction, made official much later by an act dated February 15, 1989, that conceded to the Sari three of the four plots of the southern "hills" adjoining the bridge-building that led to the Valmy lands. The Sari, which had at one time dreamt of owning all the Tête-Défense site from the Cnit to the northern "hills", from the Arch's underground spaces to the Valmy lands, was now nowhere near the pot and had to make do with a meagre share.

On the preceding February 29, in 1988 (hail the leap year!), fifteen legal acts had finally straightened up the shaky scaffolding that had been rigged over the two year cohabitation period and which governed the land status of this storm-tossed site. For several weeks already, the Sari had been developing a new project for an automobile salon, once again drawn by the architects Chaix and Morel, but this time perched in the company of a panoramic Omnimax movie theatre on the roof of the Quatre-Temps mall.

THE PASSING OF A TIGHT-ROPE WALKER

During 1987, Edgar Faure spent a good deal of his energy in setting up his international foundation for Human rights and sciences, which he obviously saw as being the crowning glory of his political career. He was seconded in this work by Jean-Pierre Hoss, former director of Radio Monte-Carlo, who as of February had looked into a great many possibilities that might suit the Arch's roof.

Oddly enough, the idea for this foundation seemed to legitimize a posteriori Spreckelsen's idealist dream of "a window onto the world, opening to an unforeseeable future", the "symbol of hope" dedicated to "the triumph of humanity". Even thus do certain rare monuments seem to pre-exist their ultimate use, forms which, contrary to rationalist dogma, one day create their own functions.

As of autumn the foundation's theoretical programme was doing the rounds : to constitute "a place of great intellectual radiance" and, more precisely, to study ethical or "epistemological" problems arising from scientific discoveries (for example, artificial procreation and genetic manipulations, artificial intelligence, nuclear risks) by analysing their legal consequences, "identify if not resolve" certain major problems of modern societies, in cultural or "society-oriented" terms, in areas of development; and finally, in an expression whose pompousness was quite suited to this "triumphal arch", seek out "the founding principles of a new humanism", and render perennial the message of the Revolution bicentenary.

In more concrete terms, it was a question of staging seminars and colloquys, high prestige conferences moral or philosophic in nature, and even of organizing uptraining sessions – why not a real Ph. D. course for professions related to human rights : journalists, lawyers, doctors, etc. Edgar Faure's assistant in the bicentenary assignment, the historian Pierre Lunel, spoke of the "imperious necessity (...) of projecting new concepts into the third millennium", which he announced as being "the era of the fourth brain" following on the reptilian, the limb-like, and the neocortical, a brain that he predicted would be housed "not in the skull cavity but outside the body, in multiple and mobile installations : files, libraries, computers, etc."

Edgar Faure himself, who wanted to re-christen the monument so that it would no longer be known as the Arch of humanity but that of fraternity (which certain parties interpreted as denoting the underhand influence of masonic brotherhoods), spoke of his wish that the new institution might succeed in renewing

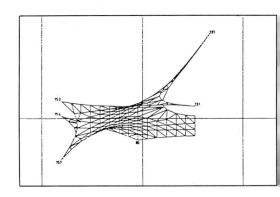

En haut : dès avril 1986,
Peter Rice mène des études
techniques pour des nuages
en toile tendue, selon les
esquisses de Spreckelsen.
A droite : l'architecte avait
fait en février ou mars 1986
des maquettes d'étude de
structures en toile pour
l'ensemble du parvis.
En bas : le 24 mars 1987,
Peter Rice présente à
François Mitterrand une
maquette provisoire des
nuages en toile.
●
Top : as of April 1986,
Peter Rice began technical
studies for clouds in
stretched canvas, going on
Spreckelsen's sketches.
Middle : in February or
March 1986 the architect
made study models of
canvas structures for the
whole of the open space.
Bottom : on March 24,
1987, Peter Rice presented a
working model of the canvas
clouds to François
Mitterrand.

difficile à peser *a priori* : l'échelle, la force, la justesse de l'espace, cette magie qui est celle de très rares bâtiments et qui, rapidement, émerveilla ici les foules de visiteurs saisies de l'inexplicable sentiment du sacré.

Il y a cependant des différences, dues à l'apport de Paul Andreu, à la fois architecte et ingénieur, et de culture architecturale française, en fait choqué de ce que Spreckelsen, sur le toit notamment, ait songé à masquer son béton sous un carrossage blanc, à perdre cette « énergie terrible » de maçonnerie qu'il lui a, au contraire, voulu ensuite montrer, sertissant ces poutres énormes, brutes, telles que décoffrées, derrière des façades de verre détachées de la lourde masse, comme s'il s'agissait de les mettre sous vitrine. D'un côté, chez Spreckelsen, une sorte d'ascétisme, un désir de masquer certaines dimensions spectaculaires de son œuvre, comme ces poutres, comme les extraordinaires poteaux qui portent le cube. De l'autre, chez Andreu, une logique selon laquelle le vrai doit être montré et pas seulement se contenter d'exister, encore plus beau qu'il serait d'être inaccessible au regard.

QUERELLE DANS LES NUAGES

Puis une campagne se développa contre les fameux « nuages », partiellement à l'initiative de l'ingénieur Reitzel qui toujours se considéra comme le coauteur du monument, bien que Spreckelsen ne l'ait pas envisagé de cette manière. Dans une tribune libre parue dans *l'Architecture d'aujourd'hui* en décembre 1988, Erik Reitzel dénonça le remplacement des verrières brisées prévues au début par des « toiles en forme de tente trouée » dont il craignait en outre qu'elles n'aient « une nuance d'un jaune vénéneux », catastrophe qui à ses yeux allait trahir les volontés de l'architecte et toute la philosophie qui avait inspiré le projet. Beaucoup étaient d'ailleurs gênés par la perspective de la prochaine mise en place, en mars, de ces « tentes bédouines », et la SEM s'inquiétait de la réaction du public lorsque allait être suspendu ce chapiteau de teinte en effet sinon vénéneuse, du moins havane. On s'était aperçu sur le tard que le matériau utilisé ne pouvait être livré blanc et, comme on ne disposait pas de monts d'Auvergne sur lesquels le mettre à blanchir, étendu sur les prés, au soleil comme on le faisait jadis des draps, on s'était résigné, dans une vague crainte du qu'en-dira-t-on.

Que Spreckelsen eût évidemment préféré voir ces nuages immaculés dès le premier jour plutôt qu'un peu colorés de cette sorte de « smog », il

n'en reste pas moins incontestable que l'idée des tentes est de lui. Dès le début 1986, six mois donc avant sa démission, il s'était rallié à cette solution. En témoigne le dossier au 1/50ᵉ établi par son agence de Copenhague et daté du 14 mars : on y trouve des photographies d'une maquette du vide de l'Arche avec une toile tendue d'une paroi à l'autre, qu'il avait réalisée en faisant des essais avec des épingles et une sorte de bas de soie, et ceci sous diverses variantes ; une photographie en vue aérienne de l'ensemble du site Tête-Défense proposant une extension de ce type de parti de part et d'autre du monument, loin devant le Cnit et le centre commercial ; enfin tout un cahier de solutions d'appui, d'ailleurs assez bizarres et gothiques, griffant l'air en tous sens, à partir de chevalets aux profilés ouverts ou clos et d'une variante en barres et câbles tendus, un peu dans le registre des cages d'ascenseurs. En témoigne encore le rapport technique fait à sa demande par les équipes de Peter Rice, ingénieur anglais du groupe Ove Arup and Partners, après une réunion qu'elles avaient tenue à Copenhague le 3 avril, étude dite de faisabilité menée « à partir du modèle au 1/500ᵉ fait par l'architecte ». D'ailleurs, une maquette avait rapidement été montrée au public dans la salle d'exposition construite par la SEM sur le parvis, et Spreckelsen avait demandé qu'on y modifie un peu le mouvement trop altier de la tente.

Après avoir été cantonnés à l'intérieur du trou de l'Arche, les nuages que l'architecte tenait à voir régner de droite et de gauche pour asseoir son édifice sur le vaste site, comme les élégantes étalaient autrefois leurs robes et falbalas autour d'elles sur les sofas, furent étendus comme il le souhaitait, les architectes de l'EPAD y ayant été favorables et le chef de l'Etat en ayant « touché un mot », lors de sa visite sur le chantier au mois d'août 1988, au nouveau président de l'établissement public, le maire de Puteaux Ceccaldi-Raynaud.

Il reste qu'a disparu tout un esprit d'aménagement de ce parvis et des abords de l'édifice : les très beaux « glaçons », ces verrières cubiques de travers que Spreckelsen avait comme jetées au hasard derrière l'Arche pour éclairer ses sous-sols, qui eussent sûrement été très chères à réaliser mais si élégantes ; la grande trouée ronde dont il souhaitait qu'elle ouvre largement à la vue sur le monument au sortir de la gare du métro et dont il avait obtenu de haute lutte qu'elle remplace la trémie à lames parallèles étudiée par l'EPAD, solution à laquelle Paul Andreu a finale

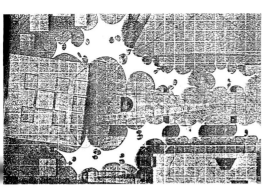

"thought on human rights on the eve of the 21st century, with a capacity for innovation equal to that shown by the Constituants of 1789". He was taken to task in fact for devoting so much of his time to this noble design, and very little to the commemoration itself, even though 1989 was looming up fast.

True enough, busy as he was with his Arch, which he referred to curiously as "the horizontal Eiffel Tower", he had left aside the bicentenary somewhat, though it was an event that had caught the fancy of quite a few figures of our end of the century : Jean-Michel Jarre, Mireille Mathieu, Robert Hossein, Alain Decaux, and the well-known radio commentator and journalist Yves Mourousi, the head of State's favourite interviewer.

Then, on March 30th, a month before the presidential elections of spring 1988, Edgar Faure passed away at the Laënnec hospital. The man who had been described as being "busy saying just two words but wrapping them up in a thousand", who with his hearty sense of humour had proclaimed that "two men could have stopped the revolution of 1789 : Turgot, but he was already dead, and myself, but I hadn't been born yet" had left the scene. In Le Monde Michel Kajman paid homage to his "tightrope walker's cleverness" and his "natural vocation to generate from on high this enormous enterprise of compromise" that the commemoration of the Revolution was to be under a régime of political cohabitation. A year was to pass before a successor could be found to take over from him, a year during which the fate of the foundation lay in the hands of his deputy chairman Robert Maxwell, who was now chairman by interim, and more especially in those of Robert Lion and Jean-Pierre Hoss.

THE ROOF AND THE SUMMIT

In the meantime all efforts were mobilized for the summit meeting of the heads of State of the world's seven richest countries due to take place on July 14, 1989 (grouping Canada, France, Great Britain, Italy, Japan, the U.S.A. and West Germany), a meeting that promised to be François Mitterrand's grand apotheosis what with his brand spanking new Parisian architectural works all around. But with the extraordinary problems of protocol, security and circulation that such a meeting of bigwigs was to raise (people were talking about six thousand journalists setting up in the twenty

or so floors of the Arch's south wall with all their "cable-gear" for three days), the foundation itself marked time. The historian Jean-Nöel Jeanneney, who was nominated chairman of the bicentenary work group on May 25, 1988, over and against Jack Lang , showed little interest in the fate of the "new Eiffel Tower", busy as he was with more pressing objectives.

Even the Élysée was hesitant, having cooled off with regards the foundation ever since, a few weeks before his death, Edgar Faure had seen fit to urge electors to vote for Jacques Chirac rather than François Mitterrand in the presidential elections : last minute high treason no less. A lot of people were mixed up in this business : Jacques Attali, the official intellectual of the presidency of the Republic, who was openly hostile, the members of the France-Libertés foundation, headed by the President's wife, the networks of diverse cabinets. Difficulties were made more acute by the ideological rift that had split the left at a time when here and there people were interpreting differently the values to commemorate ; troubles of which one of the most visible signs was Régis Debray's resignation. Debray left the ranks of the presidency of the Republic in late October on the pretext that he wanted to devote himself to his literary work, but in reality to express his disapproval of the "shapeless consensus" and the "lukewarm hotchpotch" that the citizens were going to be served.

The foundation lived on in uncertainty then, with its vast roof open to all perspectives, a roof which Alain Juppé had demanded be sold no matter what, to whoever wanted it, for 100 million francs, and that Edgar Faure had acquired for one franc after making a friendly speech at the RPR congress at Villepinte, a contract that was to be transformed into a symbolic annual rental fee of 100 francs, with the wily State remaining the owner of the premises.

The programme evolved little but work went ahead, financed by the "Grands Travaux" budget and by that for the preparation of the Seven-country summit meeting. The foundation though, pending an official acknowledgement from the head of State and the nomination of a chairperson capable of carrying it on efficiently, was orienting itself towards a less academic and scholarly role

Ci-contre : dernier état de la structure porteuse des nuages en verre. Les autres documents présentent diverses esquisses de Spreckelsen pour des nuages en toile tendue, datées de mars 1986.

●

Opposite : the final state of the bearing structure for the glass clouds. The other documents show diverses sketches of the clouds in stretched canvas, by Spreckelsen and dated March 1986.

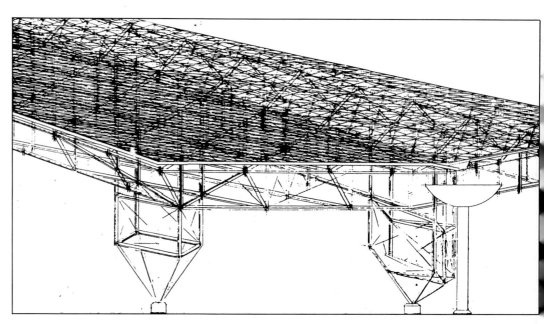

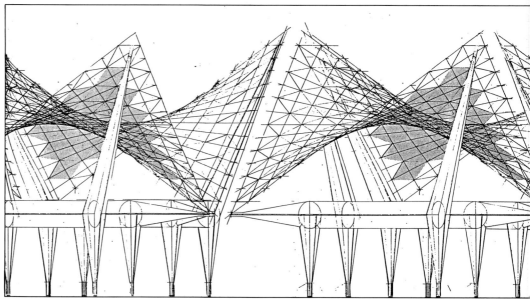

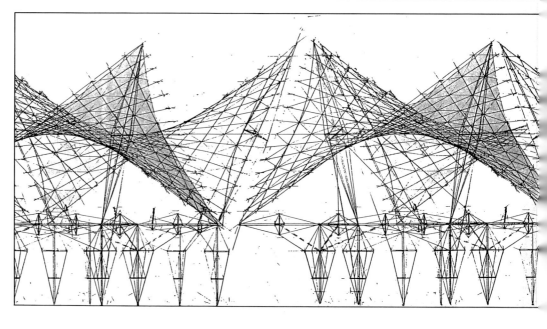

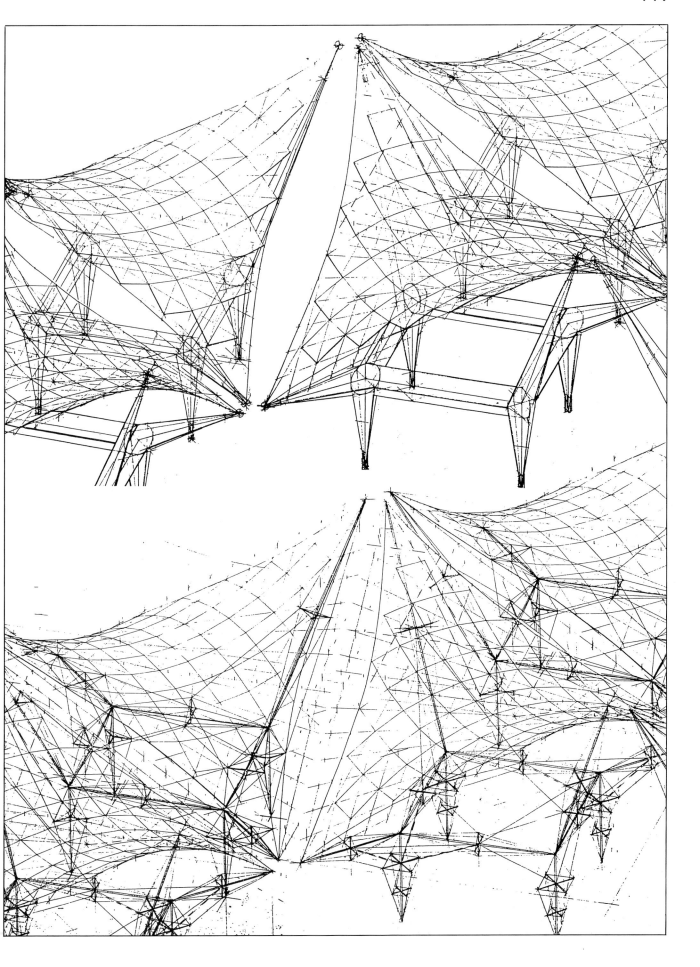

Ci-contre : maquette des nuages de verre.
Ci-dessous : maquette de la solution en toile tendue, câbles et barres.

Page de droite : tracés de simulation des nuages de toile, établis par Aéroports de Paris et Peter Rice (RFR) en mars 1987.

●

*Opposite : model
of the glass clouds.
Below : model of the
stretched canvas solution,
with cables and bars.*

*Right hand page :
simulation tracings of the
canvas clouds, made by
Aéroports de Paris and
Peter Rice (RFR) in March
1987.*

ment préféré deux rampes étroites de part et d'autre du parvis et de petits amphithéâtres à gradins assurant diverses facilités de circulation souterraine ; sa voie de marbre oblique de six mètres de large, qu'accompagnait le mouvement légèrement décalé d'une bande de lumière à la courbe douce ; et toutes sortes de choses délicates et poétiques : treillages, murs de végétation, lieux ombragés et calmes, pelouses mêmes, odeurs de menthe, haies irrégulières, draperies de vignes et de chèvrefeuille, petit bois de chênes en contrebas vers le Cnit, pergolas et jardins en carrés. Une dimension de calme confort très raffiné, une espèce d'indolence aristocratique de l'aménagement général de l'endroit, aujourd'hui évanouie comme un rêve bucolique qui eût mis en relief cette arche souveraine et que certains moquent un peu chez Spreckelsen, en la taxant de « déconstructiviste », pour la rejeter au nom de cette mode new-yorkaise du désordre artificiel et trop volontaire qui n'aura peut-être connu qu'une ou deux saisons.

MARBRE

Et puis, ce monument que sagement l'architecte n'avait décrit que comme un « point d'orgue provisoire » a été repris dans le flot de la croissance économique, entre la volonté du gouvernement Rocard de freiner le développement sauvage de l'Ouest parisien, et d'élaborer un plan d'urbanisme pour la suite jusque dans la plaine de Montesson, et cette initiative de cette Société anonyme de la Grande Arche, la SAGA, qui organisa à l'automne 1988 un large concours pour un immeuble de bureaux prestigieux sur le petit terrain triangulaire de la Folie, là où l'architecte danois avait esquissé un mince minaret derrière son Arche et où, triomphant le 14 février 1989 devant trois cent trente-quatre équipes, Jean

Nouvel et Jean-Marc Ibos proposaient une tour de 400 mètres, la plus haute d'Europe, la plus élancée du monde, extrêmement spectaculaire et d'une conception révolutionnaire.

L'Arche s'achevait, découpant le ciel comme un cadre vide de Magritte, monument dédié sinon à la communication, du moins à la rêverie, à la contemplation méditative, « théâtre dans lequel notre société se regarde communiquer » comme le dira Jean Baudrillard, avec ces vastes sous-sols de catacombes au destin encore suspendu, belle, très belle sous son impassible géométrie de marbre blanc, avec quelque chose d'une basilique candide.

On s'en souvient, elle avait été disposée un peu de biais par Spreckelsen parce qu'il devait la fonder sur un écheveau fort embrouillé de voiries souterraines. Elle eut à survivre sur un autre terrible écheveau, lui aussi embrouillé et souterrain : celui de la politique, de la finance et des luttes d'intérêts. Son élégance, sa grandeur assez prenante sont restées parfaitement de marbre.

François Chaslin

than that which Edgar Faure had dreamed of, making more room for "on the spot associations": Amnesty International, charity, medical and non-governmental humanitarian organizations.

It was calmly organizing its post-summit programme, thinking about the budgetary balance that would have to lean on takings derived from the scenic lifts, rental of certain premises for all manner of events, copyright from the use of the Arch's image and the constitution of a sort of sponsor's club each of whose members would contribute five million francs : the Caisse des dépôts, Robert Maxwell, the Paris civic authority, two associated Japanese groups (introduced by the architect Kisho Kurokawa), and one of Edgar Faure's friends, the developer Pierre Dehaye; in the expectancy of further possible donors.

THE SKY, THE HIDDEN AND THE REVEALED

A strange place indeed this roof, this area of one hectare set askew Paris's historical axis, in a place which by some quirk of the gods is dead centre in the alignment of two of the main seamarks in the swell of Parisian rooftops : the Eiffel Tower and the black henge of the Montparnasse Tower, so much so that a few steps in either direction and these big markers seem to shift like the sights on a mariner's compass. A strange place, vast and empty, that crowds will never cover what with security regulations prohibiting the congregation of more than seven or eight hundred people there.

Various discussions have arisen here and there over the question of whether the Arch as it has been built was such as Johan-Otto von Spreckelsen wished it to be before he abandoned it in July 1986, when he even refused to sign the contract clause that named him as the architect.

In any case, not only does the monument's image resemble exactly what Spreckelsen's models promised, but it is also a splendid transfiguration of them in shining concrete, marble, glass and steel. With as well those things which are born of feeling, and are difficult to sense a priori : scale, force, preciseness of space – the magic inherent in very rare buildings and which straight away strikes crowds of visitors with an indescribable sense of the numinous.

Nonetheless, there are discrepancies imputable to Paul Andreu's contributions. An architect as well as an engineer, and definitely French in architectural culture, Paul Andreu was in fact flabbergasted that Spreckelsen – notably with regards the roof – could have thought of masking his concrete under white surfacing, of losing the "terrifying energy" of the stonework that subsequently he was to want to play up, inlaying his enormous beams, as stripped, with glass façades detached from the heavy mass, as if he were putting them behind show windows. On one side then, with Spreckelsen, a sort of asceticism, a desire to veil certain spectacular dimensions of his work, such as the megabeams or the extraordinary piles that carry the cube. On the other, with Andreu, a logic according to which the real must be shown and not just be left to exist, all the more beautiful because hidden from the eye.

QUARRELS IN THE CLOUDS

Late in the peace a campaign got under way against the famous "clouds", partly on the initiative of Erik Reitzel who still considered himself to be the monument's co-author, though Spreckelsen had not seen things that way. In an open forum statement published in Architecture d'aujourd'hui in December 1988, Erik Reitzel denounced the replacement of the open glazing work initially designed by "tent canvas full of holes" which he feared might take on "a venomous yellow tinge", a catastrophe which in his eyes would betray the intentions of the late architect and the entire philosophy that had inspired the project.

There is no doubt that Spreckelsen would have preferred the clouds to be immaculate as of the first day, rather than coloured by this sort of "smog"; even so, it is just as sure that the tent idea was his own. As of the beginning of 1986, six months before his resignation, he had rallied to this solution. Evidence of this is the 1/50th scale dossier put together by his agency in Copenhagen and dated March 14th. This folio includes photos of an Arch model showing in the empty centre canvas stretched from one wall to the other, that he had made by doing tests with pins and a sort of silk stocking; and this in several variations since an aerial shot of the whole Tête-Défense site proposed an extension of this type of approach, on either side of the monument, and far out in front of the Cnit and the mall, along with a bevy of exchange solutions; most of them were quite bizarre and gothic, thrashing at the air in

Le site général de la Tête-Défense tel que le voulait Spreckelsen : l'Arche dégagée, des collines en plots et les aménagements de la dalle à la manière « déconstructiviste » ; le dessin est de mai 1986. En bas : le petit bois de chênes rêvé par Spreckelsen en février 1986.
●
The overall site at la Défense as Spreckelsen wanted it : the Arch laid open, the hills in plots and the slab laid out in «deconstructivist» manner; the drawing dates from May 1986. Bottom : the small oak grove dreamt of by Spreckelsen in February 1986.

every direction, flying from trestles whose sections are open or closed, not to mention a variation in suspended bars and guyed cables a little reminiscent of the scenic lifts' cages. Further supporting evidence is the technical report drawn up on Spreckelsen's request by the teams under Peter Rice, the English engineer from the Ove Arup and Partners group, following a meeting held in Copenhagen on April 3, 1986, a feasibility report "based on the 1/500ᵗʰ model made by the architect". Moreover, a model had been exhibited to the public in the exhibition room built by the SEM on the open space at la Défense, and Spreckelsen had asked that the too haughty movement of the tent be modified a little.

After having been stuck in the hole under the Arch, the "clouds" that the architect had wanted to see floating to the right and left to anchor his edifice on the vast site, in the same way as elegant ladies of old used to spread their frills and flounces all around the sofas they sat on, were disposed as Spreckelsen having been favourable to this and the head of State himself having "said a word" on the subject during his visit to the worksite in August 1988 to the new president of the public establishment and mayor of Puteaux, Ceccaldi- Raynaud.

Even so, it remains true that the spirit which was to preside over the laying out of the open space and the approaches of the edifice has disappeared : the marvellous "ice blocks", the cubic glasshouses that Spreckelsen had thrown down as if by chance behind the Arch to skylight the underground spaces, that would no doubt have cost a packet but that would have been so elegant! The large round hole that he had hoped would open a view of the monument from the subway station and which he had fought tooth and nail to have instead of the parallel blade floor opening that the EPAD had in mind, and in lieu of which Paul Andreu was ultimately to opt for two narrow ramps on either side of the open space with small tiered amphitheatres affording various facilities for underground circulation; his six metre wide oblique marble path that accompanied the slightly offset movement of a gently curved ray of light; and all manner of delicate and poetic trellis works, vegetation-covered walls, shady and quiet nooks, even lawns and the scent of mint, irregular hedges, drapes of vines and honeysuckle, a small grove of oaks down below

towards the Cnit, pergolas and square-shaped gardens. A dimension of highly-refined calm comfort, an area for aristocratic indolence in the general layout of the place, which has vanished today – a bucolic dream that would have enhanced this sovereign Arch, and in which certain people found matter to jibe at Spreckelsen, accusing him of being a "deconstructivist" in order to reject it in the name of this New-Yorkish fad, of artificial and too wilful disorder, that probably wouldn't last more than two seasons.

MARBLE

And then, the monument that the architect had never described other than being "a temporary organ burst" was caught up in the torrent of economic growth, wedged between the express desire of the Rocard government to decelerate the out-of-hand development of the west of Paris and put together a town planning scheme for the work to follow as far as the Montesson plain, and the initiative of the Grand Arch's limited company, the SAGA, which staged in autumn 1988 a big contest for a high prestige office building on the small triangular block of land known as the Folly, there where the Danish architect had sketched a slender minaret behind his Arch, and where on February 14, 1989 the Jean Nouvel and Jean-Marc Ibos tandem won out over 334 teams, with a 400 metre-high tower, the highest in Europe, the most slender in the whole world, extremely spectacular and revolutionary in design.

The Arch is nearing completion as this goes to press, framing the sky like one of Magritte's empty picture frames, a monument if not to communication then at least to reverie, to meditative contemplation, a "theatre in which our society can see itself communicating" as Jean Baudrillard said, with its vast catacomb-like underground spaces whose fate still hangs in the balance, beautiful, too beautiful, with its impassive geometry of white marble, with something of a candid basilica.

As we have seen, Spreckelsen had set the Arch slightly out of line in order to settle it over a tangle of underground networks ; it had to survive another frightful tangle, jumbled and unseen : those of politics, finance, and power struggles. But its elegance and grandeur have remained intact, in marble.

François Chaslin

L'architecte imaginait un traitement paysager fort bucolique, tant pour le toit que pour le pied des collines.
●
The architect imagined a highly pastoral landscaping treatment, both for the roof and at the foot of the hills.

LES DEFIS
DE L'ARCHE
*THE CHALLENGES
OF THE ARCH*

LES FORCES EN PRESENCE

LA MAITRISE D'OUVRAGE

La conception puis la construction d'un ouvrage rassemble trois intervenants principaux : le maître d'ouvrage, le maître d'œuvre, l'entrepreneur. Selon la taille du chantier, le nombre de personnes affectées à chacune des trois fonctions varie. Sur un chantier comme celui de la Grande Arche, plus d'un millier de personnes, en comptant les ouvriers, ont travaillé ensemble pendant une durée qui a varié d'une entreprise à l'autre. Les intérêts de chacun des partenaires ne coïncidant pas toujours, structurellement ou conjoncturellement, le chantier est ainsi parfois le théâtre de débats sur les choix esthétiques, techniques et économiques. On présentera donc ici d'abord la maîtrise d'ouvrage avant d'expliciter le rôle de la maîtrise d'œuvre ainsi que les conditions du choix des entreprises.

La présentation de la maîtrise d'ouvrage ne prétend pas analyser le détail de son action puisque celle-ci se confond avec l'histoire même du projet. On se propose de tracer ici les grandes lignes de sa constitution et d'évoquer l'évolution de son intervention.

LA CONSTITUTION DE LA MAITRISE D'OUVRAGE

Le 23 décembre 1983 une maîtrise d'ouvrage se constitue ; elle rassemble : l'Etat, la Société civile immobilière pour la Tête-Défense pour le programme de commerces, le Carrefour international de la Communication et l'Etablissement public pour l'aménagement de la Défense (EPAD). Le président de la République demande à Robert Lion de continuer à superviser la réalisation du projet ; Georges Vauzeilles, alors directeur de la Société d'économie mixte de la région de Lyon, est nommé responsable du groupement formé (il sera remplacé plus tard, en février 1986, par Jean-Louis Subileau). Ce groupement de maîtres d'ouvrage de l'opération Tête-Défense (GMOTD) a été remplacé en septembre 1984 par la Société anonyme d'économie mixte nationale Tête-Défense (SAEM-TD)[1] puisqu'il fallait trouver des acquéreurs pour les bureaux.

Au début, l'EPAD est nommé maître d'ouvrage délégué de l'opération, du fait de sa connaissance du site et de son expérience. Il forme une mission en son sein, comprenant une vingtaine de personnes. Celle-ci met en œuvre en 1983-84 les études de faisabilité d'architecture,

d'ingénierie, de géotechnique, d'aérodynamique et d'acoustique.

Le GMOTD et l'EPAD travaillent alors en collaboration. Le premier se charge du pilotage des études jusqu'à l'avant-projet ; le second assurant ensuite le pilotage des interventions de la maîtrise d'œuvre en vue de la passation des marchés et pour le contrôle des travaux.

Le caractère bicéphale de la maîtrise d'ouvrage pose très vite des problèmes de coordination. Cette organisation avait été choisie pour surmonter les difficultés dues à l'hétérogénéité des fonds destinés à la construction de l'Arche. Les maîtres d'ouvrage disposaient en effet de crédits d'origines différentes et particulièrement de crédits budgétaires dont l'utilisation est soumise à des règles rigoureuses. L'EPAD, en tant que maître d'ouvrage délégué, avait pour rôle de gérer les financements après regroupement et devait être l'interlocuteur unique de la maîtrise d'œuvre et des entreprises. Le GMOTD, pour sa part, avait pour mission la définition du programme et le suivi général du projet. Très vite, ce partage des tâches va être bouleversé par l'évolution de la programmation du Carrefour international de la Communication (CICOM) et des bureaux, qui va favoriser l'établissement de relations directes de plus en plus nombreuses entre le GMOTD et la maîtrise d'œuvre.

Au cours de l'été 1986, à la suite des changements intervenus dans le programme et du retrait partiel de l'État, la SEM finit par assurer seule la maîtrise d'ouvrage de l'opération et l'EPAD se replie sur son domaine d'intervention habituel[2] : l'aménagement du parvis. Le personnel de la mission Tête-Défense de l'EPAD est mis à la disposition de la SEM ; Jean-Claude Barbat devient directeur de la construction.

SON ROLE

Le rôle de la maîtrise d'ouvrage change au cours de la réalisation. Sur la base d'un programme, elle doit négocier le contrat de maîtrise d'œuvre qui détermine le nombre et la nature des missions confiées à l'architecte et aux bureaux d'études techniques. Après avoir lancé l'appel d'offres auprès des entreprises, elle signe les marchés et assure les paiements en fonction de l'avancement des travaux.

Préalablement à la signature du contrat de maîtrise d'œuvre, la maîtrise d'ouvrage de

---

1. La SAEM-TD sera ici désignée sous son appellation la plus courante, la SEM, qui est devenue officiellement son en-tête bien qu'il s'agisse d'une formulation abrégée.

2. A la Défense, l'EPAD est responsable de l'aménagement du parvis ; en général, il s'occupe aussi de la construction des infrastructures.

THE CONTRACTING AUTHORITY

The design and consequently the construction of any work bring together three main bodies : the contracting authority or client, the architect-engineer for the works and the builder. Depending on the size of the worksite, the number of people working in each of these bodies varies. On a job like the Grand Arch, over a thousand employees, including the building workers, toiled together for lengths of time that varied from one firm to another. Needless to say, the interests of each of the partners did not always coincide, both structurally and from the point of view of the conjuncture, and this meant that the worksite was sometimes the scene of confrontation between aesthetic, technical and economic ideals. In view of this, we shall begin by presenting the contracting authority before going on to clarify the role of the architect-engineer and the conditions that prevailed in the choice of building firms. This presentation of the contracting authority does not aim at analysing its action in detail, since that is part and parcel of the project's history. Our wish is rather to sketch an outline of its constitution and to note the evolution of its intervention.

THE CONSTITUTION
OF THE CONTRACTING AUTHORITY

On December 23, 1983, a contracting authority was constituted grouping the State, the Société civile immobilière pour la Tête-Défense for the commercial programme, the CICOM (International Communications Centre) and the EPAD (Public establishment for developement of la Défense). The president of the Republic asked Robert Lion to continue supervising the execution of the project; Georges Vauzeilles, then manager of the Société d'économie mixte de la région de Lyon, was nominated to head the group thus formed (he was to be replaced in February 1986 by Jean-Louis Subileau). Known as the GMOTD (Contracting authorities group for the Tête-Défense), this group was supplanted in September 1984 by the SEM – TD (National mixed capital company for the Tête-Défense)[1].

In the beginning, the EPAD had been appointed delegate contracting authority,

because of its knowledge and experience of the site. A work group numbering some twenty people was formed in its framework, and in 1983-84 implemented feasibility studies for the architecture, engineering, geotechnics, aerodynamics and acoustics.

At the time, the GMOTD and the EPAD worked in collaboration. The GMOTD was in charge of piloting the studies up until the pre-planning stage while the EPAD concentrated on handling interventions concerning the client in view of settling work contracts and overseeing the works.

The twin nature of the contracting authority was soon to raise coordination problems. This type of organization had been opted for in order to surmount difficulties arising from the diverse nature of funds destined to the Arch's construction. The contracting authorities did in fact have at their disposal credit budgets deriving from various sources, whose use was subject to strict rulings. As delegate contracting authority, the EPAD's role was to manage finances after grouping them, and was to be the sole negotiator dealing with the architect-engineer for the works and the firms. For its part, the GMOTD was to define the project, and ensure general follow-up. But this shareout of tasks was soon to be upset by the evolution of the programming for the international communications centre, known as the CICOM, which increasingly favoured direct relations between the GMOTD and the client.

In the summer of 1986, subsequent to changes in the programme and the partial withdrawal of the State, the SEM ended up doing the contracting authority work for the operation alone, and the EPAD went back to its usual domain of intervention : the development of the slab[2]. The staff of the EPAD Tête-Défense work group was delegated to the SEM ; Jean-Paul Barbat became the construction manager.

ITS ROLE

The role of the contracting authority evolved during the work process. Going on the programme it had to negotiate the architect-engineer's contract which determined both the number and the nature of work missions entrusted to the architect and the technical

1. The SEM-TD will henceforth be referred to as the SEM, as is common practice which is now official, although it is a shorter way of calling it.

2. The EPAD is in charge of developing the slab at la Défense ; in general, it also takes care of building the infrastructures.

Le président François Mitterrand, Robert Lion, Jack Lang et Paul Quilès. Les différents visages de la maîtrise d'ouvrage.
●
President François Mitterrand, Robert Lion, Jack Lang and Paul Quilès. The different faces of the contracting authority.

THE
FORCES
ON THE
SCENE

l'Arche de la Défense présente une liste de cabinets d'architecture français à Johan-Otto von Spreckelsen comme cela était prévu dans le règlement du concours. L'agence d'architecture des Aéroports de Paris (ADP) dirigée par Paul Andreu est alors choisie.

L'EPAD procède ensuite à un appel de candidatures auprès des bureaux d'études ; avec son accord, Spreckelsen et Paul Andreu choisissent :
– Coyne Bellier pour la structure ;
– Trouvin SA pour le génie climatique et les fluides ;
– Serete pour les courants forts et faibles.

En juillet 1984, le contrat d'ingénierie est signé sur la base d'une mission « M2 élargie aux spécifications techniques détaillées (STD) » pour la moitié d'entre elles, et au tiers des plans d'exécution des ouvrages (PEO), ce qui signifie que la maîtrise d'œuvre, dont le mandataire est Paul Andreu, doit assurer une mission comprenant la réalisation des avant-projets, la mise au point des dossiers servant à passer les marchés ainsi qu'une partie des plans d'exécution, les autres étant faits par les entreprises. Ce n'est pas une mission complète, qu'on appelle « M1 » selon les règles qui régissent les marchés publics. On peut signaler à ce propos que les missions normalisées[3] sont aujourd'hui remises en cause et que de nouvelles règles sont à l'étude afin d'être mieux adaptées à l'évolution de la commande.

L'EPAD, maître d'ouvrage d'origine, est soumis au Code des marchés publics qui impose une procédure et le contrôle de la commission centrale des marchés. Bien que la SEM ne soit pas tenue de suivre ce type de comptabilité lourde, elle la maintient alors que le contexte économique auquel est confrontée l'Arche est contraignant. En effet, la vente des bureaux se fait au prix du marché et l'équilibre de l'opération dépend des ventes réalisées.

A l'organisation initiale se substitue en 1986, on l'a vu, la SEM Tête-Défense, qui intègre l'équipe formée au sein de l'EPAD et comprend trente-cinq personnes environ.

Les hommes qui suivent le projet de bout en bout sont finalement assez peu nombreux. Certains viennent de l'EPAD, d'autres sont issus du Carrefour international de la Communication et poursuivent les études de programmation. Une petite équipe est arrivée en 1986 du chantier du musée d'Orsay à peine terminé. D'autres enfin

viennent des filiales immobilières de la Caisse des dépôts et consignations.

La maîtrise d'ouvrage de la Tête-Défense a vu progressivement sa mission et ses partenaires changer. Au début des études (1983-84), elle est le « client », c'est-à-dire qu'elle réalise les travaux pour son propre compte ; elle consulte des spécialistes, signe des contrats avec les programmeurs, les architectes, les bureaux d'études. Puis, dès le début de la passation des marchés (1985), elle doit choisir les entreprises, former des groupements. Très vite, elle devient un pivot essentiel du système, arbitrant les nombreux conflits qui surgissent entre les entreprises et la maîtrise d'œuvre. C'est elle, par exemple, qui décide de lancer des études pour résoudre des problèmes d'homologation d'une technique de verre collé réclamée par la maîtrise d'œuvre. Progressivement, son rôle devient davantage celui d'un promoteur dans la mesure où elle doit commercialiser 80 000 m^2 de bureaux. Les partenaires, ses clients, deviennent des investisseurs privés, avec des exigences différentes de celles des organismes publics.

Sa mission éclate en de multiples directions : du choix du marbre à celui du carrelage des sanitaires, de la constitution des groupements d'entreprises à la surveillance du planning des travaux, la SEM doit négocier avec les différents intervenants, trancher et assurer les paiements sous le contrôle vigilant et contradictoire des représentants des autorités publiques et privées en présence.

LA MAITRISE D'ŒUVRE

La maîtrise d'œuvre rassemble les architectes et les bureaux d'études chargés de faire les études de conception puis de suivre la réalisation de l'ouvrage. Bien plus que la maîtrise d'ouvrage, elle se structure en fonction de la phase du processus en cours. Traditionnellement, elle consacre plus de temps et de personnel à la conception, pour s'effacer au moment du chantier : son rôle consiste alors principalement à vérifier la conformité des ouvrages, projetés puis exécutés, aux marchés signés par les entreprises. Le type de mission que lui confie la maîtrise d'ouvrage, une « M2 élargie », correspond, en théorie, à ce schéma. Or, la complexité des projets, le nombre des modifications, le nombre d'entreprises

---

3. Ces missions recouvrent les différentes phases d'étude, de la conception du projet à la réalisation des pièces techniques

(plans) et au suivi du chantier.

design offices. After launching a call for tenders, it signed contracts with the winning firms and took care of payments as the work went ahead.

As was stipulated in the contest rules, prior to the signing of the architect-engineer's contract, the Grand Arch's contracting authority presented Johan-Otto von Spreckelsen with a list of French architectural offices. The ADP (Aéroports de Paris) architectural agency directed by Paul Andreu was chosen from this list.

The EPAD then proceeded to a call for tenders among the design consultancies; with its consent, Spreckelsen and Andreu chose :
– Coyne and Bellier for the structure;
– Trouvin S.A. for air-conditioning and fluids engineering;
– Serete for high and low power currents.

In July 1984, the engineering contract was signed on the basis of an "M2 assignment extended to detailed technical specifications" for half of these latter, and for a third of the execution of works plans, which meant that the architect-engineer for the works, whose representative was Paul Andreu, had to handle an assignment comprising the carrying out of the pre-design, the compiling of dossiers necessary to the settling of work deals, plus part of the construction plans, the rest being taken care of by the contracting firms. It was not, then, a complete assignment which, according to the rules holding in French public transactions, is designated as an "M1". On this point it should be pointed out that nowadays normalized assignments are being called into question, and new regulations are being looked at in view of ensuring better adaptation to the evolution of the work order[3].

The EPAD – the original contracting authority – was subject to a public transactions code that imposed a control procedure by the central commission of transactions. Though the SEM was not duty bound to adopt this unwieldy type of accounting, it kept on using it despite the fact that the economic context facing the Arch was restricting. In effect, office sales were settled on market prices and the balancing of operations depended on sales notched up.

As we have already noted, in 1986 the SEM Tête-Défense supplanted the original

organization, integrating the team formed in the framework of the EPAD to a group numbering around 35 people.

In the long run then, only a handful of men were to have an eye on the project from start to finish. Some of them came from the EPAD, others from the communications centre, and were carrying on with programming studies. In 1986, a small team from the recently-finished Orsay museum turned up ; other members came from the real estate subsidiaries of the Caisse des dépôts et consignations.

The Tête-Défense contracting authority was to see its assignment – and its partners – gradually change. In 1983-1984, when studies got under way, it was the "client", that is to say it conducted works for its own account; it consulted the specialists, signed the contracts with the programmers, the architects and the design offices. Then, when the work deals began to be made in 1985, it had to choose the firms and form the groups. It was rapidly to become an essential pivot of the system, arbitrating in the many disputes that broke out between the firms and the architect-engineer. For example, it was the contracting authority that decided to launch studies to settle the problems of standardizing a glass-glueing technique requested by the architect-engineer. Gradually though its role became more that of a developer, since it had to market 80 000 m² of office space. The partners – its clients – became private investors, with other and different demands than those of public bodies.

The contracting authority's assignment thus branched out in several different directions. Whether the question in hand was choosing marble or tiling for the sanitary facilities, grouping firms or overlooking works schedules, the SEM had to negotiate with the different parties in presence, take a decision, and ensure payments under the vigilant and contradictory eye of the representatives from the public and private authorities concerned.

THE ARCHITECT-ENGINEER FOR THE WORKS

This entity grouped the architects and design offices hired to do design studies then to follow up the carrying out of work. To a greater extent

A gauche :
Youssef Baccouche et
Jean-Louis Subileau,
de la maîtrise d'ouvrage.

A droite :
J.-O. von Spreckelsen,
R. Lion, F. Bouygues :
l'architecte, le maître
d'ouvrage et le principal
entrepreneur en 1985.
●
*Left : Youssef Baccouche
and Jean-Louis Subileau,
members of the contracting
authority.*

*Right :
J.-O. von Spreckelsen,
R. Lion, F. Bouygues.
Architect, contracting
authority and prime
contractor in 1985.*

3. These assignments cover different phases from the project's study and design stages to the execution of technical   supports (plans) and follow-up on the worksite.

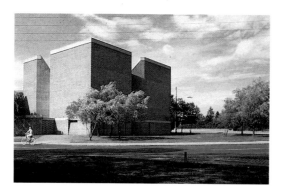 

Les églises de Stavnsholt,
de Vangede, Saint-Nikolaï
à Hvidovre, ont été construites
par Spreckelsen dans la
banlieue de Copenhague.
Ici, vue d'ensemble de l'église
de Vangede et vue d'un
intérieur. Le thème du cube
est très présent dans cette
architecture, même si la
figure est utilisée comme
un contenant, un plein et non
comme un vide, une fenêtre
– une arche.

● *The churches of Stavnsholt,*
Vangede and Saint-Nikolai
at Hvidovre are the three
religious edifices built by
J.-O. von Spreckelsen in the
suburbs of Copenhagen.
Shown are an establishing
shot of the church at
Vangede as well as an
interior. The cube theme
is omnipresent in this
architecture, though used
as a container, a full volume
and not an empty one
– a window, an arch.

concernées, obligent la maîtrise d'œuvre à mettre en place des organisations complexes pour suivre la réalisation.

La position de Spreckelsen, architecte de l'Arche, est particulière. Ce dernier ne dispose pas d'une structure personnelle permanente au moment où il gagne le concours. En 1983-84, il constitue une équipe d'une dizaine de personnes pour réaliser le projet initial, l'agence des Aéroports de Paris étant utilisée alors un peu comme un bureau d'études.

Malgré les difficultés inhérentes à sa disparition en mai 1987, on peut tenter de cerner le personnage à travers le témoignage de ceux qui l'ont connu et grâce aux quelques projets qu'il a réalisés : cela nous permettra de présenter rapidement son travail jusqu'à sa victoire au concours.

UN ARCHITECTE DANOIS
LAURÉAT DU CONCOURS PARISIEN

Johan-Otto von Spreckelsen vit à Copenhague où il enseigne l'architecture à l'Académie royale des Beaux-Arts, lorsqu'il décide de faire le concours du Carrefour international de la Communication. En 1982, il avait rendu un projet lors de la compétition pour l'aménagement du parc de la Villette qui avait été remarqué par le jury. Son activité comme professeur a commencé dans les années 1960-62, pendant lesquelles il a enseigné l'architecture à Ankara, en Turquie, pour le compte de l'Unesco, avant d'être nommé à l'université de l'Ohio en 1963-64, puis de retourner enseigner au Danemark.

Né en 1929 et mort en 1987, Spreckelsen aurait donc été âgé de soixante ans à la date de l'achèvement de la Grande Arche. Avant d'être le lauréat de la Tête-Défense, Spreckelsen consacre l'essentiel de son temps à des études sur l'architecture ancienne et moderne destinées à former la matière de son enseignement. Grand admirateur de Louis Kahn, d'Alvar Aalto et d'Arne Jacobsen, il s'inscrit dans le droit fil de l'école nordique d'architecture du XIXᵉ et du XXᵉ siècle, si soucieuse des rapports entre l'architecture et la nature, et caractérisée par une réflexion approfondie sur les matériaux et les textures.

Parallèlement à son activité professorale, il participe à quelques concours. Ainsi remporte-t-il entre 1967 et 1971 des premiers prix pour des projets d'urbanisme et d'habitations. Dans les années 1970-1980, il construit un petit nombre d'édifices, dont trois églises dans la périphérie de Copenhague.

En 1983, son œuvre n'est pas connue en France ; de plus, il ne fait pas partie des architectes danois qui construisent à l'étranger, comme Jörn Utzon ou Henning Larsen. Il travaille chez lui, en s'associant au coup par coup avec des bureaux d'étude ou d'anciens étudiants. D'après Ahmet Gulgonen, un architecte parisien qui l'a connu en Turquie, Spreckelsen préconisait une architecture peu coûteuse. On peut se demander si cette attitude n'était pas liée à la nature des commandes auxquelles il avait accès, quand on pense à la taille et à la richesse de l'Arche, une richesse qui s'exprime notamment au travers du choix des matériaux.

A la différence du projet pour la Défense, les églises construites près de Copenhague sont en effet des réalisations assez modestes, très soigneusement dessinées et construites selon des techniques simples, utilisant la brique, le bois et le béton. Elles se caractérisent par leur intégration dans le paysage. Une harmonie semble recherchée entre les formes et les matériaux des différents bâtiments religieux, administratifs et commerciaux qui composent ces petits centres de quartiers nouvellement construits.

Si une certaine monumentalité s'exprime, elle reste à l'échelle des centaines de maisonnettes édifiées tout autour. Ici, on ne parcourt pas de grandes perspectives monumentales, mais des jardinets bien entretenus, parcourus par des enfants blonds à bicyclette.

Lorsque l'on s'approche des églises de Spreckelsen, on est frappé par leur aspect massif. Le thème du cube est déjà très présent, mais il est utilisé comme un contenant : c'est la salle d'assemblée. Le cube de la Défense présente la figure inverse : porte ou fenêtre, c'est un vide et non un plein.

Les références à Louis Kahn sont flagrantes, en particulier dans l'utilisation des murs massifs de briques et dans l'articulation des volumes par simple contiguïté. La grande qualité des détails plastiques fait oublier les quelques défauts d'étanchéité que l'on ne manque pas de faire remarquer, sur un ton aimable, au visiteur.

Selon un professeur de l'école d'architecture de Copenhague, l'enseignement de Spreckelsen se basait essentiellement sur la pratique du projet. Il faisait travailler ses étudiants sur des sujets très variés, abordant aussi bien des problèmes d'urbanisme que ceux liés à la conception de simples objets domestiques.

Lorsqu'il s'inscrit en 1982 pour participer au concours parisien, il vit avec sa femme et ses

than the contracting authority, it structured itself according to the phases of the works. Traditionally it has to concentrate most of its time and manpower on design, and step aside when work gets under way on the site : its role then consists mainly in verifying the conformity of the works both in the project and execution stage, and checking the work contracts settled with the various firms. The type of assignment that it received from the contracting authority, an "extended M2", corresponded in theory to this pattern. Needless to say, the complexity of projects, the number of modifications and the number of firms concerned forced the architect-engineer for the works to set up complex organizations to follow up construction.

Spreckelsen's position as architect of the Arch was unusual. At the time he won the contest, he did not have at his disposal a permanent structure of this type. In 1983-1984, he formed a team of ten people or so to carry out the initial project ; the Aéroports de Paris agency was thus used a little like a design consultancy.

In spite of the difficulties inherent to his death in March 1987, it is only fitting that we attempt to throw some light on the man who designed the Grand Arch by gathering accounts from those who knew him and by looking at his work ; this should enable us to gain a rapid panorama of his projects prior to his winning the contest.

A DANISH ARCHITECT
WINNER OF A PARISIAN CONTEST

Johan-Otto von Spreckelsen was living in Copenhagen where he taught architecture at the Royal Academy of Fine Arts when he decided to compete in the contest launched for the CICOM. In 1982, he had submitted a project for the La Villette competition that had been short-listed by the jury.

His activity as a professor had begun between 1960-1962, during which period he taught architecture at Ankara in Turkey for the UNESCO. Subsequently he was to teach at the University of Ohio during 1963-1964 before returning to teach in Denmark.

Born in 1929 and died in 1987, Spreckelsen would have been aged 60 at the time of the Grand Arch's completion.

Prior to being the Tête-Défense winner, he devoted most of his time to the study of ancient

and modern architecture, which formed the basis of his teaching. An admirer of Louis Kahn, Alvar Aalto and Arne Jacobsen, he came in the direct line of the 19th and 20th century schools of Nordic architecture insofar as they centre on relationships between architecture and nature and are characterized by in-depth thought given to matters and textures.

In parallel to his activities as a teacher, he competed in several contests, and, in 1967 and 1971, won first prizes for town planning and housing projects. Between 1970 and 1980, he designed and built a small number of buildings, including three churches on the outskirts of Copenhagen.

In 1983, his work was totally unknown in France ; moreover, he was not among the Danish architects known for their constructions on the international scene, like Jörn Utzon or Erik Larsen. He worked in his home office, associating himself when necessary to design offices or former students. Ahmet Gulgonen, a Parisian-based architect who knew him in Turkey, reports that Spreckelsen favoured low cost architecture. This attitude inspires certain questions and we might well ask ourselves whether it was linked to the nature of the commissions he had formerly received, particularly in view of the richness of the Grand Arch, evident notably in the choice of materials.

Unlike the la Défense project, the churches near Copenhagen are in effect quite modest works, very carefully draughted and built according to simple techniques in brick, wood and concrete. What distinguishes them most is the way they integrate the landscape. A harmony seems to be contrived between the shapes and materials of the religious, administrative and commercial buildings that make up these small centres of newly built quarters.

While there is a certain monumentality in these works, they remain very much on the scale of the small houses built by the hundreds all around them. There are no grand and monumental perspectives in the approaches but rather carefully clipped little gardens with blond-haired kids riding bicycles to and fro.

On approaching Spreckelsen's churches, one is struck by their massive aspect. The theme of the cube is already very much present but it is used as a container : the assembly hall. The la Défense cube is just the opposite : a door or a window, an empty space and not a full one.

Croquis remis au concours par Spreckelsen. Le premier montre la façade côté Paris. Les collines, les bâtiments placés au pied de l'Arche, et le nuage sont traités dans le même esprit mais de manière encore très abstraite. Croquis suivant : vue sous le nuage en regardant vers Paris.

●

J.-O. von Spreckelsen's competition sketches. The first shows the façade on the Paris side. Clearly the hills, the buildings around the foot of the Arch, and the clouds are treated in the same spirit but in a more abstract manner. The following sketch shows a view from under the clouds looking towards Paris.

quatre enfants dans une maison située dans la banlieue de Copenhague, qu'il a dessinée lui-même. Le dossier du concours qu'il reçoit à l'automne comprend trois cahiers concernant le règlement, le programme et les directives générales d'urbanisme[4]. Ces directives méritent une attention particulière, car elles insistent sur la notion « d'axe » dans l'urbanisme parisien.

La ville de Paris se caractérise, selon les auteurs du dossier, par « le réseau des grandes avenues rectilignes, plantées d'arbres, axées sur des monuments ». Cette vision un peu réductrice du tissu parisien prévaut sur d'autres considérations dans la suite du texte. L'axe « historique est-ouest de Paris » est présenté comme « (le) plus riche de symboles historiques, (le) plus cher au cœur des Parisiens... »

Quant à la Défense, son histoire est rapidement esquissée sans aucune référence aux débats qu'elle a suscités, du point de vue de la concentration des activités à l'ouest comme de celui des destructions qu'elle a entraînées. Parmi d'autres sujets, on remarque les développements relatifs à la hauteur des bâtiments ; les rédacteurs du programme insistent sur le problème du vide central présenté par l'arc de triomphe du Carrousel et celui de l'Étoile : « Ces vides jouent un rôle monumental essentiel, tant dans l'architecture des arcs de triomphe que par la mise en scène des paysages successifs de l'axe. »

Le règlement du concours précise aussi que toute construction d'une hauteur supérieure à 35 mètres érigée sur la dalle de la Défense sera visible depuis la place de la Concorde. Cependant, il n'est pas interdit aux concurrents de bâtir au-dessus de cette limite, à condition que la perception lointaine du projet sous la voûte de l'arc de triomphe de l'Étoile présente une « très haute qualité architecturale et une grande force symbolique ».

Le texte insiste sur les vues lointaines à partir desquelles l'ensemble de la Défense aurait une silhouette de « porte » et réclame la création d'un belvédère ouvert au public. On veut aussi faire prendre conscience aux candidats de la complexité du sous-sol : « Le coût des fondations des immeubles de la Tête-Défense pourrait devenir excessif si les points porteurs étaient concentrés au-dessus des infrastructures existantes. »

Enfin, la conclusion porte sur le caractère grandiose et historique du projet mis en compétition.

La lecture de ces lignes est troublante lorsque l'on pense au projet danois. En effet, celui-ci apparaît comme une réponse presque littérale aux questions posées. A la contrainte de l'axe, répond un nouveau vide ; à celle de l'histoire correspond un symbole fort : l'Arc de triomphe. Point par point, le cube met en adéquation une demande et un projet. Du point de vue technique, il résout les difficultés des fondations ; à la question des vues lointaines, il se présente comme une porte ouverte réunissant Paris et sa banlieue, offrant le même visage, la même neutralité hiératique vers l'ouest et l'est.

L'histoire de la conception ne sera ici qu'esquissée. Spreckelsen vint à Paris pendant la durée de la compétition et confia à des amis avoir eu une idée excellente, sans préciser laquelle. Selon Erik Reitzel[5], l'ingénieur qu'il choisit pour faire les études techniques, il envisageait d'abord la construction de deux bâtiments parallèles réunis par un réseau de structures minces.

De ces deux constructions étayées émerge progressivement la forme d'un cube. Une autre image transparaît également au travers des esquisses que possède l'ingénieur : celle d'un mur percé d'une fenêtre monumentale, qui permet le passage de l'axe historique. D'autres dessins montrent un cube évidé en son centre d'une fenêtre plus étroite.

L'idée finale rassemble ces trois partis en une seule figure : celle d'un arc qui est aussi un cube. Alors que Spreckelsen travaille sur la forme du bâtiment, Erik Reitzel, de son côté, analyse les solutions constructives envisageables. Le problème des fondations est résolu par un décalage de 6° 30/100 par rapport à l'axe, qui permet d'éviter de construire sur le réseau des voies RER, SNCF et automobiles. Ce pivotement du bâtiment renvoie également à celui du Louvre dont l'axe de symétrie diffère lui aussi de quelques degrés par rapport à celui qui passe sous l'arc de triomphe. Par-delà son caractère symbolique, qui frappe l'imagination, on peut penser que les contraintes technico-économiques sont en grande partie responsables d'un choix qui, en outre, s'accorde avec l'esthétique générale du projet.

4. Voir le dossier du concours : *Concours international d'architecture pour Tête-Défense, Centre international de la Communication*, ministère de l'Urbanisme et du Logement, ministère de l'Environnement, EPAD, 4 octobre 1982.

5. L'ingénieur Reitzel et l'architecte Spreckelsen n'ont jamais travaillé ensemble auparavant. Ils se connaissent un peu, ayant déjà été en concurrence au Danemark sur un projet d'église.

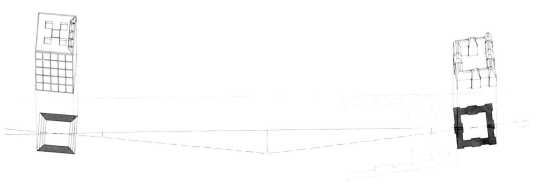

The references to Louis Kahn are obvious, in particular in the use of massive brick walls and in the articulation of volumes by simple contiguity. The high quality of plastic details makes up for the few defects in weatherproofing that the Danes never fail to bring to the visitor's attention, in an amiable manner.

According to a teacher at the Copenhagen school of architecture, Spreckelsen's teaching was based mainly on project practice. He would set his students to work on extremely varied subjects, confronting them with problems of town planning as much as those linked to the design of simple household objects.

In 1982, when he entered the Parisian contest, he was living with his wife and four children in a house of his own design in the suburbs of Copenhagen. The contest dossier he received that autumn contained three booklets concerning the rules, the programme brief and the general town planning directives[4]. These last-named directives deserve special attention since they insist on the idea of the "axis" in Parisian urbanism.

To quote the booklet's authors, the city of Paris is characterized by "the network of large rectilinear and tree-lined avenues that centre on monuments". This slightly cloying vision of the Parisian urban fabric prevails over other considerations throughout the text. The "historical east-west axis of Paris" is presented as the "richest of historical symbols, the one most dear to the heart of Parisians...".

As for la Défense, its history is skimmed over without any reference being made to the disputes that it has given rise to, from the viewpoint of the concentrated activities in the west as well as that of the demolitions it made necessary. Amongst other points, that of the height of buildings is worthy of note; the booklet's authors insist on the problem of the empty centres presented by the Arcs de triomphe of the Carrousel and at l'Etoile : "These empty spaces play an essential monumental role, as much in the architecture of the triumphal arches as in the stage setting of the successive landscapes of the axis".

The contest rules also pointed out that any building higher than thirty-five metres built on the la Défense slab would be visible from the place de la Concorde. Nonetheless, there was no formal order saying contestants were not to overshoot this height, provided the distant view of their building from under the Arc de triomphe at l'Etoile presented "a fine architectural quality and great symbolic force".

The brief insisted on distant views that might present the whole of la Défense as the silhouette of a "door" and called for the creation of a belvedere open to the public. There was also an explicit desire to direct the candidates' attention to the complex situation below ground level : "The cost of foundations for buildings at the Tête-Défense may tend to be excessive if weight bearing points are concentrated over the existing infrastructures". Finally, the conclusion made reference to the grandiose and historic character of the competition project.

Reading these lines with the Dane's project in mind can be a little disturbing : it appears in effect as an almost literal response to the questions raised. A new empty centre responds to the constraint of the axis ; another triumphal arch corresponds as a strong symbol to the feeling of history. Point by point, the cube squares up demand and project. From a technical point of view, it resolves the difficulties of the foundations ; with regards to the problem of distant views, it stands like an open door between Paris and her suburbs, offering the same face, the same hieratic neutrality east and west.

We shall only outline the story of the design here. It is well known that Spreckelsen came to Paris for the duration of the contest, and that he confided to friends that he had an excellent idea to work on, without saying what it was. According to engineer Erik Reitzel, whom he chose to do the technical studies, he began by wanting to build two parallel buildings joined by a network of thin structures[5].

The cube shape emerged little by little from these stayed-up structures. Another image also comes to light in the sketches the engineer has kept : that of a wall pierced by a monumental window, which allows the historical axis to

Le pivotement de l'arche de 6° 30/100 renvoie à celui du Louvre. La présence d'un grand nombre de réseaux en sous-sol qu'évitent les fondations de l'arche apporte une justification technico-économique à ce décalage par rapport à l'axe est-ouest qui passe sous l'arc de triomphe de l'Etoile.

●

The offsetting of the Arch by 6° 30/100 reflects that of the Louvre. The presence of a great many underground networks beneath the site, that constricted the Arch's foundations, brought a technico-economical justification to this offsetting with regards the East-West axis passing under the arc de Triomphe at l'Etoile.

---

4. See the dossier on the contest : "Concours international pour la Tête-Défense, Centre international de la communication", Ministry of Urbanism and Housing, ministry of the Environment, EPAD, October 4, 1982.

5. The engineer and the architect had never worked together before. They knew each other only slightly having both been competitors in a church project in Denmark.

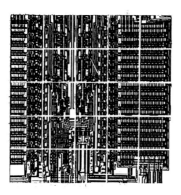

Les façades de l'esquisse du concours par Spreckelsen sont couvertes d'un revêtement lisse symbolisant une puce électronique. Ce motif abandonné rapidement pour les façades va être repris pour le dessin du sous-toit, la partie du toit, visible au sol avant d'être remplacé par un dessin plus simple de quadrillage. L'idée ne plaisait guère aux commanditaires français qui y voyaient une image trop littérale de la modernité.

•

The façades in Spreckelsen's competition sketch were covered by a smooth facing bearing an electronics flea motif. The motif was soon abandoned for the façades, but came to the fore at one stage in the design of the under-roof – the part of the roof visible from the ground – before being replaced by a more simple grid pattern. The original idea was displeasing to the clients, who saw in it a too literal image of modernity.

L'esquisse présentée au concours attire l'attention par sa simplicité. Lorsqu'on regarde les différents projets[6], on remarque que le thème de l'arc de triomphe est abordé par d'autres concurrents, notamment un Allemand, Wagner Winfrit, un Polonais, Denko Stanislaw, un Japonais et un Italien. La figure du cube est également traitée par deux Italiens, des Français, ainsi que le projet primé de Jean-Paul Viguier et Jean-François Jodry.

Le projet de Spreckelsen est un des seuls qui envisagent, de manière simple, la relation du bâtiment au site de la Défense, en créant un parvis relié à la dalle par des emmarchements. Il reste très flou sur la définition des volumes d'accompagnement. Les surfaces projetées sont inférieures aux exigences du programme et l'organisation des espaces est très sommairement indiquée.

Quant aux façades, elles sont recouvertes par un revêtement lisse qui présente un dessin symbolisant une puce électronique ; le thème va être repris lors des études, puis complètement abandonné par la suite.

Selon les indications données pour la construction, il s'agit d'édifier quatre cadres en béton précontraint situés dans des plans verticaux. Des « murs membranes » orientés à 45° par rapport aux cadres principaux sont prévus pour contreventer le bâtiment dans le sens est-ouest.

Le 28 avril 1983, le jury présente au président Mitterrand les deux premiers prix anonymes et deux autres projets remarqués. Le 25 mai 1983, le jour des résultats, Spreckelsen est dans le Jutland avec sa femme. Il est lauréat du concours et personne ne sait où le joindre...

N'ayant pas vu Erik Reitzel depuis le mois de mars, Spreckelsen décide alors de prendre le train avec lui jusqu'à Paris afin d'avoir le temps de parler du cube, puisque le temps manque.

A Paris, la journée d'accueil du lauréat commence par une conférence de presse organisée par l'EPAD et se conclut par une fête chez Serge Antoine, membre du jury, où un gâteau en forme de cube est servi aux invités. Une première étude va être alors confiée à l'architecte ; les programmeurs, quant à eux, continuent à travailler : la maîtrise d'ouvrage se constitue, la maîtrise d'œuvre est mise à l'étude, le processus définitif se met en branle...

PAUL ANDREU
ET L'AGENCE D'ARCHITECTURE DES AEROPORTS DE PARIS

L'agence d'architecture et d'ingénierie des Aéroports de Paris, maître d'œuvre associé, emploie trois cents personnes, dont une centaine d'architectes. La taille de cette structure est importante en comparaison de celle de la plupart des agences d'architecture françaises qui rassemblent rarement plus d'une cinquantaine de personnes et souvent moins d'une dizaine.

Ingénieur en chef des Ponts et chaussées et architecte, Paul Andreu dirige en 1967 l'étude de Roissy-Charles-de-Gaulle et reçoit le grand prix national d'architecture dix ans plus tard. Directeur de l'architecture et de l'ingénierie des Aéroports de Paris, choisi en 1984 par Spreckelsen dans une liste des grandes agences parisiennes présentée par la maîtrise d'ouvrage, il reste l'architecte de réalisation après la démission de l'architecte danois en mai 1986.

L'agence créée à la Défense par Paul Andreu comprend deux branches principales chargées respectivement des façades et des plans d'étages du bâtiment. A cette première structure s'ajoutent les services administratifs et la mission de coordination des études et du chantier, qui est finalement retirée à la maîtrise d'œuvre pour être rattachée à la maîtrise d'ouvrage début 1986. Le pilote[7] change donc de commanditaire pendant la durée du chantier, signe important de l'évolution du rôle des différents partenaires.

Pendant la phase de travaux, la maîtrise d'œuvre s'est recomposée par lots fonctionnels, le responsable de chaque lot étant chargé de contrôler son exécution.

Selon Paul Andreu, la mission de « maîtrise d'œuvre associée » est difficile à mener à bien. Pendant les quatre années passées à mettre au point les études et à suivre la réalisation, l'agence dirigée à la Défense par Jean-Marie Chevallier joue un rôle important dans la matérialisation du concept de départ. Elle se bat pour rendre le projet plus fonctionnel en dialoguant avec l'architecte lauréat et en assurant les rapports entre ce dernier, les différents bureaux d'études, Coyne Bellier, Serete et Trouvin, et les consultants.

Les bureaux d'études font partie de l'équipe de maîtrise d'œuvre. Ce sont des organismes, importants par leur taille, qui affectent au projet un certain nombre d'hommes afin de travailler

6. Publiés dans : *Tête-Défense, Concours International d'Architecture*, Electa-Moniteur, 1984.
7. Le pilote est chargé d'une mission dite « d'ordonnancement, pilotage, coordination » (OPC). Il fait les plannings, coordonne les entreprises, suit les travaux et contrôle leur avancement.

pass. Other drawings depict a cube with its centre hollowed out by a narrower window.

The final idea seems to group these three approaches in a single figure : an arch that is also a cube. While Spreckelsen worked on the shape of the building, Erik Reitzel pushed forward his analaysis of building solutions that might be used. The problem of the foundations was gotten over by slightly offsetting the structure 6°30/100 with regards to the axis, which enabled the building to straddle the network of underground express, railway and motor routes.

This pivoting recalled that of the Louvre whose axis of symmetry is also a few degrees askew of the axis passing under the Arc de triomphe. Regardless of its symbolic character, and striking as it may be to the imagination, we should bear in mind that technico-economical constraints are to a large extent responsible for this choice, which is in harmony moreover with the general aesthetics of the project.

The sketch presented for the contest caught the eye by its simplicity. A glance over the various projects submitted shows that the triumphal arch theme is present in the proposals of other competitors as well, notably those of the German, Wagner Winfrit, the Pole, Denko Stanislaw, and in those of a Japanese and an Italian contestant. The cube figure is also given an airing by Italian and French architects, and in the shortlisted project put forward by Jean-Paul Viguier and Jean-François Jodry[6].

Spreckelsen's scheme though is one of the only ones that envisaged in a simple manner the relationship between the building and the la Défense site by creating an open square linked by stairways to the slab. Even so, it remained very hazy as to the defining of accompanying volumes. The surface areas projected were inferior to the demands of the brief, and the spatial layout was given only a summary treatment. As for the façades, they were to be surfaced with a smooth coating that bore a pattern symbolising an electronics flea; the motif was to be taken up again during the studies before being finally abandoned later on.

According to the construction indications given, the building would entail settling four pre-stressed concrete frames in vertical planes.

"Membrane walls" set at 45° with regards the frames would serve as struts to the building and lie east-west.

On April 28, 1983, the jury submitted their two anonymous first prize selections and two other shortlisted projects to President Mitterrand. On May 25 – the day the official results were made public –, Spreckelsen was in the midst of a quiet stay in an isolated Jutland village with his wife. No one was able to get in touch with him. Subsequently, since he hadn't seen Erik Reitzel since the month of March, he decided to take the train to Paris in order to have time to talk to him about the cube. In Paris, the welcoming day for the winner got under way with a press conference organized by the EPAD and culminated in a party at the home of Serge Antoine, one of the jury members, during which a cube-shaped cake was served to the guests. A preliminary study was entrusted to the architect; as for the programmers, they kept on working steadily : the contracting authority took shape, the process got under way...

Paul Andreu, mandataire de la maîtrise d'œuvre.

•
Paul Andreu, the architect for the works' head man.

PAUL ANDREU
AND THE ARCHITECTURE AGENCY OF AÉOPORTS DE PARIS

The Aéroports de Paris architecture and engineering agency associated to the works employs three hundred people, one hundred of whom are architects. The sheer size of this structure should be taken into account in comparison with other French architecture agencies, that rarely group more than fifty people, and more often than not only ten or so.

In 1967, as engineer in chief of the Ponts et chaussées and architect, Paul Andreu directed study of the Roissy-Charles de Gaulle airport and was awarded the French Grand prix d'architecture ten years later. As director of architecture and engineering for Aéroports de Paris, he was chosen by Spreckelsen in 1984 from a list of agencies presented by the contracting authority, and he stayed on as architect for the works after the Danish architect's resignation in May 1986.

The agency set up at la Défense by Paul Andreu comprised two main branches, in charge respectively of the building's façades and floor plans. Added to this first structure were the administrative services and the coordination group for studies and the

5. Published in "Tête-Défense, Concours International d'Architecture", monographs, Electa-Moniteur, 1984.

A gauche : mise en place
des ferraillages avant coulage
du béton.
A droite : sur le chantier,
la communication, avec les
grutiers en particulier,
se fait par talkie-walkie.

•
*Left : a worker overseeing
the setting into place
of steelwork before pouring
of concrete.
Right : on the worksite
communication – in
particular with the crane
drivers – was carried out
by walkie-talkie.*

directement avec les architectes. Coyne Bellier, réputé pour la construction de grands ouvrages de génie civil comme les barrages, est chargé des études de structure, béton et métal. Serete suit les études sur l'innervation du bâtiment en courant fort et faible. Enfin, Trouvin met au point les systèmes de climatisation et d'alimentation en fluides.

LES ENTREPRISES

Une cinquantaine d'entreprises participent à la construction de l'Arche. Elles sont regroupées en un peu plus de soixante ensembles fonctionnels qui composent les onze unités d'œuvre du marché des travaux passé en « lots séparés » de manière décalée dans le temps, à partir de 1985 et jusqu'en 1988, ce qui implique en fait la signature de plusieurs marchés. Les unités d'œuvre sont les suivantes :
– les travaux préparatoires ;
– le gros œuvre ;
– les façades ;
– les revêtements extérieurs ;
– les ascenseurs et les structures extérieures ;
– les cloisons et les menuiseries ;
– l'équipement (plomberie, génie climatique) ;
– le transport mécanique ;
– l'électricité courant fort et courant faible ;
– les aménagements intérieurs ;
– les travaux divers dont les ouvrages métalliques (cratère, hall, façade du toit).

Chaque unité d'œuvre comprend plusieurs lots. Par exemple, l'unité d'œuvre « façade » réunit les façades d'aspect verrier et les façades minérales. Une même entreprise peut passer plusieurs marchés avec la SEM ; ainsi Bouygues est-il titulaire de cinq lots et contrôle-t-il deux unités, le gros œuvre et les façades. D'autre part, un ensemble fonctionnel peut être confié à un groupement d'entreprises. L'ensemble fonctionnel plomberie-sanitaire représente un marché passé avec sept entreprises différentes.

Ces groupements sont créés par le maître d'ouvrage au moment du dépouillement des réponses à l'appel d'offres. L'entreprise qui a la plus grosse part du marché est en général nommée mandataire solidaire, ce qui signifie qu'elle s'engage à prendre en charge les défaillances éventuelles d'un membre du groupement et qu'elle coordonne son activité.

Les entreprises qui ont répondu à l'appel d'offres sont des organisations à vocation nationale, classées pour la plupart dans les quinze à vingt premières de leur catégorie et qui emploient de cent à cinq cents personnes.

L'appel d'offres s'est fait en deux étapes pour chaque unité d'œuvre. Dans un premier temps, un appel de candidatures permet de faire une sélection, selon des critères comme le chiffre d'affaires et le classement OPQCB[8]. Ensuite, les entreprises présentent des offres au maître d'ouvrage.

En ce qui concerne la première sélection, le directeur des travaux de la SEM, Jean-Claude Barbat, considère qu'une entreprise doit avoir un chiffre d'affaires trois à quatre fois supérieur au montant pour lequel elle veut soumissionner. Le classement OPQCB est considéré, quant à lui, comme une référence par les investisseurs privés et les assureurs.

Les appels de candidature permettent de retenir un peu moins d'une douzaine d'entreprises pour les lots courants. Certaines unités fonctionnelles comme les ascenseurs ne mettent en concurrence que quatre ou cinq structures qualifiées pour les réaliser. Conformément à la réglementation, les appels de candidatures ont été publiés au niveau européen mais ils n'ont pas intéressé les entreprises étrangères, peut-être à cause du caractère dispersé des appels d'offres en temps et en valeur : le montant des lots varie de plus de 400 millions de F en 1985 pour le gros œuvre à un million de F pour des unités comme la sonorisation. La moyenne s'établit autour de 20 millions de F pour le second œuvre.

Le montant général des travaux atteint un milliard et demi de F lors de la passation des marchés. Cette enveloppe va évoluer pendant le chantier à la suite des changements de programme[11] qui donnent lieu à de nouvelles négociations. D'autre part, même si lors de l'analyse des offres la maîtrise d'ouvrage tente d'éliminer celles qui sont anormalement basses, des marchés sont passés sur des montants sous-évalués, certaines entreprises pensant pouvoir faire ensuite des réclamations pour les augmenter. Un contentieux important va se développer par la suite entre, d'un côté, des intervenants diversement armés pour ce faire et, de l'autre, la SEM qui tente de limiter les dépassements.

Des parts importantes des marchés sont sous-traitées par leurs titulaires. Cette sous-traitance

8. Organisme professionnel de qualification et de classification du bâtiment et des activités annexes : grille faite par

un organisme paritaire, qui classe les entreprises par type de marché et montant de travaux.

worksite, which was ultimately withdrawn from the architect-engineer for the works and attached to the contracting authority in early 1986. The pilot thus switched its commander in the midst of work – an important sign of the changing roles of the various partners[7].

During the work phase, the architect-engineer for the works recomposed into functional lots, the person in charge of each lot being responsible for its execution.

According to Paul Andreu, the role of "associate architect-engineer" was a difficult one to play. Throughout the four years spent perfecting studies and following up work, the agency at la Défense, directed by Jean-Marie Chevallier, was to be vital for the materialization of the initial concept. It fought to make the project more functional by installing dialogue with Spreckelsen and by smoothing over rapports between him and the various design offices, Coyne Bellier, Serete, Trouvin, as well as the consultants.

The design offices are part of the team of the architect-engineer for the works. They are sizeable bodies that detach for given projects a certain number of men and women in order to work directly with the architects. Coyne Bellier, reputed for their construction of big civil engineering works like dams, was in charge of structure, concrete and metal studies. Serete handled studies on the innervation of the building in high and low power current. Last but not least, Trouvin took care of the air conditioning systems and the flow of fluids.

THE FIRMS

Some fifty firms were to participate in the building of the Grand Arch. They were regrouped into a little more than sixty functional wholes composing the eleven works units of the works deal made in "separate lots" and spread out in time, from 1985 to 1988, which in fact implied that several work contracts were made and signed.

The works units were as follows :
– the preparatory works;
– the carcase;
– the façades;
– the external coatings;
– the lifts and external structures;

– the partitions and the woodwork :
– the fittings (plumbing, air-conditioning);
– the mechanical transport;
– the high and low power electrical current;
– the interior layout;
– the miscellaneous works including the metallic works (crater, hall, roof façade).

Each work unit comprised several lots. For example, the "façade" work unit grouped the glassy-looking façades and the mineral coated façades. A single firm could make several deals with the SEM; thus Bouygues held five lots and controlled two units : the carcase and the façades. On the other hand, a functional whole could be entrusted to a group of firms : the plumbing-sanitary functional whole for instance represented a deal made with seven different firms.

These groups were set up by the contracting authority when it sorted out the bids in answer to the call for tenders. In ordinary practice, the firm holding the largest part of the deal was to be appointed as joint mandatary, which meant that it bound itself to coordinate activity and take over from a member of the group in the event of a possible failing on the part of this latter.

The firms that responded to the invitation to tender were national-sized organizations most of which were in the first fifteen or twenty of their category and employed from one hundred to five hundred people.

The call for tenders was implemented in two phases for each works unit. In the first phase, a call for candidatures enabled a shortlist to be drawn up according to criteria of turnover and OPQCB classification[8]. Subsequent to this, shortlisted firms submitted their offers to the contracting authority.

With regards preliminary selection, the SEM's director of works Jean-Claude Barbat considered that a firm had to have a turnover three or four times that of the amount for which it was submitting a tender. As for the OPQCB classification, it was considered a reference by both private investors and insurance people.

The calls for candidature enabled the shortlisting of less than a dozen firms for the current lots. Certain functional units like the lifts saw only four or five qualified structures vying for the contract. In accordance with the

A gauche : une équipe comprend le chef d'équipe et cinq ou six ouvriers. Ici, sur le chantier de fondation. A droite : trois hommes des équipes de gros-œuvre déplacent un tuyau par lequel est amené le béton. Le marteau porté à la ceinture indique qu'il s'agit probablement d'un ouvrier boiseur-coffreur.

●
Left : a team working on the foundations. Teams were composed of a foreman and five or six labourers.
Right : three men from one of the teams working on the carcase setting into place a pipe for pumping concrete. The hammer worn on the belt most likely denotes a formworker.

[7]. The pilot is in charge of an assignment described as "ordering, piloting, coordination" : OPC. It carries out planning, coordinates between the firms, follows up works and checks on progress.

A gauche : une équipe sur
le chantier de fondation.
A droite : deux ouvriers
dans les sous-sols.
•
*Left : a team working
on the foundations.
Right : two workers in the
underground levels.*

augmente le nombre des entreprises présentes
sur le chantier et contribue aux difficultés de son
organisation, en particulier pour la mise en œuvre
des mesures destinées à assurer la sécurité des
ouvriers. En effet, les sous-traitants ne sont que
peu impliqués dans l'élaboration du plan de
sécurité qui doit être approuvé par les entreprises[9] ; ce n'est peut-être pas un hasard si l'un
des deux ouvriers morts accidentellement au
cours du chantier faisait partie du personnel
d'une entreprise sous-traitante.

Il n'est peut-être pas inutile de s'attarder ici
un moment sur les problèmes posés par le choix
d'un marché passé en « lots séparés » dans le cas
de l'Arche. Ce type de marché diffère en effet de
ceux passés en « entreprise générale » où le « gros
œuvre », le plus souvent, coordonne l'ensemble
des travaux.

Pour l'entreprise de gros-œuvre, la procédure
choisie pour l'Arche est inadaptée à la dimension
du problème. Si, au début des travaux, le montant global des offres est inférieur à celui d'un
marché en entreprise générale, c'est parce que,
selon elle, le prix de la coordination des entreprises n'est pas pris en compte. En revanche,
pendant le chantier, cette coordination doit être
faite ; or la maîtrise d'ouvrage, la maîtrise
d'œuvre et le pilote ne peuvent l'assurer du fait de
leur méconnaissance des questions de réalisation. Par conséquent, des problèmes surgissent
constamment dans la gestion des interfaces : où
s'arrêtent les compétences d'une entreprise, où
commencent celles d'une autre ?

Aux yeux de la maîtrise d'ouvrage et de certaines entreprises petites ou moyennes, le marché en lots séparés permet de jouir en revanche
d'une plus grande liberté et de prix plus bas. Le
maître d'ouvrage négocie au coup par coup avec
des entreprises qui ne pourraient pas assurer la
coordination générale et qui ne veulent pas voir
leur enveloppe de travaux amputée par l'entre-
prise-générale[10]. Cependant, ce type de procédure réclame davantage de travail de la part du
maître d'ouvrage, qui doit s'entourer de consultants et d'experts pour assurer sa tâche d'organisation.

Les maîtres d'œuvre, eux, sont plutôt favorables aux « lots séparés » mais ils considèrent
que ce type de marché nécessite un énorme travail de gestion de l'information entre les différents mandataires des lots, les bureaux
d'études, les consultants et la maîtrise d'ouvrage.
Selon eux, cette tâche serait sous-estimée et sous-
rémunérée. A la Défense, ce mécanisme de sous-
évaluation aurait été la cause d'erreurs du fait
de la taille du projet, qui a réclamé plus de
18 000 plans pour sa réalisation. Les entreprises
et les maîtres d'œuvre voient enfin d'un assez
mauvais œil l'accroissement du rôle du maître
d'ouvrage, qui intervient dans tous les domaines
y compris techniques. Et ce, même s'ils
reconnaissent que son action est essentielle pour
éviter les dérapages, financiers en particulier.

Pour en revenir aux entreprises présentes sur
le chantier, elles sont assez importantes : mis à
part Bouygues, il s'agit de grosses PME[11]. La
plupart sont des sociétés anonymes par actions.
Certaines sont des filiales de groupes plus importants sans que le client en soit toujours informé.
Quelques-unes sont des entreprises familiales.

Plus de la moitié des montants des marchés
sont sous-traités, parfois à des petites entreprises
artisanales. En peinture, les travaux sont souvent
assurés par des équipes d'ouvriers indépendants
qu'on appelle des « tâcherons ». D'autres lots sont
décomposés par leur titulaire en plusieurs marchés sous-traités : on peut ainsi distinguer la
fabrication de la pose pour les façades métalliques, par exemple.

Cette imbrication de structures complètement
différentes du point de vue de leur taille, leurs
moyens, leurs objectifs, apparaît comme une
caractéristique des grands chantiers. A l'Arche,
un ouvrier mal payé, mal équipé, employé par un
sous-traitant de maçonnerie, peut côtoyer journellement un ouvrier hautement qualifié chargé
de la mise au point des systèmes de climatisation.
Des graffiti sur des murs encore vierges de peinture témoignent des heurts et des conflits oppo-
sant ces hommes qui parfois n'ont en commun
que de travailler à la même œuvre.

LA PROGRAMMATION : CONTENANT ET CONTENU

L'histoire de la programmation est mouvemen-
tée à cause du changement de majorité gouver-
nementale en 1986, qui a entraîné la disparition
du Carrefour international de la Communication,
organisme prévu par le concours de 1982, et de

PROGRAMME PUBLIC OU BUREAUX PRIVES ?

9. PHS CT : Plan d'hygiène, sécurité et conditions de travail.
10. Une entreprise générale peut prendre jusqu'à 15 % sur
le montant du marché de ses sous-traitants.

11. Bouygues est n° 1 mondial du BTP. Voir p. 215 la liste des
différentes principales entreprises ayant participé au chantier
de la Grande Arche.

rules, the calls for candidatures were published Europe-wide, but they did not attract foreign firms, perhaps because of the nature of the tenders which were dispersed in time and varied in value. In effect, the amounts at stake for different lots ranged from more than 400 million FF in 1985 for the carcase to a million FF for certain units like sound-proofing. The average for the finishings was around 20 million FF.

The overall sum total for works stood at a billion and a half FF when the deals were made. This enveloppe was to evolve throughout work subsequent to changes in the programme which gave rise to new negotiations[8]. Elsewhere, even if the contracting authority had striven to eliminate abnormally low-cost submissions during the analysis phase, some under-evaluated deals were made with firms that most likely thought they would be able to demand more later on. Widespread disputes were to break out, with the firms diversely equipped to defend themselves on one side, and on the other the SEM that was trying to keep over-expenditure down.

Large parts of the deals were sub-contracted out by their holders. This sub-contracting increased the number of firms present on the worksite and contributed to the difficulties of its organization, in particular for the implementation of measures destined to ensure the security of workers. In effect, sub-contractors were only very partially involved in the elaboration of the security plan that was to be approved by the firms; it was perhaps not by mere chance then that one of the two workers accidentally killed during the works was on the staff of a sub-contracting firm[9].

It might serve some purpose if we were to say a few words here about the problems raised by the choice of a system of "separate lots" in works deals made for the Grand Arch. This type of deal differs in effect from those made with "general contracting firms", in which the "carcase" or prime contractor more often than not coordinates the whole works.

For big firms specialising in carcase construction, the procedure chosen for the Grand Arch was little suited to the dimensions of the problem. According to the big firms, if at the beginning of works the overall amount quoted in offers was lower than that of a general contracting deal, it was because no provision had been made for the cost of coordination between the various firms doing work. On the other hand, during the works, this coordination was absolutely necessary; but neither the contracting authority, the architect-engineer, nor the pilot could take care of it because of their lack of specialist knowledge in the various fields. Consequently, problems were to arise constantly in the management of interfaces: where did the competence of a firm end, where did it begin for another?

From another viewpoint though – that of the contracting authority and of certain small and medium-sized firms – the separate lots deal ensured greater freedom and better prices. The contracting authority negotiated on a one-shot basis with firms that could not take care of general coordination and that did not want to see their overall profit margin amputated by a general contractor[10]. However, this type of procedure meant more work for the contracting authority, that had to ensure itself of the technical assistance of consultants and experts to carry out its task of organization.

As for the architect-engineers, though quite favourable to the "separate lots" deal they considered that this type of procedure created an enormous amount of work consisting of managing information between the various representatives of the lots, the design offices, the consultants and the contracting authority. According to them, this work was both under-estimated and under-paid. At la Défense, this under-evaluation was supposedly at the origin of mistakes incumbent on the size of the project – one that demanded some 18 000 plans in order to be built. The firms and the architect-engineer for the works took a dim view of the in-creased role of the contracting authority, which stuck a finger into every pie, including the technical domains, even while they admitted that the role of the client was essential to avoid skid-outs, in particular the financial kind.

To get back to the firms present on the worksite, they were mostly quite big; apart

A gauche : le ferraillage cylindrique des piles de fondation. Les fers à béton sont cintrés et mis en place sur le site même.
A droite : mise en place des ferraillages des fondations. L'homme donne l'échelle de ce chantier un peu inhumain par ses dimensions.
●
Left : the cylindrical steelwork of the foundation piles. The steelwork was tied and settled on the site itself.
Right : setting into place of steelwork for the foundations. The size of the man gives the scale of the site, a little de-humanizing by its dimensions.

8. OPQCB : Organisme professionnel de qualification et de classification du bâtiment (and related activities). This grid has been made up by an equal representation body this classifies firms by the type of transactions made and the sums received for works.
9. PHS-CT : Hygiene, security and work conditions plan.
10. A general contracting firm can take up to 15 % of the sub– contracted work deal.

Le sigle du Carrefour de la communication en place sur le site. L'abandon du programme a nécessité la création d'un nouveau logo. La construction de l'Arche a fait l'objet d'un grand effort de communication envers le public avec la construction sur le site d'un espace provisoire où furent exposés, pendant la durée des travaux, les maquettes et les dessins du bâtiment.

●
The logo of the communications centre set up on the worksite. The abandoning of the programme led to the creation of a new logo. The construction of the Arch called for a considerable effort of communication towards the public, including the in-site installation for the duration of the works of a temporary exhibition space for models and drawings of the building.

la lenteur de la décision de transfert du ministère de l'Equipement avec les retards et les modifications qui en résultent.

Le concours portait sur un programme complexe composé d'équipements publics et de locaux privés, comprenant le Centre international de la Communication, le ministère de l'Equipement et du Logement[12] et des bureaux.

Au cours de l'année 1986, le rapport entre les parties publiques et privées s'inverse ; l'Etat met fin à sa participation à la construction de l'Arche. L'installation du ministère de l'Equipement à la Défense, qui est une donnée du programme du concours, est suspendue. Le gouvernement et son ministre du Budget, Alain Juppé, demandent alors à la SEM de vendre les surfaces que l'Etat possède dans l'Arche. Cette décision va être suivie d'une période d'incertitude concernant la location des bureaux destinés au ministère. Finalement ce dernier décide de racheter les locaux pour s'y installer.

Pour la SEM, le bilan de l'été 1986 est plutôt sombre. Les délais de construction s'allongent, les ressources publiques attendues pour la construction sont supprimées et Spreckelsen démissionne. Les espaces du socle, du toit, des « collines », n'ont plus de programme. Un nouveau concours pour les « collines » est lancé, destiné à redensifier l'opération ; il est gagné par Jean-Pierre Buffi qui propose un parti en lames perpendiculaires à l'Arche. Les « collines » ne sont plus reliées à la Grande Arche sur un plan formel, sauf par des réseaux de circulation piétons en sous-sol.

Des impératifs fonctionnels vont néanmoins rapprocher les deux bâtiments, car le ministère de l'Equipement et du Logement rachètera finalement la partie nord de l'Arche et louera au moins un des bâtiments des « collines » adjacentes pour y installer différents services qui ne trouvent pas leur place dans l'Arche.

En ce qui concerne le socle, Robert Maxwell et la Caisse des dépôts et consignations en deviennent propriétaires, bien que Christian Pellerin se soit déclaré un moment intéressé. Quant au toit, de nombreuses solutions sont envisagées lorsque Edgar Faure propose d'en faire la pierre de touche des manifestations du bicentenaire de la Révolution française. Au cours de l'automne 1986, l'idée d'une fondation des Droits de l'homme et des sciences de l'humain prend forme, et Alain Juppé accepte de céder le toit pour un

loyer symbolique de 100 francs par an. Cette fondation a pour objet l'organisation de manifestations et de colloques internationaux.

Dans un premier temps, nous allons évoquer le programme du Carrefour international de la Communication avant d'aborder celui des immeubles de bureaux, en particulier ceux destinés au ministère de l'Equipement. Au sujet du Carrefour, il nous semble important d'esquisser son histoire dans la mesure où celle-ci permet de poser la question du rapport entre la forme d'un bâtiment et son contenu.

LE CARREFOUR INTERNATIONAL DE LA COMMUNICATION

En décembre 1981 François Lombard et Pierre Tailhardt rédigent un pré-programme de centre international de la communication. Le concept est développé par la mission dirigée par Serge Antoine durant l'année 1982 et donne lieu à la rédaction du programme du concours.

Les études de programmation durent ensuite huit mois, de juin 1983 à janvier 1984, pour aboutir à la réalisation du programme contractuel du Carrefour international de la Communication. Puis elles sont poursuivies jusqu'en 1986 en collaboration avec la maîtrise d'œuvre.

Symbole de la « société de communication », le Carrefour se veut un lieu à vocation pédagogique qui entend « préparer la société à un changement technologique profond et sans cesse accéléré ». Il a des ambitions économiques puisqu'il s'agit aussi d'améliorer la participation du pays aux marchés liés à la communication et à la transformation d'activités de productions traditionnelles par les nouvelles technologies. La vocation du Carrefour est, selon les termes du programme, « de contribuer à la préservation des identités culturelles et au rééquilibrage des flux d'information aujourd'hui dominés par le modèle des mass-médias des pays les plus favorisés ».

Certains objectifs peuvent apparaître contradictoires : il s'agit de préserver les savoirs et les identités des pays en développement, tout en favorisant les technologies de communication les plus avancées auxquelles ces pays n'ont pas accès. Pour tenir ce pari, les rédacteurs négligent un peu la question des moyens nécessaires à ces transferts de technologies.

Les idées principales qui animent les auteurs du programme sont de faciliter la rencontre des

---

12. Sur l'intitulé exact de ce ministère, voir la note p. 36.

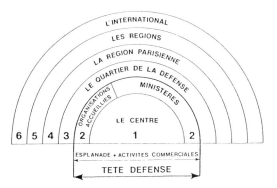

from Bouygues, they were largish medium-sized firms – limited companies with share-held capital[11]. Some of them were in fact subsidiaries of larger groups, though they didn't always inform the client of this. And some of them were family businesses.

More than half the sum total of the deals was to be sub-contracted out, sometimes to small artisan-type firms. For the painting, the work was often done by teams of independent workers, known in French building jargon as "tâcherons". Other lots were broken down by their holders into several sub-contracted deals : thus distinction can be made between the manufacturing and the fitting of the metallic façades for example.

This intertwining of structures completely different with regards size, means and objectives is a characteristic of big worksites. At the Grand Arch, the underpaid, poorly-equipped labourer employed by a stoneworking contractor often worked side by side daily with a highly skilled tradesman in charge of setting up the air-conditioning systems. Graffiti on the as yet unpainted walls testified to friction and conflicts that set at odds men who often had nothing in common other than the fact that they were working on the same project.

THE PROGRAMMING : CONTAINER AND CONTENT

The story of the programming is indeed jumbled since the changes in the government majority in 1986 were to lead to the scrapping of the CICOM communications centre, which the contest had anticipated in 1982, and to an unwillingness to take a decision on the transferring of the Ministry of Housing, with all the delays and changes that resulted from this.

The contest's brief was complex, composed of public facilities and private premises, including those of the international communications centre, the Ministry of Equipment and Housing, and offices.

In the course of 1986, the balance of power between the public and private sectors shifted, and the State terminated its participation in the building of the Grand Arch. The setting up at la Défense of the Ministry for Equipment and Housing – a prerequisite of the contest's

programme – was subsequently suspended. The new government at the time, thru its budget minister Alain Juppé, requested the SEM to sell off the State-owned space at la Défense. This decision was to be followed by a period of uncertainty concerning the rental of offices destined to the ministry. Finally, the ministry decided to buy back the office space in the Arch to settle their services there.

Things looked rather grim for the SEM during the summer of 1986. Construction delays dragged on, public resources expected for the building were suppressed, and Spreckelsen resigned. The spaces round the base, the roof and the "hills" were left without a programme.

A new contest for the "hills" was held in view of redensifying the operation ; it was won by Jean-Pierre Buffi who submitted a project for buildings slanting perpendicular to the Arch.

The "hills" were no longer joined to the Grand Arch on a formal plane, except by underground pedestrian circulation networks.

Functional imperatives were nonetheless to bring the two buildings closer together since the ministry of Equipment and Housing was to buy back the northern part of the Grand Arch after all, and lacking space, was to rent at least one of the adjacent "hills" buildings to install various services there.

As for the base, Robert Maxwell and the Caisse des dépôts et consignations became the owners despite the interest Christian Pellerin showed at one stage. And as for the roof, several solutions were under consideration when Edgar Faure suggested it should be used as a focal point for the French Revolution bicentenary celebrations. In autumn 1986, the idea of a foundation for human rights and sciences took shape, and Alain Juppé accepted to cede the roof for a symbolic rent of 100 FF per annum. The foundation's activity was to organize events and international talks.

In what follows we shall begin by saying something about the programme for the CICOM communications centre before going on to discuss that of the office blocks, in particular those destined to the ministry of Equipment and Housing. On the subject of the communications centre, sketching in some background seems important insofar as it will enable us to better formulate the rapport between the shape of the building and its content.

A gauche : les différents niveaux d'influences prévus pour le CICOM ; la volonté du centre était de s'appuyer sur les réseaux existants en vue de créer des relations nouvelles.
A droite : schéma fonctionnel.
1. présentation de l'événement.
2. présentation des moyens techniques.
3. création production.
4. mémoire de l'information.
5. recherche formation, prospective.
●
Left : diagram showing the different levels of influences anticipated for the communication centre. What was at stake was to indicate the centre's will to grow up from existing networks in view of creating new relationships.
Right : functional diagram.
1. Presentation of the event.
2. Presentation of the technical means.
3. Creation production.
4. Information memory.
5. Research training, prospective activities.

PUBLIC FACILITIES OR PRIVATE OFFICES ?

11. Bouygues is world leader in public building works. See p. 5 for the list of firms having worked on the Arch.

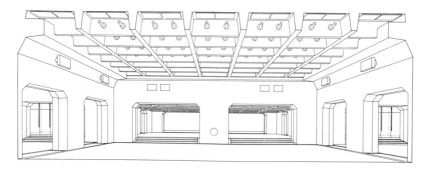

Coupe perspective sur les espaces intérieurs du toit.

●

Perspective cross section of the roof's interior spaces.

différents partenaires et de décloisonner des secteurs d'intervention. En effet, il ne s'agit pas de créer un lieu supplémentaire selon François Lombard, coordonnateur du programme, mais de mettre en relation les différentes structures existantes en créant un lieu pour ce faire. Cette ambition ne se limite pas au contexte national, bien au contraire : « Elle conduit à envisager des collaborations à l'échelle internationale avec d'autres lieux aux objectifs similaires et qui existent déjà ou se créent en France et dans le monde. »

A partir de la définition de chaque activité sont précisées les interrelations à mettre en place et qui fondent l'identité du Carrefour. Le programme général rassemble ces diverses études.

Le programme s'articule autour de quatre secteurs. Le premier envisage d'offrir un lieu pour la diffusion des nouvelles technologies vers le public, appelé le « jardin d'acclimatation ». Il entend également faire connaître les cultures du monde. Le deuxième doit accueillir des professionnels désireux de s'associer à des projets de recherche dans le domaine de la communication ; c'est la « cité des affaires », ouverte sur le marché des produits de communication. Puis, le « centre de ressources » rassemble les archives nécessaires au fonctionnement de l'organisme. Il est accompagné enfin d'un « musée des langues », sorte de conservatoire des différentes langues parlées sur la planète. A côté de ces quatre secteurs principaux, les programmateurs prévoient un centre d'accueil convivial dont la responsabilité va bien au-delà des « simples fonctions utilitaires classiques ». Un centre administratif est chargé de gérer l'équipement. Sur le site, des activités marchandes sont également prévues.

L'activité du Carrefour devait être complexe. François Lombard se souvient à ce propos de ses difficultés à... communiquer avec la presse. Il n'est pas facile de défendre un projet polymorphe et il se rappelle avoir éprouvé la même difficulté à expliquer le programme du Centre Pompidou dont il avait assuré l'étude. Pour ses interlocuteurs, le Centre Pompidou se réduisait souvent à deux de ses dimensions : une bibliothèque et un musée. Pour le Carrefour, cette simplification était difficile à opérer : il ne devait ressembler à rien d'existant et c'est là peut-être une des raisons de son abandon. Par comparaison, les autres projets du président se présentaient comme des entités claires et facilement reconnaissables : un opéra, un ministère, un musée. Du fait de son programme, le Carrefour se situait quelque part entre un Sicob permanent

et un centre de recherche international : c'était un organisme pluridisciplinaire, symbole des aspirations de la nouvelle classe politique au pouvoir éprise de modernité, dont la communication est sans doute un des thèmes majeurs.

Pour ses inventeurs, le Carrefour était basé sur un partenariat très varié regroupant les associations, les entreprises et les institutions, le financement pouvant être assuré par plusieurs moyens, allant du co-investissement à la location d'espace. Les partenaires étaient susceptibles d'apporter des financements, des services, ou encore des fonds de documentation. Se nourrissant de ces apports, le centre aurait fait figure d'un regroupement d'entités autonomes à l'image d'une société holding à filiales multiples, ou encore d'une fédération d'associations. Cette organisation à dimension variable n'a pas convaincu le nouveau gouvernement de 1986. Le Conseil des ministres du 6 avril 1986 décida sa suppression. Pourtant, le succès de la compétition internationale est sans doute lié au caractère innovateur et généreux du concept.

Parmi les espaces prévus pour le Carrefour, le toit a néanmoins conservé une vocation publique : il doit accueillir la Fondation des Droits de l'Homme et des sciences de l'humain. L'affectation du socle et des espaces souterrains n'est pas encore définitive.

Un programme d'aménagement intérieur du toit a été lancé, sous la direction de Paul Andreu, avec la collaboration d'Andrée Putman. Celle-ci est responsable des trente-quatrième et trente-cinquième étages. Paul Andreu et Jean-Michel Wilmotte sont chargés de la décoration du foyer (ainsi que du socle et du sous-socle).

Le parti défini pour la décoration consiste à garder une cohérence d'ensemble, et à utiliser par conséquent des matériaux assez sobres, des formes géométriques et pures. Cependant, pour redonner une échelle humaine, les éléments surajoutés, les luminaires par exemple, doivent être comme des « résilles, des choses fines à la fois complexes et simples, comme une feuille d'arbre » d'après Paul Andreu. En ce qui concerne les espaces exceptionnels comme le toit et le foyer, il s'agit là de mettre en valeur l'ouvrage de béton si bien caché par ailleurs, et de montrer la formidable complexité de la structure.

Le toit est aménagé pour accueillir des conférences et des expositions. Il comporte en fait quatre types d'espaces différents : le belvédère, ouvert au public et auquel on accède par les ascenseurs panoramiques ; les salles de confé-

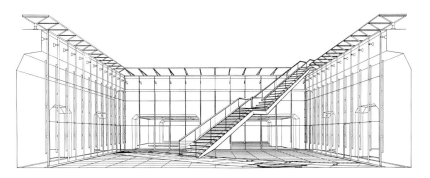

THE CICOM INTERNATIONAL COMMUNICATION CENTRE

In December 1981, François Lombard and Pierre Tailhardt drew up a preliminary brief for the international communications centre. Following this programming studies lasted eight months from June 1983 to January 1984, and led to the making of a contractual programme for the CICOM. Subsequently, studies went on until 1986 in collaboration with the architect-engineer for the works. The concept was also developed by the work group headed by Serge Antoine in 1982, which gave rise to the drawing up of the contest's brief.

As a "communication society" symbol, the CICOM was to be a place with a vocation for teaching, intent on "preparing society for widespread and rapidly-moving technological changes". It also had economic ambitions since what was supposedly at stake was improving the country's position on markets linked to communications, and transforming traditional activities of production by new technologies. According to the terms of the brief, the CICOM's vocation was "to contribute to the conserving of cultural identities and the rebalancing of the flow of information, both of which are dominated today by the mass-media models of the most privileged countries".

Certain objectives seemed contradictory. In effect, how could the centre conserve the specific know-how and identity of developing countries while favourising the growth of state-of-the-art communication technologies, that poorer countries are deprived of? Working around this moot point, the writers of the brief were somewhat unmindful of questions relating to the means necessary to such transfers of technology.

The main aims that inspired the writers of the brief were to facilitate meetings between various partners and to de-partition intervention sectors.

For François Lombard, the question in hand was not the creating of a supplementary place but the setting into relation of the different existing structures in a specially adapted place. Nor was this ambition to be limited to the national scale : "It leads to anticipating collaboration on the international level with other places that have similar objectives, and that exist already or which are being set up, in France and throughout the world".

Going on the definition of each activity, inter-relations were to be set in place, the which were to found the CICOM's identity. The general programme grouped these various studies.

The programme was articulated around four sectors. The first aimed at providing a place for displaying new technologies to the public, which was to be called the "zoo"; as well, it was supposed to make visitors familiar with the cultures of the world.

The second sector was destined to attract professionals desirous of associating themselves to research programmes in the field of communications, and was referred to as the "business city", opening as it was to do on the communications products market.

Next sector came the "resources centre" which grouped the archives necessary to the functioning of the body. This was to be accompanied by the fourth and last sector : a "museum of languages", a sort of conservatory for the different languages spoken all over the world. Alongside these four main sectors, the programmers envisaged a convivial welcoming centre whose responsibilities were to go far beyond the "simple, classic utilitarian functions". An administrative centre was to be be in charge of facilities management, and lastly, commercial activities were also to find footing on the site.

The CICOM's activity was thus to be complex. On this point François Lombard recalls his difficulties in... communicating with the press. It isn't easy to defend a polymorphous project, and he remembers having the same trouble explaining the programme for the Pompidou Centre, whose study phase he had been in charge of as well. For the people talking to him, the Pompidou Centre was often nothing more than two of its dimensions : a library and a museum. This simplification was a more difficult affair for the CICOM : it was to resemble nothing else on earth, and therein lies the most likely reason for its having been scrapped. In comparison, the rest of the President's projects presented themselves as clear and easily recognizable entities : an opera house, a ministry, a museum. But because of its programme, the CICOM communications centre was somewhere between the Sicob trade fair and a permanent international research centre; it was a multiple organism, a symbol of the aspirations of the new political class in power, who were so hooked on modernity and

Coupe perspective sur un patio du toit. Les « jardins cosmiques » selon une expression de Spreckelsen, ont été un moment prévus plantés avant de recevoir un traitement purement minéral conçu par un artiste : Jean-Pierre Reynaud.

●

Perspective cross section of one of the roof's patios. The « cosmic gardens », as J.-O. von Spreckelsen termed them, were at one stage to use real plants, before receiving a purely mineral treatment by the artist Jean-Pierre Reynaud.

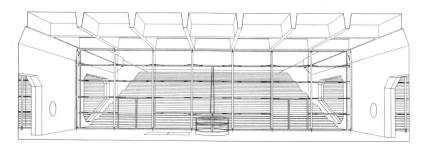

Vue sur les escaliers
du belvédère.
●
View of the belvedere stairs.

rence en forme d'amphithéâtres à gradins qui s'appuient sur le tympan ouest du cube ; les cinq salles d'exposition de 400 m² chacune éclairées par quatre patios de même dimension décorés par Jean-Pierre Reynaud. Ces patios, des « jardins cosmiques » selon l'expression de Spreckelsen, forment avec les toits-terrasses recouverts d'une fine résille métallique, la cinquième façade du cube visible seulement du ciel.

LE MINISTERE DE L'EQUIPEMENT ET DU LOGEMENT

En 1982, le ministère de l'Equipement et du Logement est installé boulevard Saint-Germain et avenue du Parc-de-Passy, dans le seizième arrondissement, entre autres adresses. Afin de regrouper les services dispersés et de moderniser son installation, il a décidé de rassembler une grande partie de son personnel dans un même lieu à la Défense. La programmation du ministère est confiée au bureau d'études OTH (Omnium Technique Holding) à la suite d'un concours lancé au printemps 1982. Elle donne lieu à plusieurs études. La première envisage les phases de déménagement des différentes composantes du ministère, d'autres concernent l'affectation des surfaces à partir de l'organisation actuelle et future des services.

UN IMMEUBLE DE BUREAUX COMME UN AUTRE ?

Le programme général est remis en octobre 1982. Pour l'établir, des entretiens sont menés avec les principaux responsables, le directeur des affaires générales et les représentants du personnel. Ces documents joints à celui du Carrefour international de la Communication servent de base à l'établissement du programme du concours international pour la Tête-Défense.

Le programme du concours propose pour les futurs locaux du ministère une évaluation des surfaces par aménagements types, fruit d'une difficile négociation avec les représentants du ministère des Finances, qui programment au même moment leur propre ministère sur des ratios plus généreux que ceux accordés à l'Equipement, d'après certains intervenants.

Les principes mis en œuvre pour la programmation sont issus des analyses du ministère et du bureau d'étude consulté au sujet des besoins du personnel en bureaux individuels, salles de réunions, salles de travail communes. Ce travail a permis de décomposer le ministère en zones fonctionnelles et de mettre à jour les besoins en sur-

faces communes à plusieurs services à des fins d'optimisation.

Des difficultés apparaissent alors pour gérer la mobilité d'un certain nombre de personnes employées de manière ponctuelle pour des périodes de durée variable. L'accroissement provisoire de la taille d'un service réclame une certaine flexibilité des locaux. Parallèlement se mettent en place, de manière plus ou moins raisonnée, les nouveaux critères d'attribution des espaces et du mobilier en fonction de la hiérarchie. Une sélection des différents types de mobilier est également faite et chaque direction est invitée à exprimer ses désirs en matière d'organisation dans les surfaces préalablement négociées.

L'étude faite en 1982 par OTH révèle aussi les réticences du personnel vis-à-vis du déménagement. Installé dans des locaux « provisoires » construits en 1945, le ministère de l'Equipement et du Logement a su y trouver des modes d'occupation de l'espace adaptés à son fonctionnement. Confronté à une nouvelle organisation spatiale, il craint d'en souffrir, ce qui n'est peut-être pas sans fondement.

Pour cerner l'inquiétude qui se cristallise autour de l'allongement présumé du temps de transport, une grande enquête est lancée auprès du personnel en mars 1983. Mille trois cents personnes sont interrogées sur leur temps de déplacement actuel, sur leurs besoins, et sur la nécessité d'implanter de nouveaux équipements comme une crèche ou une maternelle près du ministère. En soixante questions, on tente de cerner de manière plus fine les attentes et les peurs vis-à-vis du projet de déménagement.

Cette enquête met en évidence certaines demandes comme la possibilité de pouvoir manger le soir à la cantine. Elle permet d'établir des cartes de déplacements du personnel dont la durée du trajet se situe dans une fourchette allant d'une demi-heure à une heure et demie de transport. L'ensemble de ces travaux concourt à l'établissement du document de programmation détaillée. En 1988, le bureau d'études Dourdin est chargé de l'actualisation de la programmation faite par OTH.

La nouvelle implantation du ministère oblige à une répartition des services sur différents étages. Les directions qui le composent sont partagées entre les locaux du boulevard Saint-Germain et l'Arche. Ainsi, la direction du personnel, une partie du conseil général des Ponts et chaussées, l'administration générale, considérés comme des

for whom communication was no doubt one of the major themes.

The centre's inventors had in mind extremely varied partnerships binding associations, firms and institutions; financing would adopt several different modes ranging from co-investment to rental of space. Partners were supposed to be able to contribute finance, services or documentary stores. Drawing sustenance from these contributions, the centre would appear as a sort of group of autonomous entities not unlike a holding company with multiple subsidiaries, or a federation of associations. But this organization with its variable dimensions did not seem credible to the new right wing government of 1986. On April 6, 1986, the board of ministers voted its suppression. In spite of this, the success of the international contest was no doubt linked to the innovatory and generous character of the original concept.

Among the various spaces slated for the CICOM in the Grand Arch, the roof has preserved a public character in spite of changes : it will house the Human Rights and Sciences Foundation. As for base and basement, their use was not yet settled at the time of writing.

In view of this attribution, a programme for interior decorating for the roof was set up under the direction of Paul Andreu, with the collaboration of Andrée Putman. This latter-named person was in charge of the thirty-fourth and thirty-fifth floors. Paul Andreu and Jean-Michel Wilmotte were given the responsibility of decorating the lobby (as well as the base and sub-base).

The approach defined for decoration consisted in respecting the coherence of the whole, and, consequently, in using quite sober materials and pure, geometric shapes. However, in order to confer a human scale, elements like light fittings were, in the words of Paul Andreu, to be "meshes, delicate things at once complex and simple, like a leaf from a tree". As for the unusual spaces like the roof or the lobby, the aim was to beautify the concrete work, which had been so well hidden elsewhere, and to stagelight the structure's formidable complexity.

The roof was laid out in conference and exhibition spaces. There are four different types of space there : the belvedere, open to the public and serviced by scenic lifts; the amphitheatre-shaped conference rooms with their tiers leaning up against the cube's west-

ern spandrel; the five 400 m² exhibition areas each of which is lit by the fourth spatial type : the four patios of the same dimensions, decorated by Jean-Pierre Reynaud. These patios, "cosmic gardens" as Spreckelsen called them, form with the roof-terraces covered by a fine metallic mesh the fifth façade of the cube, visible from the sky alone.

THE MINISTRY OF EQUIPMENT AND HOUSING

In 1982, the ministry of Equipment and Housing was spread out between the boulevard Saint-Germain in the sixth arrondissement and avenue du Parc de Passy in the sixteenth, including quite a few other addresses. In order to regroup these dispersed services and modernize installation, it decided to group the major part of personnel in one place : at la Défense. Subsequent to a contest launched in spring 1982, the programming for the ministry was entrusted to the OTH design office (Omnium Technique de l'Habitat). It was to give rise to various studies. The first of them anticipated the moving-house phases of the ministry's various components, while others dealt with the allotting of space going on organization as it was then, and as it was to be in the future.

AN OFFICE BUILDING LIKE ANY OTHER ?

The general programme was submitted in October 1982. To put it together, discussions had been held with the main people in charge, the director of general affairs and representatives from the personnel. This document, with that for the CICOM, served as a basis for drawing up the brief of the international contest for the Tête-Défense.

For the future premises of the ministry, the contest's brief proposed an evaluation of surfaces by layout types, this being the fruit of difficult negotiations with the representatives of the ministry of Finances who, at the time, were programming their own ministry (on ratios that according to certain observers were more generous than those made over to the Equipment and Housing people).

The principles set into operation for the programming were the outcome of analyses carried out by the ministry and by the design offices consulted elsewhere, and which centred on the needs of personnel in terms of individual

Les cellules standards sont éclairées par une grande fenêtre. Dans l'allège, derrière une plaque d'inox qui recouvre la façade intérieure, sont placés les ventilo-convecteurs, les câbles téléphoniques et informatiques.
•
The standard cells are lit by a large window. The ventilator-convectors, telephone and computer wiring are set in the spandrel behind a stainless steel plaque.

organisations à caractère horizontal, restent à Paris, alors que les directions des transports, des affaires économiques et internationales, des routes, de la construction, de l'architecture et de l'urbanisme, s'installent dans l'Arche.

L'organisation de chaque étage est conçue comme celle d'un immeuble de bureaux, du cinquième au trente-troisième étages. Chaque plateau accueille des locaux en façade et des ascenseurs, monte-charges, sanitaires et réserves au centre. Aux extrémités, les espaces triangulaires peuvent être utilisés comme salles de réunion, grands bureaux, ou consacrés à l'informatique. A chaque étage courant un espace ouvert permet des vues sur l'extérieur depuis le couloir. Cet endroit est équipé d'un écran vidéo pour diffuser de l'information et d'un distributeur automatique de boissons. Aux étages de direction, un espace plus large est prévu pour l'installation d'une salle d'attente et d'un huissier. Le deuxième étage accueille la bibliothèque. Le troisième étage, qui correspond au niveau du hall d'entrée, ainsi que le trente-quatrième et le trente-cinquième, sont aménagés pour des conférences, des réceptions, et d'une manière générale pour les manifestations réclamant de vastes espaces. La décoration des locaux est confiée à la décoratrice Isabelle Hebey, choisie par un jury organisé par le ministère, dont Paul Andreu et Jean-Louis Subileau faisaient partie, jury présidé par Louis Moissonnier.

UN BUREAU DANS L'ARCHE

Les bureaux dans l'Arche peuvent être d'une dimension variable dans la mesure où les cloisons intérieures sont montées à la demande des usagers. La difficulté consiste à donner aux futurs occupants la possibilité de modifier la répartition des espaces tout en assurant à chacun lumière, climatisation, téléphone et réception des données informatiques.

A cause de son étroitesse, l'Arche de la Défense ne propose que des bureaux en premier jour, c'est-à-dire éclairés directement par une fenêtre. Ces dernières années ont vu l'abandon de l'immeuble de type massif comme la tour Fiat qui mesure 45×45 m, critiquée parce qu'elle ne permet qu'à un nombre limité de personnes de travailler en lumière naturelle. On estime pour cette raison qu'un tiers de la surface est pratiquement inutilisable.

Cependant, la forme de l'Arche impose pratiquement un seul type d'occupation des lieux. Le bâtiment comporte $80\,000$ m² de surface de bureaux. Le bureau standard fait environ 12 m² de surface, soit 2,70 m de large sur 4,40 m. La climatisation est assurée par des ventilo-convecteurs. Un faux plafond extrêmement mince permet d'alimenter des luminaires. Dans les couloirs, un faux plafond plus épais accueille un certain nombre d'appareils : des extracteurs d'air et des réseaux d'alimentation en eau et en électricité.

Les cellules standard sont éclairées chacune par une grande fenêtre ; dans son allège, derrière une plaque d'inox qui recouvre la façade intérieure, sont placés les ventilo-convecteurs, les câbles du téléphone et informatiques circulant le long de la façade. L'ensemble des panneaux inox est calepiné de façon que l'axe du faux plafond se retourne sur la façade, donnant l'impression d'être dans une sorte de vaisseau spatial dont toutes les pièces s'assemblent parfaitement.

Une maquette en vraie grandeur, exécutée sur le site pendant le chantier, a servi à tester un certain nombre d'hypothèses techniques pour la mise en œuvre des façades intérieures et extérieures. Elle a notamment permis de prévoir le reflet, présenté à l'intérieur par les fenêtres, des façades extérieures.

En ce qui concerne la climatisation, les étages sont programmés comme des entités autonomes. L'individualisation par étage devrait pouvoir permettre de ne pas chauffer un étage si ses occupants sont absents sans que cela ait des répercussions sur le confort climatique des autres étages. Quant aux ascenseurs intérieurs, ils sont étudiés de manière à permettre la jonction avec le rez-de-chaussée en un laps de temps à peu près identique quel que soit l'étage.

Pour économiser sur le coût de l'énergie, l'alimentation en électricité fait l'objet d'un contrat spécial avec EDF qui implique la réalisation d'une source d'énergie autonome utilisable en période de forte demande et permet de bénéficier de rabais importants sur la fourniture d'électricité en temps normal. Le centre de gestion de l'immeuble est averti suffisamment tôt par EDF pour prévoir le relais au moment nécessaire.

EN QUOI L'IMMEUBLE NORD DIFFERE DE L'IMMEUBLE SUD

Les deux pattes de l'immeuble diffèrent sur plusieurs points. Le premier consiste en la conception par le peintre Jean Dewasne d'une grande fresque réalisée, niveau par niveau, dans l'immeuble réservé au ministère. Cette idée d'une fresque visible seulement étage par étage dont la totalité ne serait saisissable qu'en maquette ou en dessin se matérialise en un étonnant processus

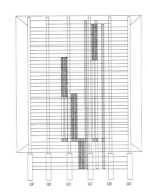

QF   QE   QD   QC   QB   QA

La desserte par ascenseur;
tous les niveaux ne sont pas
desservis par chaque batterie
d'ascenseurs.
•
*Diagram showing the
accessing of the lifts; all
levels are not served
by each lift well.*

offices, conference rooms and common work areas. This work enabled the ministry to be broken down into functional zones, and in view of optimization, to update needs in work areas common to several services.

Difficulties came to light in the management of the mobility of a certain number of people employed on a temporary basis for varying periods. Temporary growth in the size of a service demanded a certain flexibility in the premises. In parallel to this, new criteria for allotment of space and furniture according to hierarchy were being set up in a more or less reasonable manner. A selection of different types of furniture was also made, and each management was asked to express its wishes in questions of layout for the previously negotiated spaces.

The study carried out in 1982 by the OTH also revealed the personnel's misgivings with regards the house-moving operation. Set up in "temporary" premises built in 1945, the ministry of Equipment and Housing had come to develop modes of spatial occupation adapted to its functioning. Faced with the prospect of a new spatial layout, it was afraid of losing out all round, a fear which no doubt had some substance.

To come to grips with the general concern, which centred mainly on the presumption that travelling time would be lengthened, a big survey was launched amongst personnel in March 1983. One thousand three hundred people answered questions ranging from their present day transport time to the need of setting up new facilities such as a childminding centre near the ministry. Sixty of the questions tried to pin down expectations and fears with regards the moving-house project itself.

The survey brought to light certain demands such as the possibility of being able to eat at the cafeteria in the evening. It enabled the drawing up of travelling maps for the staff that showed transport time ranged on an average between half an hour and an hour and a half. The sum of these works went into the drawing up of the detailed programming document. In 1988, the Dourdin design office was assigned the task of updating programming work carried out by OTH.

The ministry's new location meant the sharing out of services on different floors. The ministry's managements were shared out between the boulevard Saint-Germain premises and the Grand Arch. In this way, Personnel management, part of the general advisory of the Ponts et chaussées, and general administration, which were considered as organizations having a horizontal character, remained in Paris; while the managements for transports, economic and international affairs, Roads, Building, Architecture and Town Planning moved to la Défense.

The layout plan for each floor was conceived of like that of an office building, from the fifth right up to the thirty-third floor. Each plateau had office space around the façades, and lifts, service-lifts, sanitary facilities and store rooms towards the centre. At the extremities, triangular spaces could be used as conference rooms, large offices, or be made over to data-processing equipment. On each running floor, an open space gave views of the exterior from the corridor. This area was equipped with a video screen to act as a bulletin board, and an automatic vending machine for drinks. On the management floors, a larger area was made over to the installation of a waiting room with an attendant.

The second floor housed the library. The third – that corresponds to the entrance hall level – as well as the thirty-fifth floor were laid out as conference or reception rooms, and more generally for events that demanded ample space. Decoration of these areas was entrusted to decorator Isabelle Hebey, who was selected by a jury set up by the ministry, chaired by Louis Moissonnier and of which Paul Andreu and Jean-Louis Subileau were members.

AN OFFICE IN THE ARCH

Insofar as internal partitions were installed in compliance with the wishes of the users, offices in the Grand Arch vary in dimensions. The difficulty lay in giving future occupants the possibility of modifying the shareout of space while ensuring that everyone got enough light, air-conditioning, telephone and computer facilities.

Because of its thinness, the la Défense Grand Arch proposed only day-lit offices, that is to say spaces directly lit by a window. The last few years have witnessed a move away from massive type buildings, such as the Fiat Tower, which measures 45 m × 45 m, and which has come in for criticism because it allows only a limited number of people to work

de décomposition et de recomposition formelle des étages qui constituent un tout : l'Arche de la Défense.

La fresque de Dewasne devait dérouler son poème géométrique et vivement coloré à l'intérieur des deux immeubles verticaux, sur les murs des couloirs de dessertes de part et d'autre de leur noyau central. Mais les investisseurs privés de l'immeuble nord ont refusé cette subordination de chaque niveau à un ordre général. La SEM a obtenu qu'ils achètent des œuvres d'origines diverses, admettant ainsi la spécificité de leur intervention, chaque niveau pouvant être occupé en théorie par une entreprise différente[13]. Les investisseurs ont donc engagé leur propre architecte pour l'aménagement des plateaux[14], prétextant de l'inexpérience de la maîtrise d'œuvre dans le domaine de la commercialisation des bureaux. Par ailleurs, l'équipement informatique de l'immeuble du ministère diffère de celui choisi par les investisseurs privés : l'Etat a choisi Thomson, les seconds Matra.

INFORMATIQUE ET BUREAUTIQUE

Le déménagement du ministère de l'Equipement et du Logement à la Défense lui permet d'envisager une accélération du rythme de son informatisation. Les principes mis en œuvre s'appuient sur une desserte individuelle la plus large possible. Dans l'Arche, on estime qu'assez rapidement 2 000 postes devraient être équipés. D'autre part, le réseau informatique mis en place doit permettre aux fonctionnaires de l'Arche de communiquer avec leurs homologues du boulevard Saint-Germain, d'autres administrations et les services extérieurs du ministère.

Chaque poste est relié au réseau et l'utilisateur peut accéder suivant les cas à différents services pour communiquer, envoyer des documents ou des images.

Tous les postes de travail, équipés ou non d'imprimantes, sont reliés à un autocommutateur numérique multiservices. Ce « réseau privé à intégration de service » est constitué par un ordinateur qui fait l'interface entre les utilisateurs et les fonctions de messagerie, téléphone, calculateurs... Les postes sont regroupés en réseaux

locaux d'unité (RLU) afin de communiquer, à l'aide d'un serveur (Unix), des informations qui concernent tel ou tel groupe de personnes. Le système reflète l'organigramme du ministère : le niveau des réseaux locaux d'unités correspondant à celui des « bureaux » qui rassemblent chacun une dizaine de personnes.

Les postes de travail reliés en RLU au niveau des bureaux peuvent accéder aux systèmes d'information des directions par un réseau privé (X25). Par ailleurs, le bâtiment du ministère à la Défense est innervé par un réseau permettant la transmission d'images vidéo sur une soixantaine de points.

LA REALISATION DES ETUDES

Les ambiguïtés présentées par le programme et le projet lauréat se révèlent dans toute leur acuité au moment des études et du chantier. Le contexte politique ne permet pas l'étalement dans le temps de la construction : à l'échéance électorale de 1986, le projet doit être suffisamment avancé pour ne pas être remis en question. En conséquence, la plupart des études sont menées en parallèle avec la passation des marchés dès 1985, puis avec la construction qui débute la même année en juillet[15].

Au début des études, la maîtrise d'ouvrage demande à la maîtrise d'œuvre d'utiliser l'informatique pour la réalisation des dossiers. L'agence d'architecture Aéroports de Paris fait les investissements nécessaires ; mais les plans d'étages sont les seuls à être réalisés ainsi ; les coupes et les façades sont dessinées à la main, de même que l'ensemble des autres pièces du dossier de consultation des entreprises. Celles-ci, dont Bouygues, utilisent ensuite l'informatique de manière autonome dans la plupart des cas. La transmission des informations se fait par l'échange manuel de documents papiers.

Les systèmes de conception assistée par ordinateur (CAO) et de dessin assisté par ordinateur (DAO) posent des problèmes dès que l'on introduit un grand nombre d'éléments interactifs comme c'est le cas sur ce type de chantier. Tout changement sur un niveau d'information

13. Cette initiative originale se propose de rassembler quarante œuvres commandées à des artistes français et étrangers. Elles sont choisies par une commission de sélection pour le compte d'une fondation qui rassemble AXA et la Caisse des dépôts.

14. François Robin pour AXA ; Andrée Putman pour la Caisse des dépôts.
15. L'avant-projet détaillé a été déposé en décembre 1984. L'appel d'offres pour le gros œuvre est lancé début 1985. L'entreprise Bouygues est retenue en juin 1985, la première pierre posée le 12 juillet 1985.

LES ETUDES : THEORIES ET PRATIQUES

in natural light. Because of this, estimations hold that a third of the surface area is practically useless.

However, the shape of the Arch imposed virtually one type of space occupation alone. The building comprises some 80 000 m² of office space. The standard office is 12 m² and measures 2.70 m wide by 4.40 m long. Air-conditioning is conveyed by convector fans. An extremely thin false ceiling carries wiring for the lighting, while in the corridors, a thicker false ceiling hides a certain number of instruments : air extractors and power and water distribution networks.

The standard units are each lit by a large window ; set in its spandrel, behind a stainless steel plate covering the internal façade, are the convector fans, telephone and computer network wires that circulate round the façade. All the stainless steel plates are laid in such a way that the axis of the false ceiling inverses on the façade, creating the impression of being in a sort of space ship all of whose parts fit together perfectly.

A mock-up was made on the worksite to serve for testing a certain number of technical hypotheses bearing on the internal and external façades. It enabled the prediction of the reflexion effect in the interior caused by the windows on the external façades.

With regards air-conditioning and heating, the floors are programmed as autonomous entities. Individualisation floor by floor should enable any particular floor not to be heated if its occupants are absent, without this effecting the air temperature of the other floors. As for the internal lifts, they have been designed to modulate speed so as to enable junction with the ground floor in a lapse of time that is almost identical no matter what the departure floor.

To economize expenditure for energy, the electricity supply was the object of a special contract settled with the EDF, and which implied the installing of an autonomous energy source that could stand by for use in peak demand periods and would give rise to considerable reductions on electricity supply during normal use periods. In this way, the building's management centre can be warned

sufficiently in advance to anticipate use of the relay at the necessary moment.

HOW THE NORTHERN BUILDING
DIFFERS FROM THE SOUTHERN BUILDING

The Arch's two legs differ in quite a few points. The first consists in the designing by the painter Jean Dewasne of a huge mural painted level by level in the building destined to house the ministry. This idea of a mural painting visible only floor by floor whose overall view could only be had by looking at a model or a drawing, materialized in an amazing process of formal decomposition and recomposition of the floors, which constituted a whole : the Grand Arch at la Défense. Dewasne's mural was to unfold its geometrical and brightly-coloured poem on the interior of the two vertical buildings, on the walls of the service corridors on either side of the central core. But the private investors of the northern building refused this subordination of each level to a general order. The SEM managed to oblige them to buy original works of diverse origins, thus admitting the specific nature of their intervention, each level being in theory able to be occupied by a different firm[12]. The investors hired their own architects for the layout of the plateaux, taking as a pretext the architect-engineer's lack of experience in the field of marketing office space[13]. Moreover, the data processing equipment in the ministry building differs from that chosen by the private investors : the State chose Thomson, the private investors, Matra.

DATA PROCESSING AND BUREAUTICS

The shifting of the ministry of Equipment and Housing to la Défense made it possible to think about accelerating the rhythm of its computerisation. The principles set to work were based on the widest possible individual servicing. Estimations point to some 2 000 computer work posts being installed in the Arch in the near future. Elsewhere, the computer network set into place there should enable the government workers in the Grand Arch to communicate with their peers on boulevard Saint-Germain, other services and the ministry's external offices.

Jean Dewasne.
Les grandes fresques murales de 90 × 70 m sur les murs des espaces de circulation intérieure dans l'immeuble sud sont réalisées à partir d'œuvres originales de l'artiste de 5 × 4 m qui seront disposées dans le hall.

●
Jean Dewasne.
The big 90 × 70 m murals on the walls of the interior circulation areas in the south building were transposed from 5 × 4 m originals by the artist exhibited in the entrance hall.

---

12. This original initiative will group 40 works commissioned from French and foreign artists. They will be chosen by a committee representing a foundation grouping AXA and the Caisse des dépôts.

13. Françoise Robin for AXA ; Andrée Putman for the Caisse des dépôts.

entraîne des modifications en chaîne sur plusieurs autres, ce qui rend presque impossible les approches tâtonnantes. La rigueur du système (Computer Vision), utilisé par l'agence d'architecture des ADP, réclame un dessin dont on connaît tous les paramètres et qu'on ne voit pas dans son ensemble lorsqu'on élabore le projet. Selon Jean-Marie Chevallier, il est difficile d'utiliser la CAO pour des projets de cette taille, car, pour appréhender entièrement le projet, il faut pratiquer une sortie sur imprimante, opération qui elle aussi réclame un certain temps, ou alors travailler à des échelles trop petites pour être utilisables.

Sur ce chantier très sophistiqué, on mesure donc concrètement les avantages et les limites de l'informatique. Le nombre de dossiers faits à la main reste considérable à la Défense : seul le bureau d'études Serete dispose d'un système compatible avec celui des architectes. Dans la plupart des cas, l'utilisation de l'informatique ne permet pas les gains de temps escomptés. Ainsi, il aura fallu quatre mois, à quatre personnes sur postes de travail informatisés, pour actualiser les plans de l'Arche après la passation des marchés.

Une partie des études d'exécution est faite par les bureaux d'études et les entreprises sans que ceux-ci se coordonnent. Ensuite, la maîtrise d'œuvre met en cohérence l'ensemble des travaux, permettant ainsi de situer l'intervention de chacun sur les plans d'exécution et les plannings réalisés par le pilote.

La cellule de synthèse est l'organisation, placée sous la responsabilité de la maîtrise d'œuvre à la Défense, qui rassemble les études des différents corps d'Etat pour produire les « plans de synthèse ». Parmi ceux-ci les « plans de réservation » prévoient les zones de passage des gaines, les locaux techniques, le cheminement des câbles, etc.

Le temps consacré aux études préliminaires ne suffit pas toujours pour qu'elles soient menées à leur terme. Le travail de synthèse réclame donc des études supplémentaires de la part de la maîtrise d'œuvre pour dessiner les plans d'architectes, calculer les charges. Ces allers et retours entre les études de conception et les études de réalisation entraînent des retards par rapport au planning.

En ce qui concerne la cellule de synthèse, les différents intervenants constatent l'inadéquation de son fonctionnement théorique par rapport aux problèmes rencontrés. Ce fonctionnement se caractérise par la multiplicité des approbations nécessaires de la part de la maîtrise d'œuvre pour élaborer un document. En principe, ne sont réalisés que les éléments dont elle approuve le plan ; elle peut ainsi exercer un droit de veto si elle n'est pas d'accord avec les options prises. La méthode employée pour la réalisation des plans de synthèse consiste à envoyer le même fond de plan aux diverses entreprises qui dessinent leur projet respectif. Le dossier ainsi constitué est mis en cohérence par superposition des calques. Ils sont renvoyés à leurs auteurs si des modifications sont nécessaires, puis visés par la maîtrise d'œuvre et les bureaux de contrôle[16] suivant un processus préétabli par le pilote.

Les différents circuits entreprise/cellule de synthèse/maîtrise d'œuvre aboutissent à l'accumulation des modifications et entraînent des retards en chaîne. Les interlocuteurs estiment que la principale difficulté réside dans l'absence de hiérarchisation des problèmes et dans la dilution des pouvoirs de décision. Les schémas sont inadaptés dans la mesure où ils ne prévoient pas les reprises d'études et présupposent au contraire un avancement continu du projet. Le travail de la cellule de synthèse consiste en fait en une suite de remises en question des choix initiaux. En général, ce travail commence après la désignation des entreprises. A la Défense, pour assurer la cohérence des plans en l'absence de certains corps d'Etat, une organisation particulière est mise en place. Elle réalise les plans d'exécution jusqu'au quatorzième étage pour permettre à l'entreprise de gros œuvre d'avancer les travaux.

Cette cellule, dite de « présynthèse », rémunérée en dehors du contrat d'ingénierie, a fonctionné de fin 1985 à fin 1986. Après quoi, l'ensemble des entreprises ayant été choisies, elle est remplacée par la cellule de synthèse, telle qu'elle fonctionne habituellement, placée ici sous la responsabilité de la maîtrise d'œuvre et animée par l'entreprise Bouygues[17].

La multiplicité des interprétations possibles du projet de la Grande Arche a engendré de nombreux défis à surmonter pour mener à bien les études et la réalisation. En effet, à la manière de la tour Eiffel, la Grande Arche représente une prouesse technique : le bâtiment pèse

---

16. Les bureaux de contrôle sont responsables du contrôle de l'exécution. Ils doivent vérifier si les options prises sont conformes à la réglementation ainsi qu'aux marchés.

17. La cellule de synthèse est souvent placée sous la responsabilité de l'entreprise mandataire du gros œuvre ou de l'entreprise générale.

Each work post is linked up to the network and depending on the case the user can have access to various services in order to communicate, or transmit documents.

Whether they would be equipped with printers or not, all the work posts are linked up to a numerical multi-services auto-commutator. This "private network for service integration" is constituted by a computer which serves as the interface between the users, the messenger service functions, telephones, calculating machines... The work posts are grouped in a local networks unit using a Unix server in order to enable communication of data concerning this or that group of people. The system mirrors the ministry's hierarchy chart : the local networks unit corresponds to that of the "offices" which each group ten people or so.

The work posts linked in the local networks system on the offices level can gain access to the management's computer systems thru a private network (X 25). As well, the ministry building at la Défense is innerved by a network enabling the transmission of video images to sixty or so points.

THE CONDUCTING OF STUDIES

The ambiguous points presented by the programme and the winning project came into full focus during the studies and worksite phases. The political context meant the duration of construction work could not be stretched out : by the electoral deadline of 1986 it would have to be sufficiently well under way to prevent its being called into question. Consequently, most of the studies were done at the same time as the work deals were being made, as of 1985, and then with the beginning of work which got under way in July of that same year[14].

At the beginning, the contracting authority requested the architect-engineer to use computer-assisted techniques in the making up of dossiers. The ADP architecture agency invested in the necessary equipment, but only the floor plans were drawn in this way; sections and façades were hand-drawn, as were all the other constituents of the dossier used for the consultation of firms. Subsequently, in

most cases these latter-named parties, amongst which was Bouygues, used computer-assisted techniques in an autonomous way. Transmission of data was thus done by manual exchange of paper-support documents.

Computer-assisted design and drawing poses problems of slowness as soon as a too great number of interactive elements are introduced, which was the case on this job. Any modification on one level of data sets off modifications on several others by chain reaction, and this makes it almost impossible to use the trial and error approach. The rigour of the system (Computer Vision) used by the Aéroports de Paris architecture agency called for draughting whose parameters had to be in hand, but while the project was undergoing elaboration an overall vision was impossible. According to Jean-Marie Chevallier, it was not easy to use a computer-assisted drawing system on a project of this size, because in order to entirely apprehend the project, a print-out had to be done, and this operation demanded a certain amount of time ; or else work had to be done on scales that were too small to be practicable.

On a highly sophisticated worksite such as this then, the advantages and the limits of computer methods can be thus measured in concrete terms. At la Défense, the number of dossiers drawn up by hand remains quite considerable ; the Serete design office alone had at its disposal a computer system compatible with that of the architect-engineer. In most cases, the use of computer methods did not give rise to the timesaving that was expected. Once the deals had been made, it was to take four people working at computerised work posts four months to update the plans for the Grand Arch.

As for the studies for the execution of works, they were carried out in part by the design offices and the firms without there being any coordination at all between these two parties. Subsequently, the architect-engineer gave some coherence to the whole of the works, thus enabling the intervention of each firm to be situated on the construction plans and work schedules drawn up by the pilot.

The synthesizing body is the organization – placed under the responsibility of the architect-

THE STUDIES : THEORIES AND PRACTICES

14. The detailed pre-design was registered December 1984. The call for tenders for the carcase went out in early 1985.

The Bouygues firm was selected in June of that year, and the first stone was laid on the following July 12.

A gauche : la structure
tridimensionnelle de 400 m²
formant une sorte de
plancher destiné à figurer
le niveau haut de l'Arche.
A droite : l'élévation du
plancher à 100 m de haut
à l'aide d'une des plus hautes
grues d'Europe emportera
la décision du président
Mitterrand rassuré sur
l'aspect de la perspective des
Champs-Elysées depuis la
place de la Concorde.
•
Left : the 400 m²
tridimensional mock-up
forming a sort of floor
destined to simulate the
Arch's upper level.
Right : hoisting the mock-
up to a height of 100 metres
with one of the tallest
cranes in Europe reassured
president Mitterrand on the
Champs-Elysées/place de la
Concorde perspective
question, and clinched
the decision.

300 000 tonnes, et ce cube géant de 100 mètres de côté environ pourrait être déplacé d'un seul bloc. Mais, comme la tour Eiffel, la Grande Arche est bien d'autres choses encore. Pour Spreckelsen, le bâtiment vaut d'abord, semble-t-il, pour sa symbolique et sa géométrie. Erik Reitzel, l'ingénieur associé au concours, considère le bâtiment-monument de l'architecte comme un grand jeu de forces à maîtriser. Les donneurs d'ordre doivent réaliser un équipement public et des bureaux tout en achevant une grande opération d'urbanisme commencée dans les années cinquante. Les entreprises insistent pour leur part sur le *challenge* que représente le projet. Au sein de l'entreprise Bouygues, les ingénieurs spécialisés dans le bâtiment s'opposent aux ingénieurs de génie civil, qui arguent des difficultés techniques de l'ouvrage pour en être nommés responsables. Les premiers l'emporteront néanmoins et une équipe sera créée, associant les deux spécialités. Pour toutes les entreprises, grandes et modestes, l'Arche constitue une chance extraordinaire de développement et un atout commercial mesurable à l'échelle internationale.

L'ensemble de ces histoires constitue celle de la construction. Après avoir esquissé une présentation des partenaires du projet puis analysé la fonction du bâtiment, nous allons en faire une description plus concrète, notre objectif étant de faire comprendre la logique de l'enchevêtrement des discours et des pratiques des différents intervenants autour de la réalisation de l'Arche.

Nous commencerons par situer les positions de l'architecte et de son ingénieur avant d'aborder les questions relatives au chantier et à la mise en œuvre.

LE BATIMENT-MONUMENT DE JOHAN-OTTO VON SPRECKELSEN

Après la désignation du lauréat du concours, un certain temps s'écoule avant la reprise des études. Le président François Mitterrand, s'inquiétant du sort de la perspective historique élaborée par Le Nôtre, demande en août 1983 à voir une préfiguration du bâtiment par la mise en place d'un élément symbolisant le toit à la hauteur projetée du cube.

Erik Reitzel, contacté à cette fin par la présidence[18], dit avoir imaginé un grand plancher, une structure métallique tridimensionnelle de 400 m²

de surface. Après avoir pensé à le hisser avec des ballons ou un hélicoptère, il décide d'utiliser une des plus grandes grues européennes. L'opération a lieu sans que personne n'en soit averti en dehors de François Mitterrand et de ses proches ; même Jean-Paul Lacaze, alors président de l'EPAD, n'aurait été informé des préparatifs qu'au dernier moment.

Le 16 août, par une belle matinée d'été, François Mitterrand voit le plancher s'élever ; rassuré sur son choix, il demande alors à Spreckelsen de construire le bâtiment « tel qu'il l'a dessiné ». Ce n'est pas chose facile.

L'ETUDE DE FAISABILITE

En tant que responsable des travaux, l'EPAD demande à l'équipe danoise de remettre une étude de faisabilité pour le début de l'année 1984. Or, Spreckelsen n'a pas intégré toutes les contraintes du programme dans sa proposition pour le concours ; c'est en effet souvent le cas pour ce type de compétition, où l'on cherche davantage à primer une idée, un concept, qu'à récompenser un travail qui répond exactement aux exigences fonctionnelles. Ainsi, la plupart des projets issus d'un concours évoluent souvent beaucoup entre le début et la fin des études. En ce qui concerne l'Arche, le déficit de surface est tel qu'il apparaît nécessaire de construire cinq niveaux supplémentaires. Pour conserver toutefois au bâtiment sa géométrie, la hauteur totale n'est pas augmentée : l'architecte diminue la hauteur sous plafond des étages en insérant un niveau supplémentaire entre chacune des mégastructures horizontales, ces sortes de poutres qui rigidifient le bâtiment et reportent les charges aux points de croisement avec les mégastructures verticales.

Les conséquences de cette densification ne sont pas négligeables, loin s'en faut. En effet, lors du dimensionnement des gaines permettant le passage des câbles et des différents réseaux, de nombreuses difficultés surgissent car la place est comptée. Le GMOTD – c'était avant la SEM – demande également une redensification des « collines », les immeubles qui entourent l'Arche.

Pendant toute la période d'octobre 1983 à février 1984, Spreckelsen refuse de venir s'installer dans la capitale comme le prévoyait le règlement du concours, prétextant le caractère encore provisoire du contrat qui lui est passé. Il prévoit

---

18. Preuve de l'intérêt du Président qui a rencontré l'architecte à plusieurs reprises. On peut lire à ce sujet son introduc- tion de *Architectures Capitales, Paris, 1979-1989*, Electa Moniteur, 1987.

engineer at la Défense – which groups the studies of the different bodies in order to produce the "synthesis plans" and "reservation plans", that anticipate zones of passage for the sheaths, the technical areas, the laying of cables, etc...

The time given to the preliminary studies was not always sufficient for them to be completed. Synthesis work thus demanded supplementary studies on the part of the architect-engineer, to draw the architect's plans and calculate the loads. This coming and going between the design studies and those for execution was the cause of delays in the planning.

With regards the synthesizing body, the various participants were to remark the inadequacy of its theoretical functioning when compared to the problems encountered. This (mal)functioning was characterised by the very many approvals needed on the part of the architect– engineer to put together a document. In principle, only the elements whose plan the architect-engineers for the works approve are built; if they do not approve the options taken, they dispose of a right of veto. The method employed for the drawing up of the synthesis plans consisted in sending the same plan frame to various firms, who drew in their respective project. The dossier thus constituted was made coherent by the superposition of tracings. These were returned to their authors if any modifications were necessary, then checked by the architect-engineer and the verification offices according to a process settled on beforehand by the pilot[15].

The various circuits between the firms, synthesizing body and architect-engineer ended up by creating a backlog of modifications and caused chain reaction delays. The parties in question claim that the main difficulty lay in the absence of a hierarchy in the problems and in the dilution of decision-making powers. The patterns were unsuited insofar as they did not make provision for the takeover of studies and presupposed, on the contrary, a continuous advancing of the project. In fact, the synthesizing body's work consisted in continually calling into question the initial choices. In general, this work gets under way after the designa-

tion of the firms. At la Défense, to ensure the coherence of plans in the absence of certain bodies, a special organization was set into place. It drew up plans for carrying out the work up until the fourteenth floor to enable the firm working on the carcase to push the works ahead. This body, known as the "pre-synthesizing" body, was paid separately from the engineering contract and functioned from the end of 1985 to the end of 1986. Once all the firms had been selected, it was replaced by the synthesizing body, such as this entity generally functions, placed under the responsibility of the architect-engineer and inspirited by the Bouygues firm[16].

The very many possible interpretations for the Grand Arch project were the cause of as many obstacles to be overcome in order to bring studies and work to a term. In effect, like the Eiffel Tower, the Grand Arch represents a feat of technical skill : the building weighs three hundred thousand tonnes, and theoretically, this giant cube of roughly one hundred metres each side could be shifted in one piece. But, as with the Eiffel Tower, the Arch is much more than just that. For Spreckelsen, it would seem that the building was rich in the first place by its symbolic content and its geometry. Erik Reitzel, the associate engineer for the contest, considered the architect's building-monument as a giant play of forces to be mastered. The people behind the settling of the work deals had to build a public facility and offices while rounding off a huge town planning scheme begun back in the Fifties. The firms for their part insisted on the challenge that the project represented. In the Bouygues firm, the engineers specialised in building were in opposition to the civil engineers, who argued from the technical difficulties inherent to the work in order to be put in charge of them. The former were to win the struggle though, and a team was set up associating the two bodies of specialists. For all the firms, both large and small, the Grand Arch constituted an extraordinary opportunity to develop, and provided a commercial reference that stood for something worldwide.

The sum of these stories constitutes that of the construction work. Having sketched in

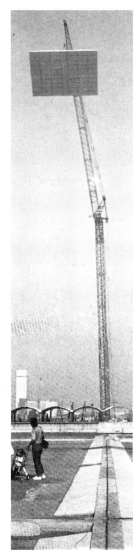

La grue, vue du parvis de la Défense.
●
The crane seen from the open square at la Défense.

15. The verification offices are in charge of checking and execution. They have to verify whether the options taken are in compliance with both the rules and the deals settled.

16. The synthesizing body is often placed under the responsibility of the firm handling the carcase, or that of a general contractor.

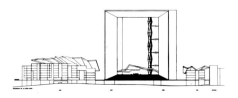 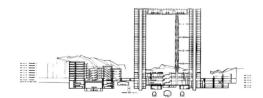

Ci-contre et page de droite : façade ouest, coupe et façade sud de l'APS dessinées par Spreckelsen entre l'automne et l'hiver 1984. Les intentions se précisent par rapport au concours mais les dessins restent très schématiques. Cette représentation déroutera les Français, qui veulent des dessins plus précis afin de commencer au plus vite les études techniques.

●

Opposite and opposite page, left : west façade, cross section, and south façade of the pre-project summary sketched by J.-O. von Spreckeslen over autumn and winter of 1984. Intentions are made more clear with regards the competition stage but the drawings remain very schematic. This manner of representation was to annoy the French, who where intent on having more precise draughting so as to be able to begin technical studies as quickly as possible.

alors de travailler deux ans à Paris. En fait, il restera à peine plus d'un an, de mars 1984 à juillet 1985.

Or, dès le mois de novembre 1983, l'EPAD s'inquiète des méthodes de travail de l'architecte. Celui-ci, de passage à Paris, n'a pas laissé de plans, mis à part un plan de zonage et des principes de fonctionnement. Informé de ces craintes, Spreckelsen réagit alors en critiquant la bureaucratie française et en évoquant l'absence de programme définitif. Ces premières escarmouches seront suivies de beaucoup d'autres, conséquences le plus souvent de malentendus entre la maîtrise d'ouvrage et le concepteur, constamment sur ses gardes.

La négociation du contrat est également une épreuve difficile. La méfiance de l'architecte s'exprime, par exemple, lorsqu'il insiste pour que l'on précise que «les maîtres d'ouvrage pourront exiger la solution de divers problèmes, mais ne pourront pas dicter une solution spécifique». En outre, il n'est pas d'accord avec le montant estimé du coût d'objectif qui sert à fixer le montant des honoraires, calculé en pourcentage du montant estimé des travaux. De fil en aiguille, le contrat qui devait être signé au début de l'année 1984 ne le sera qu'en juillet.

L'étude de faisabilité définit de manière précise l'aménagement des différents espaces du cube. Celui des espaces extérieurs est très soigné et occupe un territoire plus vaste que celui réservé aujourd'hui à l'Arche. Spreckelsen imagine une sorte de canal qui mène progressivement aux emmarchements, les rendant ainsi plus monumentaux encore. Du mobilier urbain est disposé sous le «voile de verre» – les futurs «nuages» – et sur le parvis. A la même époque, le dessin en perspective du projet, espace de réunion et de fête, montre un envol de colombes. Le cube de la communication est-il aussi un symbole de paix dans l'esprit de son créateur ?

L'APS ET L'APD :
NEGOCIER AVEC LES CONTRAINTES FONCTIONNELLES[19]

Le bâtiment-monument subit des attaques pendant la phase de réalisation de l'APS et de l'APD, qui représentent deux étapes dans l'étude d'un projet avant la réalisation du dossier de consultation des entreprises (DCE). Spreckelsen adopte une attitude très rigide et, rapidement, sa méconnaissance du contexte français va pro-

voquer quelques grincements de dents. Habitué à une organisation de la maîtrise d'œuvre à l'anglo-saxonne, il croit pouvoir dessiner le bâtiment jusque dans ses moindres détails ou tout au moins le contrôler complètement. Or, en France, les architectes se désintéressent ou sont dessaisis de la mise au point technique des projets. Cette dernière est menée à bien par les bureaux d'études des entreprises, qui complètent le travail des bureaux d'études de la maîtrise d'œuvre, auxquels ils font parfois concurrence.

Pour mener à bien son travail, Spreckelsen doit lever des obstacles dont certains sont issus de la nature de son association avec l'agence d'architecture des Aéroports de Paris. Cette dernière, habituée à réaliser des projets importants dont elle contrôle tous les paramètres, a du mal à se couler dans le rôle parfois ingrat du maître d'œuvre de réalisation. Par ailleurs, ses interventions se situant assez fréquemment en dehors du contexte français, dont la réglementation en matière d'immeuble de grande hauteur est particulièrement sévère, elle ne dispose pas de références directement utilisables pour le cube.

Pendant la phase de l'APS et l'APD, l'agence de Paul Andreu «ronge son frein» en tentant de faire respecter un planning dont l'architecte danois ne paraît pas tenir compte. Il semble travailler à une autre échelle de temps, en rappelant aux critiques la mission que lui a confiée le président. Pensant construire un monument à l'humanité, il explique qu'il ne peut en bâcler la conception. Le travail est alors fait au «studio», l'agence de Spreckelsen à la Défense, ainsi qu'à Orly où se trouvent les bureaux des Aéroports de Paris. Pendant que Paul Andreu tente de monter le dossier pour la réalisation du cube, Spreckelsen travaille sur les «collines» dont l'APS a été refusé en mars.

Les rapports de Spreckelsen avec les bureaux d'études ne sont pas toujours faciles. Ces derniers, fragilisés par la crise du bâtiment sensible depuis quelques années déjà, considèrent le respect du planning comme un impératif économique : le montant de leur rémunération ne leur permet pas de reprendre sans cesse les études. Or, si l'Arche réussit à conserver sa forme initiale, il n'en va pas de même pour les immeubles prévus à ses pieds connus sous le nom de «collines», ni pour l'aménagement du socle et du toit qui évolue en fonction du programme.

---

19. APS : avant-projet sommaire ; APD : avant-projet définitif ; ce sont les missions de maîtrise d'œuvre normalisées

en voie de redéfinition dans le cadre de la nouvelle loi sur la maîtrise d'ouvrage publique.

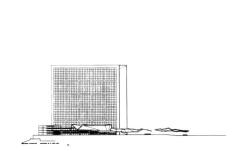

Dessin humoristique transmis par E. Reitzel aux bureaux d'étude, sur les difficultés de communication entre Danois et Français.
●
Cartoon sketch sent by Erik Reitzel to the studies offices, and which points up the communication difficulties between the Danish participants and the French engineers.

an introduction of the project's partners, and analysed the function of the building, we shall now give a more concrete description, our objective being to help people understand the logic that underlies the tangle of theories and practices heaped up by the various participants working on the Grand Arch.

We shall start by situating the positions of the architect and his engineer before going on to questions relative to the worksite and the implementing of work.

JOHAN-OTTO VON SPRECKELSEN'S BUILDING-MONUMENT

After the designation of the competition winner, a certain lapse of time went by before studies were taken up again. François Mitterrand was concerned about the historical perspective draughted by Le Nôtre, and, in August 1983, requested a prefiguration of the building to be staged by the suspending of a mock-up of the roof at the projected height of the cube.

The Presidency got in touch with Erik Reitzel concerning this point and he claims it was he who thought of hanging up a huge "floor", a tridimensional metallic structure with a surface of 400 m^2 [17]. After toying with the ideas that it could be floated up with balloons or lifted by a helicopter, he decided to use one of the tallest cranes in Europe. The operation took place without anyone – apart from François Mitterrand and his close circle – having been forewarned; even Jean-Paul Lacaze, the then chairman of the EPAD, was informed of the preparations at the very last minute.

On a fine summer morning – August 16 –, François Mitterrand watched the floor being lifted into place; reassured of his choice, he asked Spreckelsen to go ahead with the building "just as he had drawn it". Which wasn't an easy task.

THE FEASIBILITY STUDY

As the body in charge of works, the EPAD asked the Danish team to submit a feasibility study by the beginning of 1984. Now Spreckelsen had not integrated all the constraints of the programme in his proposal for the competition; this is in fact often the case, since in the competition phase the prize goes to an idea, a concept, rather than to a laborious elaboration of functional solutions. In this way, most contest-winning projects evolve quite a bit between the beginning and the end of the studies phase. In the case of the Grand Arch, the deficit in surface area was such that it appeared necessary to build five extra levels. Even so, in order to conserve the building's geometry the overall height did not increase : the architect diminished the ceiling height of the floors and inserted an extra level between each of the horizontal megastructures – the beam-like elements that rigidify the building and distribute loads to the points of intersection with the vertical pile megastructures.

The consequences of this densification of space were in no way negligeable, far from it. In effect, during the dimensioning work for the sheaths that carry the cables and various networks, untold difficulties cropped up since there was just no room left over.

The GMOTD (this was prior to the SEM) also called for a re-densification of space in the "hills", the buildings that surround the Arch.

Throughout the period stretching from October 1983 to February 1984, Spreckelsen refused to set up shop in the French capital, as had been stipulated in the rules of the contest, using as a pretext the as yet tentative nature of the contract he had entered into. Subsequently he intended spending two years in Paris, but in fact he was to stay just a little over a year, from March 1984 to July 1985.

As of November 1983 though, the EPAD began having misgivings about the architect's work methods. When he passed thru Paris, he left no plans other than those for a zoning layout and for principles of functioning. When word of these fears reached him, Spreckelsen reacted by criticizing French bureaucracy and the absence of a definitive programme. These first skirmishes were soon to be followed ·by others, that more often than not came hard on misunderstandings between the contracting authority and the architect, who was constantly on the defensive.

Negotiating the contract was also an excruciating affair. For instance, the wariness

L'HISTOIRE DES « COLLINES »

Les évolutions du projet des « collines » sont significatives de la transformation du projet dans le temps : d'une réalisation publique à un projet associant étroitement public et privé. Lors de la remise de l'étude de faisabilité, les bâtiments au pied de l'Arche font l'objet d'une première proposition. En juillet 1984, à la suite du travail de l'équipe de programmation, le projet des « collines » se détache du cube et prend la forme d'immeubles distincts avec une structure centrale, les « arbres » ; pour chaque arbre, un poteau central forme comme un tronc et des poutres rayonnantes simulent des branches.

Après l'APS, remis en novembre, les immeubles se transforment en « plots » dessinés sur la base d'une structure simple de 6 m × 6 m. Dix séries de plans sont ainsi répertoriées jusqu'en novembre 1985. En janvier 1986, un avant-projet est enfin accepté pour les « collines » sud, remis en cause avec l'abandon du Carrefour international de la Communication en avril de la même année. Les « collines », forment le fond sur lequel se détache le cube ; Spreckelsen les considère comme des contrepoints indispensables à la massivité du cube.

EDIFICE PUBLIC OU BATIMENT PRIVE ?

Le bâtiment devient pendant un temps une opération privée. Le Carrefour international de la Communication est supprimé et le ministère de l'Equipement déclare ne plus vouloir s'installer dans les bureaux dont il trouve les loyers trop chers. On peut débattre sur les conséquences de cette dernière décision si elle avait été maintenue et poser la question de la nécessité du caractère public du bâtiment. Les opinions divergent sur ce point, renvoyant ainsi à la définition même de monument dont l'origine est liée à la notion de mémoire.

De qui, ou de quoi, veut-on célébrer la mémoire ? Est-ce celle de la ville ? L'Arche renvoie à l'Arc de triomphe de l'Etoile et au Louvre, s'inscrivant ainsi dans une tradition politique et urbaine de constitution de l'axe monumental est-ouest tout en terminant la Défense ; celle du capitalisme triomphant ? la Défense n'est-elle pas liée au développement des entreprises françaises et étrangères qui construisent sur le site ? Ou bien s'agit-il de célébrer la communication à travers le monde sous l'influence d'un président humaniste ? On connaît le goût pour les symboles du président Mitterrand qui, après Georges Pompidou et Valéry Giscard d'Estaing, reprend une démarche de construction de prestige. La notion de monument n'est-elle pas condamnée cependant par une société qui consomme toujours plus vite les signes qu'elle produit ? Quoi qu'il en soit, la maîtrise d'ouvrage du printemps 1986 hérite d'une grande coquille vide partiellement construite et dont le sens s'épuise. Est-ce cela que Spreckelsen, l'architecte, n'a pas pu supporter ? Après son départ de France, en juillet 1985, les rapports entre les différents partenaires de la maîtrise d'œuvre et ceux de la maîtrise d'ouvrage deviennent assez tendus. Spreckelsen réclame des changements dans l'organisation du travail. Il n'accepte pas, par exemple, que la maîtrise d'ouvrage négocie directement avec les entreprises et Paul Andreu. Déçu, fatigué, il remet sa démission fin juillet 1986 et demande à Paul Andreu de se charger de la maîtrise d'œuvre. En l'acceptant, celui-ci reprend à son compte les intentions plastiques de l'architecte danois. Cette volonté de démissionner n'est pas apparue subitement après les élections de 1986, mais elle s'est, semble-t-il, forgée peu à peu.

De l'automne 1985 à l'hiver 1986, des discordances entre les attitudes des entités en présence apparaissent : l'EPAD applique le règlement du contrat et impose des pénalités de retard, alors que la SEM réclame des modifications de programme demandées par le Carrefour international de la Communication et accepte de prolonger les délais. Les Aéroports de Paris veulent accélérer les études ; les entreprises, elles, proposent des variantes qui ne satisfont pas l'architecte de conception.

Le rôle des architectes des Aéroports de Paris devient alors essentiel. Mandataire de la maîtrise d'œuvre, cette agence gère plusieurs milliers de plans qu'il faut vérifier un par un. Elle utilise, on l'a dit, l'informatique pour dessiner les plans qui constituent le dossier-guide, référence de tous les marchés passés. Cette masse d'informations, diffusée journellement aux différents interlocuteurs, fait l'objet de procédures de classement à plusieurs niveaux. Ainsi la cellule de pilotage Copibat dispose-t-elle d'un catalogue informatisé de l'ensemble des plans qui passent entre ses mains, qui complète l'archivage réalisé par Aéroports de Paris.

LE BATIMENT-STRUCTURE D'ERIK REITZEL

A la différence de Spreckelsen, Erik Reitzel l'ingénieur est resté jusqu'au bout du projet, même si sa vision de l'Arche s'est opposée par-

of the architect found expression in his insisting it be stipulated that "the contracting authorities may demand solution of diverse problems, but shall not dictate a specific solution". Furthermore, he was not in agreement over the objectives' cost estimate which served to settle the amount of fees, calculated as a percentage of the estimated sum total of the works. One thing leading to another, the contract that was to be signed early in 1984 was not settled until July of that year.

The feasibility study defined in precise fashion the layout of the various spaces in the cube. The part for the exterior spaces was carefully done, and covered an area much larger than that occupied by the Arch today. Spreckelsen had imagined a sort of canal that was to gradually lead to the stairways, and confer on them an enhanced monumentality. Street furnishings were to be laid out under a "glass veil" – the future "clouds" – and on the open square. A perspective drawing dating from this period shows a flight of doves over the festive assembly area. In the mind of its creator, was this communication cube also a symbol of peace ?

THE APS AND THE APD :
NEGOTIATING WITH THE FUNCTIONAL CONSTRAINTS[18]

The building-monument came under attack during the drawing up of both the APS and the APD, which represent two stages of the project prior to the putting together of the firms consultation dossier. Spreckelsen adopted a very rigid attitude, and quite soon, his lack of knowledge of the French context was to lead to considerable gnashing of teeth. More used to an Anglo-Saxon type organization of the architect-engineer's role, Spreckelsen thought he would be able to draw the building in its finest details, or at least to keep complete control of it. In France though, the common practice is that architects either detach themselves from the technical defining of projects, or are forced to relinquish their surveillance of such. The design offices of the firms take care of this end of the affair, taking over from the architect-engineer's design offices, with whom they are sometimes in competition.

In order to get his work done, Spreckelsen had to get round certain obstacles that arose from the nature of his association with the Aéroports de Paris architecture agency. Used as it was to working on big projects all of whose parameters were under its control, the latter-named party had some difficulty in assuming the often thankless role of associate architect-engineer for the works. Moreover, since its interventions had frequently been outside of the French context, whose rulings governing high buildings are especially harsh, it had no direct references to apply to the cube.

During the APS and APD phases, Paul Andreu's agency strained at its bit while trying to get the Danish architect to hold to a work schedule he seemed little mindful of. Spreckelsen seemed to be working in another scale of time, reminding his critics of the mission the president had entrusted to him ; certain that he was building a monument to humanity, he merely explained that he could not rush the designing. Work was thus done in Spreckelsen's studio, his agency at la Défense, and at Orly where the Aéroports de Paris offices are located. While Paul Andreu was trying to get together the dossier for the realization of the cube, Spreckelsen was working on the "hills", whose APS had been rejected in March.

Relations between the Dane and the design consultancies weren't always easy either. Rendered fragile by the inroads of the economic crisis in the building profession, the latter-named parties considered the respect of a schedule sheet to be an economic imperative, since the fees they were paid prohibited them from taking up studies again and again. And though the Grand Arch succeeded in conserving its initial form, the same was not true for the buildings slated to rise at its feet, known as the "hills", nor was it to hold for the layout of the base and the roof which evolved with the modifications to the programme.

THE STORY OF THE "HILLS"

The evolution of the "hills" project is significative of the project's transformation in time : shifting from a public realization to a project associating closely the public and

De nombreuses visites de chantier réunirent F. Mitterrand, J.-O. von Spreckelsen, F. Bouygues et R. Lion.
●
A great many site visits brought together François Mitterrand, Johan-Otto von Spreckelsen, Francis Bouygues and Robert Lion.

18. APS : (avant-projet sommaire) – pre-project summary ; APD : (avant-projet définitif) – definitive pre-project ; these are normalized assignments of the architect-engineer for the works that are undergoing redefinition in the framework of a new law on public contracting authorities. The French caps. are used here to avoid confusion.

LE CHANTIER

fois à celle de la maîtrise d'ouvrage et des Aéroports de Paris.

Pour l'ingénieur-conseil de l'architecte, le bâtiment apparaît un peu comme un pur jeu structurel. L'Arche devient le lieu de démonstration de ses théories énoncées à l'université technique de Copenhague où il a passé de nombreuses années à enseigner et à concevoir des structures basées sur l'observation des lignes de passage des forces dans la matière[20]. Reitzel tente notamment de défendre l'idée que la beauté de certains bâtiments célèbres comme l'église Sainte-Sophie de Constantinople est liée à la conception constructive, économe en matériaux et cependant extrêmement résistante. Ses recherches s'appuient sur des travaux comme ceux de K.-W. Johansen réalisés en 1943 et s'inscrit dans une réflexion qui considère les fissures dans la matière comme pouvant déterminer la forme capable de supporter les efforts. Ce travail s'articule avec des recherches portant sur les structures minimales et sur une investigation de l'histoire de la construction des bâtiments. Utilisant aussi les travaux de A.G.M. Michell, datant de 1904, il montre les analogies entre les fissures ou les ruptures et la conception d'une structure minimale[21]. Cette démarche dans ses fondements peut être rapprochée de celle des ingénieurs français depuis le XVIIIe siècle.

De Laugier à Soufflot, l'idée de structure débouche sur celle de l'économie de la matière ; « devenu structure, l'édifice doit se dépouiller de toute massivité inutile, sauf à compromettre l'impression de solidité qui constitue toujours une obligation pour l'architecte[22] ». On peut aussi comparer cette idée à celle du Constructivisme pour qui les concepts de force et de construction sont inséparables[23]. Dans cette optique, on comprend mieux le concept initial. Ainsi l'Arche, du point de vue constructif, est-elle conçue un peu comme l'intérieur d'une structure osseuse où ce n'est pas la masse qui fait résistance, mais la position des pleins et des vides.

Ce modèle explique la volonté exprimée par l'architecte et son ingénieur de construire la structure avant de réaliser les murs et les planchers. Non pour la seule satisfaction de l'esprit, mais parce que ce n'est qu'une fois réalisée entiè-

rement que la structure tient. Selon cette logique, il ne peut être question de la charger préalablement à son achèvement. « Ensuite, il faut envisager le montage des parois, des poutres et les plaques sur les étages normaux... », écrit Erik Reitzel[24]. Il résume ce parti constructif dans l'étude de faisabilité remise en mars 1984, préalablement au choix des bureaux d'études et de l'entreprise Bouygues.

Le dessin de la structure ainsi que le principe de fondation seront conservés. Le bâtiment sera réalisé pratiquement tel qu'il a été dessiné au départ ; les principes de mise en œuvre, quant à eux, évolueront après les études et l'appel d'offre avec l'intervention des bureaux d'études de la maîtrise d'œuvre et celle des entreprises.

LES ELEMENTS D'UN « CHALLENGE »

Au sein de la maîtrise d'œuvre, la solidarité se révèle parfois illusoire, et les entreprises se caractérisent quant à elles par leur hétérogénéité. Le choix de l'appel d'offres en lots séparés provoque la passation d'un grand nombre de marchés avec des entreprises de toutes tailles. Réaliser un vaste chantier unique relève donc dans ces conditions d'un véritable *challenge*.

Le marché de gros œuvre est signé en juin 1985. Les grandes entreprises susceptibles d'assurer les travaux ont répondu à l'appel d'offres. Au sein de l'entreprise Bouygues, Jean Bard, le directeur des travaux bâtiment-Ile de France, vivement intéressé par le projet, mobilise une petite équipe pour élaborer une réponse. Parmi les difficultés à résoudre, la réalisation du socle et du toit lui apparaît comme la plus importante avant celle des piles de fondation et des bâtiments verticaux. L'entreprise SAE (Société auxiliaire d'entreprises) prévoit, pour sa part, la construction des grandes poutres du toit au niveau du sol avant de les hisser pour les mettre en place. Bouygues aurait fait alors propager une rumeur sur les dangers présentés par cette solution[25]. Quoi qu'il en soit, l'entreprise leader du BTP remporte le marché et commence immédiatement les travaux. Pour cela, elle installe sur le site des locaux provisoires destinés aux ouvriers et aux bureaux d'études qui travaillent sur place

20. E. Reitzel, *Fra brud til form*, Polytekniskforlag, 1979.
21. E. Reitzel, *Le cube ouvert structure*, rapport du 29 février 1979, polycop. pp. 86-87.
22. A. Picon, « Solidité et construction », in *L'idée constructive en architecture*, ouvrage collectif, Picard, 1987, p. 91.

23. J.-L. Cohen, « Le constructivisme russe », *id.*, p. 171.
24. E. Reitzel, *Tête-Défense, le cube ouvert*, 29 février 1984, doc. poly.
25. D'après E. Campagnac et V. Nouzille, *Citizen Bouygues*, Belfond, 1988 (ch. 9, le casse-tête Défense), pp. 181-193.

(a)　　　　**(b)**

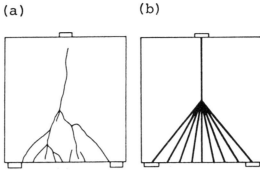

private sectors. When the feasibility study was submitted, the buildings at the foot of the Arch were the object of a preliminary proposal. In July 1984, subsequent to the work done by the programming team, the "hills" project was detached from the cube and took the form of distinct buildings with a central structure, the "trees"; for each "tree", a central post formed a sort of trunk and radiating beams simulated branches.

After the APS was submitted in November 1984, the buildings were transformed into "plots" draughted on the basis of a simple structure measuring 6 m × 6 m. In this way, ten series of plans followed up until November 1985. At long last, in January 1986, a pre-design for the southern "hills" was accepted, but was called into question when the international communications centre project was scrapped in April of that same year. The "hills" were to make up a backdrop on which the cube stood out; Spreckelsen considered them to be an essential counterpoint to the massiveness of the cube.

PUBLIC EDIFICE OR PRIVATE BUILDING?

For a lapse of time, the building became a private operation. The communications centre had been scrapped and the ministry of Equipment and Housing declared that it no longer wanted to set up house in the Arch because of the high rent. We might do well to ask ourselves what the consequences would have been had this last decision been implemented, and raise the question of the need of a public character for the building. Opinions diverge on this point, and this refers back to the very definition of a monument, whose origin is linked to the notion of memory.

But whose memory is in question here? That of a person or an event? That of the city itself? The Grand Arch expands on the Arc de triomphe at l'Etoile and that of the Louvre, thus inscribing itself in the political and urban tradition constituted by the monumental east-west axis, and at the same time it completes la Défense. Is it the memory of triumphant capitalism then? Since la Défense is very much linked to the growth of French and foreign firms that have built on the site. Or is it a question of celebrating communication throughout the world under the influence of a humanist president. President Mitterrand's liking for symbols is well known, and he had

undertaken a policy of prestige constructions in the footsteps of his predecessors Georges Pompidou and Valéry Giscard d'Estaing. Yet the very notion of a monument would seem to be condemned in advance by a society that consumes more and more quickly the signs that it produces... Whatever the case may be, the contracting authority of spring 1986 inherited a huge empty shell only partially built, and almost voided of meaning. Perhaps this is what the architect Spreckelsen would not stand for. After his leaving France in July 1985, relations between various participants working for the architect-engineer and the contracting authority became quite strained. Spreckelsen had called for changes in the organization of the work. For instance, he could not accept that the contracting authority negotiate directly with the firms and with Paul Andreu. Disappointed and weary, he resigned at the end of July 1986 and requested Paul Andreu to take over the role of architect for the works. In accepting this role, the French-man also took over on his own behalf the aesthetic intentions of the Danish architect. Spreckelsen's resignation, though it came soon after the 1986 elections, seems to have been in the offing long before the governmental change.

From autumn 1985 to winter 1986, discordances between the attitudes of the entities in presence had been rife: the EPAD applied the contract's rules and imposed penalties for non-respect of schedules, while the SEM called for modifications demanded by the CICOM and accepted the prolongation of deadlines. ADP wanted to step up studies; and as for the firms, they put forward variant versions that did not satisfy the architect.

At this stage, the role of the architects of the Aéroports de Paris agency became vital. As the representative of the architect for the works, the agency took care of several thousand plans, each of which had to be checked one at a time. As previously mentioned, it used computer-assisted methods for drawing the plans of the guide-dossier, which served as a reference in all the deals made. This mass of data, which had to be transmitted daily to the various people concerned, demanded a classification system on several levels. In this way the Copibat piloting body had at its disposal a computerised catalogue of all the plans which it came into contact with, and which completed the archiving made by Aéroports de Paris.

A gauche : dessin de Spreckelsen. Réseau de structures minimales entre deux parois verticales, l'une des étapes de la conception de l'Arche. A droite : schémas d'E. Reitzel. Comment à partir du passage des forces dans la matière visible grâce aux fissures, on peut concevoir des structures minimales.

•

Left : sketch by Spreckelsen showing a network of minimal structures between two vertical walls. One of the Arch's design phases. Right : diagrams taken from Erik Reitzel's book illustrating how minimal structures can be designed going on lines of force in matter made visible by fissuring.

Etapes de la construction
du gros œuvre (page de
droite, visualisation par
ordinateur).
1. Construction des premiers
niveaux et du sous-socle,
mise en place du fond
de coffrage des poutres
du socle.
2. Pose des butons, les
poutres du socle sont
coulées, les étages montent.
Tous les sept niveaux, les
poutres de la mégastructure
forment un niveau technique
de 1,85 m d'épaisseur.
3. 28 étages sont construits,
les butons ont été remontés
de sept niveaux, les poutres
secondaires du socle
sont coulées.
4. Fin des immeubles,
un portique est mis en place
pour servir de fond de
coffrage aux poutres du toit.
5. Coupe dans l'axe
de l'ouverture du cube.
(schémas Bouygues).
En bas à droite, maquette de
la construction du
gros œuvre.

●
*Phases in the construction
of the carcase (on the
opposite page, computer
visualization).
1. Construction of the first
levels and the sub-base,
setting into place of the
formworking mould for the
beams of the base.
2. Setting into place of the
stays, the base beams are
poured, the floors are rising.
Every seven levels, the
beams of the megastructure
form a service floor
1.85 m thick.
3. 28 floors built; the stays
have been moved up seven
levels, the secondary beams
of the base are poured.
4. Completion of the
buildings, a portal frame
is set into place for the
pouring of the roof beams.
5. Cross section in the axis
of the cube's hollow.
(Bouygues diagrams).
Bottom, right : model of the
carcase.*

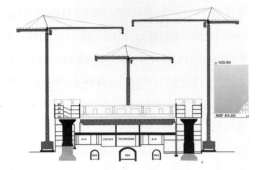

1

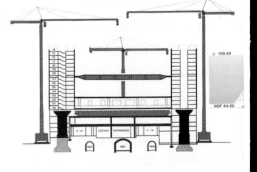

2

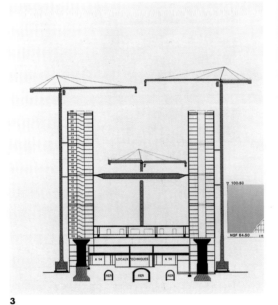

3

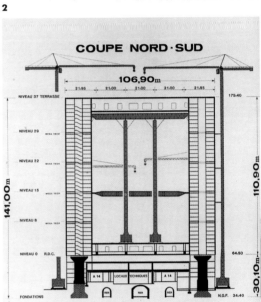

4

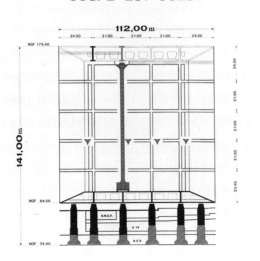

5

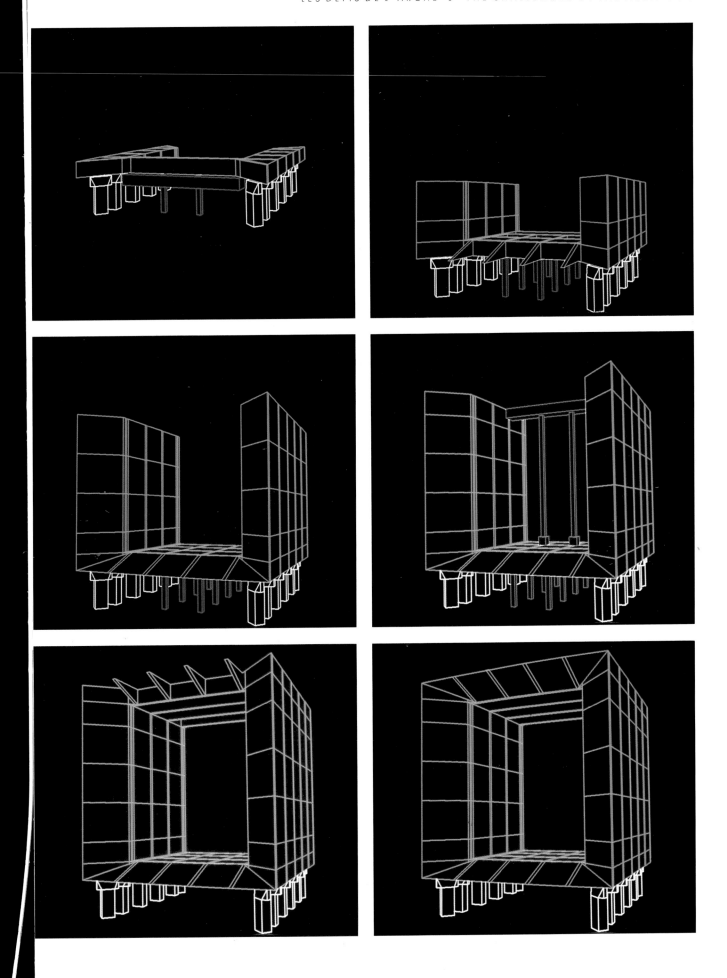

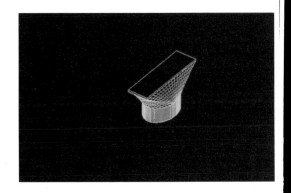

avec la maîtrise d'œuvre et les bureaux de contrôle. La plupart des entreprises principales disposent également de locaux, ce qui facilite les échanges d'information.

Sur le chantier, l'entreprise Bouygues joue le rôle de leader. Elle coiffe la totalité du gros-œuvre et les façades, anime la cellule de synthèse et gère le compte prorata qui finance les installations de chantier. Le pilote Copibat assure de son côté la gestion des installations.

Bouygues met en place une structure de production qui s'appuie sur ses bureaux d'études, son service matériel et son bureau des méthodes. La cellule de chantier, dirigée par trois personnes, comprend deux entités : une partie production divisée en trois secteurs – maçonnerie, gros œuvre, façade – et une entité de gestion qui rassemble le bureau des métrés et des situations ainsi que le secrétariat.

Cette structure comprend quarante personnes, cadres et techniciens, pour six cents ouvriers environ. On compte par moments sur le chantier plus d'un millier de personnes appartenant à différentes entreprises. Parmi ces ouvriers, les inspecteurs du travail relèveront la présence d'un très grand nombre d'ouvriers intérimaires. Certains immigrés arrivés récemment logent même dans des conditions de salubrité douteuses, dans des caravanes à proximité du chantier.

Avant le lancement des appels d'offres, une phase de mise au point importante a eu lieu pour constituer les dossiers des marchés, mais la complexité du projet a rendu très difficile la répartition traditionnelle par lots, car les différentes parties de l'ouvrage sont extrêmement imbriquées et compactes.

Chaque élément de ce projet exceptionnel est un défi organisationnel et technique pour les différents partenaires. Les chiffres ci-dessous le révèlent bien pour le gros œuvre :

LA CONSTRUCTION DES PILES DE FONDATION

On distinguera ici la construction des piles de fondation de celle des pattes. On présentera ensuite les techniques employées pour le socle, le toit, les façades, avant d'aborder en conclusion la réalisation des ascenseurs panoramiques et des « nuages ».

Les piles de fondation présentent un caractère exceptionnel par le poids qu'elles supportent : 300 000 tonnes une fois le bâtiment terminé (presque l'équivalent du poids de quatre tours Eiffel par pile). Le principal problème à résoudre tient à la quantité de béton à couler et à leur forme elliptique qui réclame un coffrage réalisé sur mesure. Le bétonnage se fait en cinq étapes, trois phases de cinq mètres de haut, le chapiteau et la partie supérieure du chapiteau, afin de résoudre les problèmes de gradient thermique posés lorsque l'on coule une trop grande quantité de béton d'un coup.

L'encombrement du sous-sol constitue une contrainte supplémentaire, car il faut travailler entre les réseaux existants du métro, de la SNCF et des voies automobiles pour réaliser les douze colonnes qui donnent un moment au chantier l'aspect d'un temple émergeant progressivement du sous-sol boueux de la Défense.

Des plaques néoprènes intercalées entre la structure du cube et la partie supérieure des chapiteaux isolent les mégastructures des vibrations entraînées par les différentes circulations en sous-sol et permettent au cube d'absorber les réactions thermiques, le fluage du béton et les effets du vent. Les plaques peuvent être changées par la suite si nécessaire.

Les piles ne sont plus visibles une fois le bâtiment construit. Peu à peu, elles s'entourent de murs ; certains forment la limite de l'édifice et d'autres constituent autant de locaux de service les enserrant dans une gangue complexe et réticulée.

Dimensions du cube : 117 x 112 x 111 m de hauteur

Surface hors œuvre :

Plateau supérieur	:	25 000	m²
Patte nord	:	65 000	m²
Patte sud	:	65 000	m²
Plateau inférieur	:	25 000	m²
Total superstructure	:	**180 000**	**m²**
Infrastructure sous pattes	:	8 000	m²
Infrastructure hors pattes	:	32 000	m²
Total infrastructure	:	**40 000**	**m²**
Total surface hors œuvre	:	**220 000**	**m²**

Quantités significatives :

Total béton	:	125 000	m³
Total acier	:	13 000	t.
Total précontraints	:	1 200	t.
Total pièces préfabriquées			
Plancher (12 m² moyen.)	:	12 000	
Divers (gaines, escaliers, voiles, poutres)	:	20 000	
Total heures gros œuvre	:	1 000 000	
Armatures	:	250 000	h

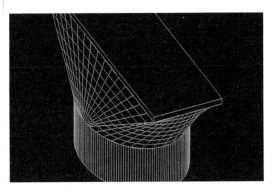 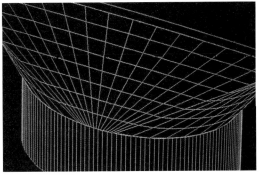

ERIK REITZEL'S BUILDING-STRUCTURE

Unlike Spreckelsen, the engineer Erik Reitzel stayed on throughout the project, and this even though his vision of the Arch was sometimes opposed to that of the contracting authority and Aéroports de Paris.

For the original architect's advisory engineer, the building appeared as a purely structural question. The Arch was to be a demonstration of his theories propounded at the Copenhagen technical university where he has spent many years designing structures based on the observation of the lines of passage of forces in matter[19]. In particular, Reitzel had attempted to defend the idea that the beauty of certain famous buildings such as Santa Sophia in Constantinople is linked to their constructive design, with its sparing use of highly resistent material. His research is based on work undertaken by K.W. Johansen in 1943 and comes in the line of thinking that sees fissures in matter as being apt to determine the form able to support loads. This work articulates with research bearing on minimal structures and with investigation of the history of the construction of big buildings. He has also made use of the works of A.G.M.Michell, which date back to 1904, and has pointed out the analogies between fissures or ruptures and the design of a minimal structure[20]. In its founding principles, this approach is comparable to that of French engineers since the 18th century.

From Laugier to Soufflot, the idea of structure leads to that of economy of matter; "once it becomes a structure, the edifice must cast aside any useless massiveness, excepting if this jeopardize the impression of solidity, which is always an obligation the architect lies under"[21]. This idea can also be compared to that of constructivism, in which the concepts of force and construction are inseparable[22]. In view of this it is a little easier to understand the initial concept. From the constructive point of view, the Arch was designed a little like the interior of a bone structure, where mass alone does not account for resistance, but rather the positioning of full and empty spaces.

This model explains why the architect and his engineer expressed the desire to build the structure before doing the walls and floors : not for the intellectual satisfaction alone but because the structure was to hold in place only once it was fully built. According to this logic, loading the structure prior to its completion is out of the question. Erik Reitzel was to write : "Afterwards, we shall have to see to erecting the walls, the beams and the plates on the normal floors..."[23]

He summed up this constructive approach in the feasibility study submitted in March 1984 prior to the choice of the design offices and that of the Bouygues firm.

The draughting of the structure as well as that of the foundation principle were to be conserved. The building was to be built almost as it had been drawn in the beginning; as for the principles of implementing works, they were to evolve following the studies and the call for tenders with the intervention of the design consultancies, the architect-engineer for the works and the firms.

THE ELEMENTS OF A CHALLENGE

Solidarity amongst the architect-engineers for the works often proved to be no more than a pipe-dream, and as for the firms, they were characterized by their heterogeneity more than anything else. The choice of a call for tenders by separate lots led to the settling of very many deals with firms of all sizes. Pushing forward a single worksite in these conditions was thus tantamount to a formidable challenge.

The deal for the carcase was signed in June 1985 subsequent to a number of big firms capable of doing the work having tendered. Jean Bard, Bouygues' manager of building works for the Ile de France, was extremely interested in the project and put together a small team to elaborate a response. Among the difficulties that had to be surmounted, that of building base and roof seemed to hold sway over the foundation piles and the vertical constructions. For its part, the SAE firm anticipated building the huge roof beams on the ground and

Les piles de fondation. Elles s'appuient sur une couche de calcaire à 14 m au-dessous du niveau du sol. Leur section est de 8 puis 15 m pour s'élargir en un chapiteau rectangulaire de plus de 100 m². Hauteur : 30 m environ.

● *The foundation piles. They rest on a limestone shelf 14 m below ground level and measure in cross section 8 m, at the base, then 15 m, to flare into a rectangular capital of over 100 m². Height : around 30 m.*

THE WORKSITE

19. See Erik Reitzel, "Fra brud til form" Poyteknishforlag, 1979, p. 265.
20. Erik Reitzel, "Le cube ouvert structure" ('The open cube structure'), report dated February 29 1969, stencil. pp. 86-87.

21. A. Picon, "Solidité et construction", in L'idée constructive en architecture, collective work, p. 91, Paris, Picard, 1987.
22. J.-L. Cohen, "Le constructivisme russe", p. 171, idem.
23. E. Reitzel, "Tête-Défense, le cube ouvert", stencil document. 29/02/84.

La conception des piles de fondation distingue deux parties, la partie cylindrique et le chapiteau. Leur réalisation s'est faite en cinq phases : trois phases de 5 mètres de haut, le chapiteau puis le haut du chapiteau conçu pour recevoir les pièces d'appui en néoprène qui permettent les variations dimensionnelles de la structure et servent à isoler le cube des vibrations.
Le chantier a commencé en juillet 1985, les douze piles de fondation ont été réalisées durant l'automne 1985 et l'hiver 1986.

●
The design of the foundation piles distinguishes two parts, the cylindrical column and the capital. Their construction went thru five phases : three stages of 5 m high section, the capital, and then the capital's topping designed to hold the neoprene supports that allow for the structure's dimensional variations and serve to proof the cube against vibrations. Work got on the way in July 1985 and the twelve foundation piles were settled between autumn 1985 and winter 1986.

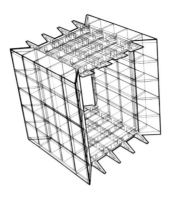

Vue perspective de la mégastructure. La structure principale du cube est en béton précontraint. Dessinée suivant une trame de 21 m, elle comprend :
– quatre cadres transversaux constitués par les piedroits dans les pattes et les poutres principales du toit et du socle ;
– quatre murs pignons aux extrémités inclinés à 45° ;
– six poutres tous les sept niveaux pour chaque immeuble ;
– les traverses secondaires du toit et du socle.
•
Perspective view of the megastructure. The cube structure designed by Spreckelsen and E. Reitzel is more or less what has been built. The cube's carcase is in concrete, and uses pre-stressed techniques. It was drawn according to a 21 metre grid and comprises four transversal frames constituted by the columns in the legs and the main beams of the roof and the base, four gable walls with their extremities bevelled at 45°, six horizontal megastructures on either side and the seconday cross beams that constitute with the main beams of the roof and the base prestressed square-meshed network.

LES PARTIES VERTICALES DU CUBE : LES PATTES NORD ET SUD

La structure principale du cube est constituée de quatre grands cadres en béton précontraint, stabilisés par quatre grandes poutres perpendiculaires situées dans le socle, ainsi que quatre autres dans le toit. Les parois du cube sont solidarisées tous les 21 mètres par des doubles planchers techniques en béton précontraint. Ces derniers encadrent une structure secondaire de sept niveaux répétée cinq fois construits de manière classique pour un immeuble de bureaux. Contrairement aux vœux d'Erik Reitzel, cette structure secondaire est construite en même temps que les mégastructures, et les murs pignons formés de deux parois accolées à l'origine sont remplacés par un mur de double épaisseur.

L'une des difficultés majeures, au cours des études d'exécution et sur le chantier, consiste à coordonner la réalisation des ouvrages de génie civil que constituent les mégastructures avec celle d'un immeuble de bureaux qui réclame une précision beaucoup plus grande à cause des équipements qu'il contient.

Les marges de tolérance en vigueur dans le bâtiment sont en effet différentes de celles requises d'un ouvrage d'art, comme un pont, par exemple. Il s'agit ici de les faire coïncider. Cette notion de tolérance est particulièrement intéressante dans la mesure où elle reflète un des enjeux du chantier, à savoir la capacité des intervenants à surmonter leurs différences pour réaliser l'ouvrage qui consiste en la superposition de milliers d'impératifs techniques et esthétiques.

GENIE CIVIL ET BATIMENT

Les ingénieurs du génie civil, par exemple, n'ont pas la même culture technique que ceux qui travaillent dans le bâtiment. Il s'agit presque d'une différence d'état d'esprit. Des divergences s'observent en effet dans la manière même d'aborder la question de la construction ou de l'édification. Les hommes du génie civil ont l'habitude de concevoir leurs projets à l'aide d'instruments scientifiques qui analysent les données et permettent de concevoir la forme la plus adaptée. Une fois sur le site, ils doivent négocier avec une nature souvent rebelle pour édifier des routes, des ponts, des ouvrages d'art. A côté de la lutte contre les éléments, les principales difficultés qu'ils rencontrent consistent en l'approvisionnement en matériaux, la localisation et l'usage des machines, enfin l'encadrement du personnel. Les processus de conception-réalisation relativement simples et linéaires auxquels ils ont affaire ne les prédisposent pas à comprendre les mécanismes beaucoup plus complexes d'un projet comme le cube.

Les hommes du bâtiment, eux, ne conçoivent pas les projets qu'ils réalisent. Ils ont l'habitude de négocier avec les architectes. Ils sont accoutumés aux hésitations et aux tâtonnements de ces derniers à toutes les phases du processus. Sont-ils, comme ils se présentent parfois, les garants de la réalité face aux dérives poétiques des hommes de l'art ? Quoi qu'il en soit, ils savent que les arguments esthétiques peuvent primer sur le raisonnement technique, ce que ne veulent pas s'avouer les ingénieurs du génie civil. Sensibles à la dialectique projet technique-projet architectural, ils aimeraient intervenir en amont de la réalisation pour valoriser leur savoir-faire technique et économique. En fait, le modèle du génie civil leur fait un peu envie.

Face aux «trous noirs» que présentent certains marchés, les ingénieurs du bâtiment réclament des systèmes de paiement en «dépenses contrôlées» qui sont en vigueur dans le génie civil, la concurrence se faisant sur les quantités et les prix unitaires et non sur un prix global qui, en théorie, ne peut être renégocié au cours des travaux. En fait, l'objectif caché des entreprises consiste, selon les maîtres d'ouvrage, à redéfinir les contrats initiaux en cours de chantier.

Dans le secteur des travaux publics, le processus de la conception à la réalisation semble se dérouler de manière plus rationnelle, et les entreprises de génie civil apparaissent à beaucoup comme plus performantes et aussi plus rentables. Ainsi, à l'image moderne d'une pratique quasi industrielle, s'oppose celle, nettement plus contrastée, du monde du bâtiment. Ce dernier se caractérise par l'extrême variabilité de la taille des entreprises et des projets. Cette diversité se révèle avec force sur les grands chantiers ; à la Défense par exemple, une PME de cent cinquante personnes peut journalière côtoyer une entreprise comme Bouygues, qui emploie plusieurs milliers de personnes. Les ouvriers des entreprises sous-traitantes succédant aux intérimaires ou aux compagnons du Minorange[26] posent là des problèmes liés à la présence des différents corps d'état sur un même lieu, au même moment.

26. Ordre de compagnonnage créé par Bouygues dans son entreprise et qui rassemble 1 000 ouvriers triés sur le volet.

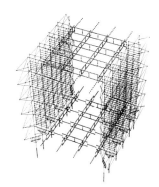

subsequently hoisting them into place. Word is that at this stage, Bouygues' agents spread rumours as to the dangers inherent to this solution[24]. Whatever the truth may be, Bouygues clinched the deal and set to work immediately. In order to do so, it set up on the site temporary premises destined to house the workers and the design offices working on the spot with the architect-engineer for the works and the verification offices. Most of the big firms also had their own premises there, which made exchange of information easier.

On the worksite, the Bouygues firm played the role of leader. It handled all the carcase and the façades, inspirited the synthesizing body, and managed the pro rata account that financed installations on the worksite. Copibat, the pilot body, took charge of management of these installations.

Bouygues set into place a production structure that leaned for support on their design offices, materials department and methods bureau. The worksite management group, directed by three people, was comprised of two entities : a production part divided into three sectors – stonework, carcase, façade – and a management entity that grouped the measurements and situations bureau as well as the secretarial service.

All told, the structure's staff numbered forty people – executives and technicians – for around six hundred building workers. At times there were to be over a thousand people working for the various firms present on the worksite. Amongst these latter, work inspectors were to note the presence of a great many temporarily employed labourers. Certain immigrant workers, who had only recently arrived at the time, were lodged in caravans near the site in dubious sanitary conditions.

Before the invitation to tender went out, an important definition phase took place in order to constitute the dossiers for the deals, but the complexity of the project made it extremely difficult to proceed by the traditional shareout of lots, because the different parts of the whole were close-knit and compact.

For the various participants, each element of this exceptional project constituted a challenge in organization and technique in itself. The figures (see bottom of the page) speak for themselves with regards the carcase.

THE CONSTRUCTION OF THE FOUNDATION PILES

In the following we shall distinguish between the construction of the foundation piles and that of the legs, and subsequent to this we shall present the techniques used for the base, the roof and the façades before ending up with the construction of the scenic lifts and the "clouds".

The foundation piles are exceptional because of the weight they bear : 300 000 tonnes once the building was finished (almost the equivalent of four Eiffel Towers per pile). The main problems to be dealt with arose from the quantity of concrete to be poured and their elliptical shape, which demanded custom-made formworking. The concreting was done in five stages : three phases of five metres in height, the capital and the upper part of the capital, this in order to solve problems of thermal gradients that arise when a too great amount of concrete is poured all at once.

The cluttered situation underground added a further constraint, since it was necessary to work around existing expressline subway and rail networks as well as motorways in order

Décomposition de la structure du cube en vue de calculer la résistance nécessaire de ses différentes parties. Les études ont porté sur l'analyse du comportement d'ensemble, sur l'évaluation des déformations et des déplacements de la structure en phase de service et pendant la construction, sur le contreventement et sur le rôle des murs intérieurs et des façades.

•
This sketch depicts the decomposition of the cube structure in view of calculating the necessary resistances of its different parts. Studies bore on analysis of the overall behaviour of the megastructure, the evaluation of deformations and displacements in the structure both during construction and when in use, and on the roles of the interior walls and the façades.

Dimensions of the cube : *117 x 112 x 111 m high*

Out of the fabric surface :

Upper plateau	:	25 000	m²
North leg	:	65 000	m²
South leg	:	65 000	m²
Lower plateau	:	25 000	m²
Total superstructure	:	**180 000**	m²
Infrastructures under legs	:	8 000	m²
Infrastructures outside of legs	:	32 000	m²
Total infrastructures	:	**40 000**	m²
Total out of the fabric surface	:	**220 000**	**m²**

Significant quantities

Total concrete	:	125 000	m³
Total steel	:	13 000	t
Total pre-stressed elements	:	1 200	t
Total pre-cast elements			
Floors (av. 12 m²)	:	12 000	
Miscellaneous (sheaths, stairs, stems, beams)	:	20 000	
Total hours for carcase	:	1 000 000	
Reinforcements	:	250 000	h

---

24. *According to E. Campagnac and V. Nouzille in* Citizen Bouygues, *Belfond, 1988 (ch. 9 "Le casse-tête Défense").*

Eté et automne 1986 –
hiver et printemps 1987 :
construction des immeubles
verticaux, construction du
socle. Les deux immeubles
sont réalisés simultanément
à raison d'un étage tous les
quatre jours. Pour
la réalisation des planchers
et des escaliers, on fait
appel aux techniques de
préfabrication. Les façades
sont coulées à l'aide d'un
coffrage sur deux niveaux
à la fois. Les éléments
verticaux de la
mégastructure sont réalisés
sur un cycle de huit jours à
l'aide d'un coffrage sur deux
niveaux également.

A droite : une partie du
personnel employé sur le
chantier par l'entreprise
Bouygues, devant une des
poutres du socle d'une
hauteur de 8,30 m
et d'une portée de 70 m.
●
*Summer and autumn 1986
– winter and spring 1987 :
construction of the vertical
buildings and of the base.
The two buildings went up
simultaneously at the rate
of one floor every four days.
Floors and stairs entailed
the use of precast elements
while façades were poured
using split level formwork.
The vertical elements of the
megastructure were built in
8-days cycles with similar
type split level formwork.*

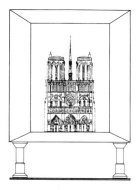

LE GROS ŒUVRE

La réalisation du gros œuvre des bâtiments verticaux conditionne l'avancement du chantier et l'intervention des autres entreprises ; aussi la réflexion s'est-elle d'abord axée sur la rapidité de l'exécution. Des solutions techniques et d'organisation ont été adoptées pour tenir le délai extrêmement court de quatre jours par étage. Les travaux simples sont distingués des travaux complexes comme les mégastructures. En effet, si l'on peut prévoir, en se basant sur l'expérience acquise, le temps nécessaire pour couler un plancher ou mettre en place une prédalle, il est très difficile d'évaluer le temps réclamé par la mise en place des ferraillages et des câbles de précontrainte insérés dans les mégastructures.

Quatre types d'ouvrages sont particularisés :
– les mégastructures verticales ;
– les voiles longitudinaux d'étages courants et des pignons ;
– les dalles de plancher, poutres, escaliers préfabriqués ;
– les chapes sur les dalles préfabriquées.

Chaque type d'ouvrage est réalisé à l'aide d'un béton particulier. Du fait de la densité de ferraillage et de câblage nécessaire dans la partie inférieure des pattes, des bétons d'une résistance exceptionnelle de 50 Mpa (mégapascal) sont utilisés ; les façades, les voiles d'étages courants, et les dalles sont coulés en quatre jours parallèlement à la mise en place des escaliers et des prédalles ; les mégastructures verticales sont réalisées sur deux étages en huit jours.

Pour accélérer le travail, deux équipes d'ouvriers sont mises en concurrence sur chacun des deux bâtiments. Cette organisation a permis d'atteindre le rythme prévu par Jean Bard, sauf au début du chantier, où l'une des deux équipes a pris du retard à cause de sa méconnaissance des problèmes de précontrainte, technique peu utilisée d'habitude dans les projets-bâtiments.

LE SYSTEME DES BUTONS

Une polémique s'est engagée au sujet du moyen à employer pour empêcher le basculement vers le centre des immeubles avant la construction du toit qui rigidifie l'ensemble. Certains estimaient possible de mettre des étais reposant sur le socle ; d'autres, prétendant que cette solution risquait de charger dangereusement le socle, proposèrent l'installation de butons entre les deux bâtiments.

Défendue par les ingénieurs du génie civil, cette dernière option l'emporta finalement. Les butons sont des poutres métalliques en treillis coincées entre deux bâtiments. Elles sont isolées thermiquement pour ne pas se déformer avec les changements de température, et elles ont permis de suivre les efforts exercés au cours de l'avancement du chantier et de contrôler la géométrie des façades.

LES DISPOSITIFS D'AUSCULTATION : SONDAGES ET MESURES

Il est nécessaire de vérifier les hypothèses concernant le rôle de la couche de calcaire grossier sur laquelle reposent les douze piles. Cette couche peut soit uniformiser les tassements entre des piles voisines, soit ne pas jouer son rôle de répartition et laisser les piles travailler de manière indépendante, ce qui risque d'entraîner des fissures dans le bâtiment. Des schémas de tassement différentiel sont établis pour calculer la structure, mais il est nécessaire de vérifier la validité des hypothèses au fur et à mesure de l'avancement. En effet, le comportement de l'ouvrage est très différent en phase de construction, dite provisoire, et en phase définitive. En phase provisoire, les piles et les poutres du plateau inférieur n'assurent qu'un encastrement très partiel. Le poids même du plateau entraîne une rotation et un rapprochement des immeubles verticaux qui est empêché par les quatre butons. En phase définitive, le plateau supérieur limite les déformations des cadres de la mégastructure.

Trois types de mesures sont mis en place pour appréhender les tassements :
– le nivellement optique des appuis du cube ;
– la mesure des déformations dans le béton des piles, qui renseigne sur la répartition des efforts dans ces piles ;
– la mesure des couches profondes afin de déterminer, si besoin est, la couche à consolider[27].

Le nivellement des appuis est mesuré à l'aide de deux repères fixés en tête de chaque chapiteau, alors que la vérification du béton dans les piles s'effectue à l'aide de « cordes vibrantes » noyées dans les fûts des piles qui permettent de suivre les déformations verticales dans le béton. Pour contrôler le tassement des couches profondes, des sondes sont utilisées sur une profondeur de 60 mètres.

La verticalité des immeubles est assurée en associant la mesure de la distance des repères

27. D'après *Tête-Défense « Le cube »*, Mission de la cellule qualité sur le chantier Tête-Défense, 11 septembre 1987, p. 6.

to settle the twelve columns, that at one stage made the worksite look like a temple emerging slowly from the muddy depths of la Défense.

Neoprene plates wedged between the cube's structure and the upper part of the capitals proofed the megastructures against vibrations caused by the various circulations underground and enabled the cube to absorb the thermal reactions, the bulge of the concrete and the wind effects. These plates can be replaced in the future if necessary.

Once the building was finished, these piles disappeared from view. Little by little they were obstructed by walls; some formed the edges of the building and others constituted ancillary premises that gripped the columns in complex and meshed strait-jackets.

THE VERTICAL PARTS OF THE CUBE : THE NORTH AND SOUTH LEGS

The main structure of the cube consists of four huge pre-stressed concrete frames, stabilized by four big beams perpendicular to them settled in the base, and four others in the roof. The walls of the cube are tied in every twenty-one metres by double technical floors in pre-stressed concrete. These floors frame a secondary structure of seven levels repeated five times over and built according to normal practice for an office building. Contrary to Erik Reitzel's wishes, this secondary structure was built simultaneously with the megastructures, and the gable walls formed originally by two bonded partitions were replaced by a double thickness wall.

One of the major difficulties in the course of the execution studies and on the worksite was to coordinate the construction of the civil engineering-type works that were the megastructures with those of an office building, since the latter called for greater precision given the fittings they were destined to house.

In effect, the tolerance margins applicable to a building differ from those of a piece of engineering work like a bridge for instance. This notion of tolerance is especially interesting in that it mirrors one of the questions primarily at stake on the worksite : the capacity of the participants to overcome their differences in order to do a job that consisted in the overlaying of thousands of technical and aesthetic imperatives. But the final result is worth.

CIVIL ENGINEERING AND BUILDING

Civil engineers do not possess the same technical culture as people who work in building. The difference could be said to lie in a state of mind. Divergences are apparent even in the way they approach a question of construction or edification. Civil engineers are in the habit of conceiving of their projects with the assistance of scientific instruments that analyse data and enable the designing of the best adapted shape. Once on the site, they have to contest with an often rebellious natural environment in order to build roads, bridges or engineering works. Apart from this struggle against the elements, the main difficulties they encounter consist in materials supply, localization and use of machinery, and finally, personnel management. The relatively simple and linear processes of design and construction they are used to do not pre-dispose them to understand the far more complex mechanisms of a project like the cube.

As for building people, they do not conceive of the projects that they build and are past masters in negotiating with architects. They are used to their hesitations and uncertainties, and to all the phases of the process. Does this mean though, as building people often claim it does, that they guarantee reality in the presence of the poetical digressions of the men of art ? Whatever the truth may be, they know that aesthetic arguments can win out over technical reasoning, a point civil engineers are reluctant to concede. Attentive as they are to the dialectic between the technical and architectural projects, building people would like to take a hand before the realization phase in order to play up their technical and economic know-how. In fact, they are a little envious of the civil engineering process.

Faced with the "bottomless pits" that certain deals turn out to be, building engineers demand payment systems by "controlled expenditure", the which are current in civil engineering. Competition bears on quantities and unitary prices and not on an overall price which in theory can not be renegotiated in the course of the works. In fact, according to contracting authorities, the unavowed objective of many firms is to redefine initial contracts once work is under way.

In the public works sector, the design and construction process seems to unfold in a more rational way, and civil engineering firms

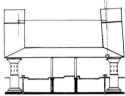

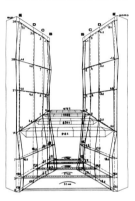

En haut : mise en place d'un buton. Au fur et à mesure de la construction les butons ont été déplacés.
Milieu : le comportement des ouvrages déjà réalisés a été suivi jusqu'à la fin du chantier. Dans les piles ont été inclus des cordes vibrantes. On voit sur le schéma l'indication du repère pour le nivellement optique ainsi que le principe du contrôle de l'aplomb par rayon laser.
En bas : déformations des pattes au 17.08.87.
La déformation du bâtiment en phase de construction est mesurée régulièrement pour être comparée aux hypothèses de calcul.

•

Top : setting into place of a stay. As construction went ahead, the stays were shifted.
Middle : the behaviour of the completed parts was followed up right until termination of the work. Vibrating cables were set in the piles. This diagram shows the marker for the optical levelling as well as the laser beam plumb checking principle.
Bottom : deformations of the legs on 17/8/87. Deformation of the building in the construction phase was regularly gauged to compare with calculation hypotheses.

La réalisation du socle
a servi de terrain
d'expérimentation aux
techniques employées
pour le toit.

A droite : vue du toit
en construction à travers
la réservation ménagée dans
le plancher du socle pour
installer les escaliers d'accès.
La construction du toit
débute en juin 1987.

●
*Building the base served
as a test bed for techniques
employed later on the roof.*

*Right : view of the roof
under construction viewed
from the pocket left in the
base to install the service
lifts. Construction of the
roof got under way in
June 1987.*

A gauche : armatures d'une poutre de la mégastructure. A droite : la poutre achevée.

Page de droite, en haut : éléments en béton permettant la mise en place des marches.
●
Left : reinforcements of one of the megastructure's beams.
Right : the finished beam.

Opposite page, top : concrete elements used for the setting into place of the steps.

Page de droite, en bas : construction des poutres du toit. La mise en place d'un portique constitué par des fûts de grues et des poutres en treillis, s'appuyant sur des corbeaux démontables, permet la constitution d'un fond de coffrage pour couler successivement à 100 m du sol les quatre poutres d'une portée de 70 m, d'une hauteur de 9,50 m et pesant 2 000 tonnes chacune. La poutre est coulée en sept tronçons de 10 m de long en commençant de chaque côté et en déplaçant les coffrages à l'aide d'une grue.
●
Opposite page, bottom : construction of the roof beams. The setting into place of a portal frame constituted by crane masts and trellis beams supported by knockdown corbels served as a base for the formworking used for pouring – 100 m up in the air – the four 70 m long beams, 9.5 m high, each weighing 2 000 tonnes. The beams were poured in seven 10 m stages working from either side, with the formworking being moved by a crane.

d'implantation à différents niveaux et la mesure de leurs aplombs. Pour contrôler ces derniers, un émetteur de rayon laser est utilisé[28].

Les mesures sont effectuées par une « cellule qualité », responsable du contrôle externe sur le chantier ; elles sont réalisées systématiquement une fois par mois et à la suite de chaque opération importante : mise en place d'un buton, mise en tension des câbles de précontrainte, susceptibles de modifier la géométrie des deux immeubles.

Ces procédures de contrôle permettent de vérifier si l'ouvrage construit est conforme aux plans d'exécution. Etage par étage, il faut s'assurer que les tolérances dimensionnelles sont respectées. Celles-ci sont plus grandes que celles généralement admises dans le bâtiment à cause des ouvrages de génie civil que sont les mégastructures. En cas d'erreur, la démolition de la partie défectueuse devient nécessaire, car les systèmes de positionnement des cloisons et des équipements tiennent compte de marges d'imprécision préalablement négociées.

LA CONCEPTION DU SOCLE ET DU TOIT

Selon Jean Bard, qui suit le dossier depuis le lancement de l'appel d'offres, la recherche de solutions originales d'abord a porté sur la réalisation du plateau supérieur du cube, qui est la partie la plus difficile à construire. Pour le reste, l'entreprise est parvenue à revenir à des cas de figures connus, méthode fréquemment utilisée car elle permet de calculer les prix et de connaître les délais nécessaires en s'appuyant sur un savoir-faire directement utilisable.

Le toit est assimilable à un plateau d'un hectare posé sur deux immeubles à cent mètres de haut au-dessus du parvis de la Défense. Sous ce plateau, Notre-Dame-de-Paris pourrait facilement tenir...

Préfabriquer les poutres puis les hisser est la solution préconisée par l'appel d'offres. Cette technique présente des risques car il est difficile de prévoir les effets de la chute d'une poutre de près de 2 000 tonnes sur le parvis ! Trois autres solutions sont envisageables. La première consiste à préfabriquer au sol des éléments de la poutre et à les mettre en place comme les voussoirs d'un pont, en prenant appui sur le der-

nier élément en place pour lancer le suivant. La deuxième envisage de construire le voussoir en encorbellement en le coulant sur place ; là aussi, il s'agit d'une technique d'ouvrage d'art. Bouygues préfère une troisième solution : réaliser la poutre en utilisant un énorme portique et des méthodes traditionnelles pour le coffrage. Le choix de cette dernière solution témoigne de ce va-et-vient entre éléments connus et inconnus qui caractérise la conception des projets très complexes, où il faut inventer de nouvelles techniques de réalisation dans des délais très courts.

Plusieurs raisons sont invoquées pour justifier le choix de cette méthode :
– la solution coulée en œuvre n'entraîne pas de contrainte en phase provisoire ; en particulier, il n'y a pas de risque d'effort dissymétrique comme cela peut être le cas pendant des opérations d'encorbellement ;
– les outils expérimentés pour le socle peuvent servir pour le toit ; le chantier devient le lieu de l'expérimentation de ses propres techniques de mise en œuvre ;
– les moyens mécaniques utilisés sont connus.

Des parentés s'établissent entre des chantiers de bâtiment plus traditionnels et ce gigantesque cube. La technique du coffrage des poutres est en effet assez courante ; la différence se situe dans l'échelle, qui oblige les techniciens à pousser leur savoir-faire à son paroxysme. Le recours à des techniques simples dans des conditions extrêmes s'avère des plus impressionnants. Ainsi, la relative routine de l'univers du bâtiment explose à cause du caractère expérimental de l'ouvrage. De nombreux retards sont imputables à ce changement d'échelle, la multiplication des paramètres à contrôler rendant très difficile le suivi d'un planning.

Pour couler les poutres à 100 mètres de haut, il faut résoudre un très grand nombre de problèmes. Ainsi, le portique destiné à supporter le coffrage doit présenter une stabilité parfaite. Deux fûts de grue reliés par une poutre sont utilisés. Ce cintre sert de fond aux gigantesques coffrages basculants et roulants qui permettent de couler d'un coup une portion de 15 mètres de long. Il avance dans l'axe du bâtiment grâce au déplacement des deux fûts de grue de manière simultanée ; la méthode s'appuie sur une technique éprouvée : le mouvement d'une grue sur

28. Un rayon laser est émis verticalement depuis une base fixée au niveau 0. Le rayon remonte à travers des réservations ménagées dans les planchers. On l'intercepte au niveau

d'un étage sur une plaque translucide et on situe la tache lumineuse laissée sur cette plaque dans le repère d'implantation de l'étage. La précision est de 2 mm.

appear in the eyes of many people to be both better and more profitable performers than many others. Thus, in opposition to the modern image of an almost industrial practice, stands the much more contrasted image of the building world. The latter being characterized by the extreme variabilty of the size of firms and projects. This diversity comes to the fore dramatically on big worksites; at la Défense for instance, a medium-sized firm employing one hundred and fifty people could be in daily contact with a firm like Bouygues, which has thousands of employees. Workers from sub-contracting firms coming on the scene after temporarily-employed workers or journeymen from the Minorange association invariably led to different bodies being in the same place, at the same time[25].

THE CARCASE

The construction of the carcase of the vertical buildings conditioned the progress of work and the intervention of other firms; because of this, thought centred on swiftness of execution. Technical and organization solutions were adopted in order to keep to the incredibly short deadline of four days per floor. Simple works were distinguished from complex works such as the megastructures. In effect, while it remained possible to foresee the time necessary to pour a floor or set in place a pre-slab going on past experience, it was a very difficult matter to evaluate the time it would take to set into place the pre-stressed steelwork or cables inserted in the megastructures.

Four types of works were distinguished :
– the vertical megastructures;
– the longitudinal stems of the running floors and gables;
– the floor slabs, beams, pre-cast stairs;
– the topping on the pre-cast slabs.

Each type of job was done using a special mix of concrete. Because of the density of the steelwork and cabling necessary in the lower part of the legs, concretes with an exceptionally high resistance of 50 Mpa (Megapascal) were used; the façades, floor stems and running floors and the slabs were poured in four days simultaneously to the setting into place of the stairs and pre-slabs; the vertical megastructures were done by leaps of two floors in eight days.

In order to step up the speed of work, two teams of workers were set into competition on each of the two buidings. This organization generated the rhythm that Jean Bard was looking for, except at the outset of work when one of the teams fell behind because of a lack of knowledge in pre-stressed techniques, these being generally uncommon in project-buildings.

THE STAY SYSTEM

Disputes were rife over the means to be employed to keep the buildings from leaning inwards before the construction of the roof came to rigidify the whole. Some people thought it would be possible to use props braced against the base; others claimed this solution would dangerously overload the base, and proposed the settling of stays between the two buildings.

With the support of the civil engineers, the second option was to win out in the end. The stays were metallic beams jammed between the two buildings to form a lattice work. They were heat-proofed so as not to expand or contract with temperature changes, and they enabled the gauging of stresses exerted as work went ahead, and the checking of the geometry of the façades.

THE DEVICES FOR DIAGNOSIS :
SOUNDINGS AND MEASUREMENTS

Needless to say, the hypotheses concerning the role of the layer of coarse limestone on which the twelve piles rest had to be checked. This layer could either unify the settlement between neighbouring piles, or play a sharing out role and leave the piles to work independently, which would threaten fissuring of the building. Differential settlement diagrams were drawn up to calculate the structure, but it remained necessary to check on the validity of hypotheses as work went ahead. In effect, the "behaviour" of the work would differ greatly during the phase termed as temporary and that which was definitive. In the temporary phase, the piles and beams of the lower plateau had an end-fixity that was only partial. The weight of the plateau itself caused a rotation and a drawing together of the vertical buildings which was corrected by the four stays. In the definitive phase, it was the upper plateau that limited the deformation of the megastructure's frames.

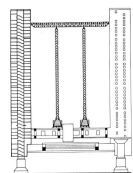

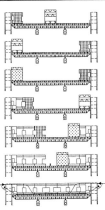

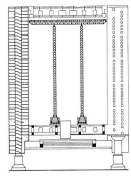

25. A journeymen's order created by the Bouygues firm and that groups 1 000 carefully selected workers.

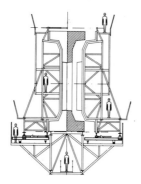  

Un coffrage basculant
et roulant ; le coffrage
se déplace dans l'axe
du portique et s'ouvre pour
le décoffrage et le nettoyage.
On voit ici les ferraillages
ainsi que les fourreaux des
câbles de précontrainte juste
avant le coulage du béton.
•
*A tilting and rolling
travelling form ; the
formwork moved along the
axis of the portal frame and
could be stripped for
de-forming and cleaning.
Visible here is the steelwork,
as well as the prestressed
cable sheaths just
before pouring.*

un chemin de grue est bien connu. Pour assurer la stabilité dimensionnelle, le cintre est entièrement isolé thermiquement.

Après le choix des outils, il était nécessaire d'utiliser un béton extrêmement résistant et susceptible d'être pompé pour ne pas avoir à utiliser une grue supplémentaire. En effet, pour ce chantier, le rôle des grues est strictement planifié, car la taille du site de construction ne permet pas de les multiplier indéfiniment et le maximum est vite atteint dans la mesure où il faut constamment contrôler le croisement des flèches. Des systèmes automatiques avertissent le grutier, qui suit par liaison radio les recommandations des chefs de chantier ou des chefs d'équipes pour manœuvrer les charges.

Au début des études, on s'aperçoit que la fluidité nécessaire au pompage est incompatible avec le type de béton réclamé par les ingénieurs. Des recherches sont menées et un béton spécial hyperrésistant à base de fumée de silice est mis au point, contrôlé par un laboratoire installé sur le site par le CEBTP (centre de recherches dépendant de la Fédération nationale du Bâtiment)[29].

Le système d'appui du cintre est différent pour le socle et le toit, mais dans les deux cas, 70 % des charges en phase de construction sont réparties au sol par l'intermédiaire des fûts de grue supportant le portique ou par les échafaudages pour le socle, sans créer de contraintes dans les poutres ou sur les appuis néoprènes.

La réalisation du plateau inférieur comprend la mise en place d'un coffrage circulaire pour couler le « cratère » qui donne accès aux espaces du « socle » et du sous-socle destinés à l'origine au Carrefour international de la Communication.

Les mégastructures qui relient un bâtiment à l'autre sont réalisées à l'aide du cintre et des coffrages métalliques, puis des poutres métalliques amenées par grue sont posées perpendiculairement entre deux mégastructures, permettant la construction d'un plancher de travail. A partir de celui-ci, les poutres secondaires sont coulées pour former une structure de trame carrée de 20 m × 20 m. On peut alors réaliser les plafonds à caissons et les planchers.

Les consoles des plateaux supérieurs et inférieurs qui constituent les extrémités des poutres secondaires sont réalisées avec des coffrages spéciaux et coulées peu à peu. Pour les tympans les compagnons travaillent sur un plateau suspendu que l'on avance au fur et à mesure.

La liaison du toit et du socle avec les deux immeubles fait appel aux techniques de la précontrainte. En fait, tout l'immeuble est comme maintenu dans un gigantesque réseau de câbles tendus. Pour les calculer, un travail considérable est mené à bien par les ingénieurs de chez Coyne-Bellier puis les bureaux d'études de l'entreprise Bouygues à partir des réflexions d'Erik Reitzel.

Ainsi que la plupart des ouvrages modernes, la structure est calculée par une méthode d'éléments finis. Comme son nom l'indique, ce type de méthode consiste à calculer une valeur approchée des efforts en divisant la structure en petits éléments sur lesquels on transforme le système généralement très complexe des équations aux dérivées partielles dont on cherche la solution en un système plus simple. Pour obtenir une approximation des efforts dans toute la structure, on résout les équations simplifiées sur chacun des petits éléments en écrivant des conditions de raccordement et des conditions aux limites.

LES FAÇADES

Le traitement des façades apparaît comme une partie essentielle du projet. Son caractère monumental réclame en effet cet aspect lisse et parfaitement assemblé présenté par les tympans aveugles, les façades verticales et horizontales.

De ce point de vue, l'Arche apparaît comme une gigantesque déclinaison de la figure du cube : carrés, diagonales et pyramides. En jouant sur l'échelle, les différents motifs règlent la position des mégastructures, celle des panneaux vitrés et celle du croisillon des fenêtres, un peu comme certains thèmes de l'architecture arabe donnent leur forme au claustra, à la poutre et au sommet du rempart, comme si chaque élément contenait l'idée et la forme de l'ensemble, lui-même composant à partir de ces figures celle qui les exprime toutes. L'Arche se présente ainsi comme l'assemblage multi-directionnel de pièces carrées, cubiques et pyramidales assemblées entre elles de manière régulière et ordonnées afin de former le cube.

Selon le dossier d'avant-projet définitif, du marbre de Carrare recouvre les portiques biais et du granit gris clair constitue le matériau du plateau. Les façades intérieures sud et nord ainsi que le sous-toit sont en aluminium. Les mégastructures horizontales et verticales devaient s'exprimer en façade par des plaques de bronze, mais

---

29. CEBTP : Centre expérimental de recherches du Bâtiment et des Travaux publics.

Three types of measurements were made to gauge the settlements :
– the optical levelling of the cube's supports;
– measurement of deformations in the concrete of the piles, which was indicative of the shareout of stresses in these piles;
– measurement of the deep layers in order to determine whether they needed to be consolidated[26].

The levelling of the supports was measured with the help of two markers fixed on the head of each capital, while checking of the concrete in the piles was done by using "vibrating ropes" sunk in the trunks of the piles, and which made possible the gauging of vertical deformations in the concrete. To check the settlement of the deep layers, soundings were made to a depth of sixty metres.

The verticality of the buildings was ensured by associating measurement of the distances between markers set at different levels, and gauging of their plumb line. A laser beam was used to check this last point[27].

Measurements and soundings were carried out by a "quality" work group in charge of external verification of the works; they were done systematically once a month and subsequent to each major operation – the settling of a stay, the stretching of pre-stressed cables – which might modify the geometry of the buildings.

These control procedures enabled checking whether the built work was in compliance with the plans of execution. Floor by floor, dimension tolerances had to be held to. These were greater than those generally accepted in building because the megastructures were works of civil engineering. In the case of error, demolition of the defective part was inevitable since the positioning systems of walls and fittings were based on margins of imprecision negotiated beforehand.

DESIGN OF THE BASE AND ROOF

According to Jean Bard who worked on the dossier as of the launching of the call for tenders, the search for original solutions centred mainly on the construction of the upper part of the cube, which was the most difficult part to build. For the rest of the carcase, his firm managed to apply solutions used elsewhere – a method often used since it enables calculation of both prices and the necessary deadlines, and is based on know-how that is directly applicable.

The roof is comparable to a plateau of one hectare in area resting on two buildings one hundred metres above the open square of la Défense. Notre Dame de Paris could easily fit under it.

Pre-engineered beams that could be hoisted into place constituted the recommended solution in the call for tenders. This technique was risky though, since it was difficult to predict the effects a beam weighing nigh on two thousand tonnes would have if it fell on the open square!... Three other solutions seemed feasible. The first consisted in prefabricating elements of the beam on the ground and hoisting them into place like the arch stones of a bridge, piecing them together one after the other. The second envisaged the building of the arch stone elements in overhang by pouring them on the spot; here again, the practice is one common in engineering work. Bouygues was to prefer a third solution though : building the beam by using a giant portal frame to support traditional methods of formworking. The choice of this solution gives evidence of the flow and backflow between known and unknown parameters that is characteristic in the technical design of highly complex projects, where new techniques have to be invented in no time at all.

Several reasons were put forward to justify the choice of this method :
– the in-site pouring solution would not give rise to any constraint in the intermediate phase; in particular, there was no risk of dissymetrical stress as is the case in overhang operations;
– the tools elaborated for the base could also serve for the roof; the worksite thus became a laboratory for the experimenting of its own techniques;
– the mechanical means used were familiar.

Affinities began to appear between more traditional building worksites and the giant

Construction du toit. Les poutres reliant un immeuble à l'autre réalisées, un plancher de travail s'appuyant sur des « petites » poutres préfabriqués (pesant 40 tonnes) placées perpendiculairement aux premières a permis d'exécuter dans des conditions plus faciles les grandes poutres secondaires coulées sur place constituant ainsi les parois des salles carrées de 20 × 20 m du toit. Pour la construction du plafond un système de caissons en béton a été employé.

●

Construction of the roof. Once the beams linking one building to the other were completed, a working floor supported by «small» precast breams (weighing 40 tonnes) placed perpendicularly to the others facilitated pouring of the secondary beams that constituted the walls of the roof's 20 × 20 m rooms. A concrete caisson system was used to build the ceiling.

26. See Tête-Défense "Le cube", Assignment of the quality work group on the Tête-Défense work site. September 11, 1987, p. 6.
27. A laser beam was projected vertically from a base fixed on 0 level. The beam travelled up thru holes left in the floors. It was intercepted on the floor level by a translucid plaque and the luminous trace left on the plaque was used as a marker to lay out the floor. The precision was to 2 mm.

Les poutres de la
mégastructure reliant
les deux immeubles.
Après l'exécution des
grandes poutres secondaires
en partie centrale, un
système mobile, auquel est
accroché un coffrage, est mis
en place à leurs extrémités
pour la réalisation des
consoles. Cet appareillage
permet de réaliser la console
par morceaux, en porte-
à-faux, coulés en place
successivement et mis en
tension en précontrainte au
fur et à mesure.
De « petites » poutres
préfabriquées seront ensuite
disposées à l'aide d'un pont
roulant pour relier les
consoles entre elles.
●
*The beams of the
megastructure linking the
two buildings.
After the execution of the
big secondary beams in the
central part, a mobile
system on which
formworking was hung was
set into place at their ends
to build the consoles. This
device enabled the consoles
to be built piece by piece,
in cantilever, poured
successively on the spot and
prestress tensioned as work
went ahead. « Small »
precast beams were
subsequently laid out from a
rolling bridge to link
the consoles.*

cette proposition sera abandonnée, contrairement aux autres, sur les conseils de Ieoh Ming Pei à cause des risques de noircissement du métal.

MARBRE ET METAL

Le caractère parfaitement lisse de l'ensemble s'apparente à la culture danoise du design, si l'on pense notamment à la finition et l'aspect poncé du mobilier danois moderne ; l'assemblage est visible mais encastré, comme effacé.

Cette attitude face à la technique, qu'il s'agisse du meuble ou du bâtiment, est paradoxale. Elle pose la question de l'utilisation moderne de matériaux traditionnels. On a parfois l'impression qu'au Danemark, si la conception fait appel à une stylistique contemporaine, la réalisation passe par des techniques presque artisanales. L'usage encore très courant de la brique peut témoigner dans ce sens.

Le choix du marbre pour l'Arche pose ce type de problème car il confronte des techniques impliquant rapidité et performance à un matériau massif et assez fragile, qui bénéficie cependant d'une forte connotation symbolique : c'est le matériau du monument par excellence.

Par ailleurs, le marbre blanc de Carrare des tympans s'oppose à l'aspect de miroir des façades latérales. De manière un peu littérale on conjugue ici, semble-t-il, tradition et modernité. Le marbre dont Michel-Ange a tiré la matière de ses *Pietà* renvoie au passé et à une architecture d'apparat. Le verre et l'acier au contraire, produits de la technologie moderne, assimilent le bâtiment à un objet futuriste et sophistiqué. Sur le chantier, l'utilisation de ces matériaux entraîne des processus bien différents.

Le choix du marbre constitue un moment particulièrement difficile pour la maîtrise d'ouvrage, partagée entre les exigences de Spreckelsen et les contraintes économiques. Le marbre choisi par Spreckelsen coûte en effet beaucoup plus cher que celui proposé par l'entreprise de pose. Pour le marbre, les techniques de taille et d'extraction, si elles ont évolué, sont restées identiques dans leur principe : il s'agit de creuser dans les falaises, de découper les plaques avant de les poncer puis de transporter à Paris les trois hectares de revêtement nécessaires pour les sols et les façades ; le tout constitue un processus lent et chaotique. Sur place, l'accroche des panneaux se fait manuellement sur des rails fixés au béton. Au début, Spreckelsen avait envisagé la possibilité de régler la planéité des plaques par les angles ; ce système est abandonné, les cabochons

restent néanmoins comme une trace des études faites dans cette intention.

A l'opposé, les panneaux d'acier et de verre sont des produits industriels ; après la patiente mise au point d'un prototype, quatre mille éléments sont réalisés pour couvrir les quatre façades. Livrés déjà montés, ils comportent leur dispositif d'accrochage et de réglage intégré. La fluidité de ce processus de réalisation s'apparente davantage à celui de la mise en œuvre de la structure – d'un point de vue théorique tout au moins, car les aléas du chantier s'opposent presque toujours au déroulement rationnel et parfait des procédures imaginées.

LES PANNEAUX METALLIQUES

Un des paradoxes du bâtiment réside dans la dissimulation totale de sa structure. Spreckelsen a dessiné des façades en béton entièrement recouvertes de marbre, de verre et de métal. L'étude de leur mise en œuvre par François Deslaugier, sous la responsabilité de Paul Andreu qui a choisi celui-ci pour ses travaux sur les structures métalliques, les font évoluer dans leurs formes comme dans leurs matières.

Selon l'étude de faisabilité réalisée par l'architecte danois et rendue en mars 1984, les façades composées d'éléments préfabriqués en béton sont montées après la construction de la mégastructure. Chaque ouverture de forme carrée est fermée par un panneau vitré à l'intérieur et à l'extérieur. L'embrasure est recouverte par un capotage en acier. Bouygues a réalisé simultanément la façade et la structure en les coulant sur place, arguant des économies de temps. Les panneaux métalliques ont été montés une fois la façade en béton achevée bien qu'il fût un moment question de les accrocher avant que le coulage du béton ne soit terminé. Cette solution fut abandonnée ; elle présentait des risques pour les ouvriers qui, travaillant aux étages inférieurs, ne pouvaient être complètement protégés des éventuelles chutes d'objets.

Pour concevoir les panneaux à partir des schémas initiaux, l'équipe de François Deslaugier commence à travailler en collaboration avec Spreckelsen en cherchant à dimensionner de manière plus précise l'ensemble des éléments. Il s'agit de donner sa forme définitive à la façade, sachant que le bâtiment doit être entièrement recouvert d'un nombre entier d'éléments en marbre et en verre.

Cette réflexion, qui part d'une conception de l'extérieur pour définir celle de l'intérieur, était

cube. In effect, the technique of formworking beams is quite common ; the difference was in the scale, which meant that technicians had to push their know-how to its limits. This recourse to simple techniques in extreme conditions proved spectacular. Because of the experimental nature of the work, the relative routine of the building round was blown to pieces. A great many delays can be laid to the charge of this change in scale since the multiplication of parameters to be controlled made it extremely difficult to hold to a work schedule.

A great many problems had to be dealt with in order to pour beams one hundred metres up in the air. The portal frame destined to carry the formwork had to be perfectly stable. Two crane masts linked by a girder were used. This frame served as a support for the gigantic travelling forms that enabled 15 metre sections to be poured at a time. It was moved along the axis of the building by the simultaneous shifting of the two crane masts; the method is based on a proven technique : that of moving a crane along a crane track. To ensure dimensional stability, the frame was entirely heat-proofed.

Once the tools were chosen, other obstacles had to be tackled. Thus it was necessary to use a highly resistant concrete that could be pumped in order to avoid using another crane. In effect, the role of cranes was strictly defined since the area of the worksite limited their number, and given the fact that the crossing of their masts had to be controlled at every minute, a maximum was soon reached. And this even if nowadays automatic systems warn the crane driver, who is in radio contact with the site heads and foremen when shifting loads.

As of the outset of studies it became clear that the fluidity necessary for the pumping was incompatible with the type of concrete requested by the engineers. Research got under way and a special hyper-resistant silica-based concrete was developed in a laboratory set up on the site by the CEBTP, a research centre dependent on the French national federation for building[28].

The frame's support system for the base differed from that for the roof, but in both cases 70 % of the loads during the construction phase were spread out over the ground thru the intermediary of the crane masts carrying the frame or by the scaffolding for the base, without creating constraints in the beams or the neoprene supports.

Construction of the lower plateau entailed the setting into place of circular formwork to pour the "crater" that gave access to the spaces in the base and sub-base, which were originally destined to the communications centre.

The megastructures linking one building to the other were built using frame and metallic formwork, following which metallic joists were hoisted into place perpendicularly between the two megastructures, thus enabling the laying of a work floor. Elaborating on this, the secondary girders were poured to form a square mesh structure of 20 m × 20 m, and this in turn was followed by the caisson ceilings and the floors.

The consoles of the upper and lower plateaux constituted by the extremities of the secondary girders demanded special formwork, and were poured little by little. For the spandrels, journeymen worked on a suspended platform which was moved forward as work went ahead.

The joining of the roof and base to the two buildings called for special prestressed techniques. In fact, the entire building stands as if it were held up by a gigantic network of stretched cables. Calculating them gave a good deal of work to the engineers from Coyne-Bellier and the Bouygues' design offices, who elaborated on the reflexions of Erik Reitzel.

As with most modern works, the structure was calculated using a method of finite elements. As its name suggests, this method consists in calculating an approximate value of stresses by dividing the structure into small elements onto which is transformed the usually very complex system of partial derivative equations, whose solution is sought in a simpler system. To obtain an approximation of stresses throughout the entire structure, the simplified equations are worked out for each of the small elements by defining conditions of joining and of limits.

THE FAÇADES

Their treatment appears as an essential part of the project. In effect, its monumental character called for the smooth and perfectly assembled aspect that is that of the spandrels, and the vertical and horizontal façades.

28. CETBP : Experimental research centre for Building   and Public works.

La mise en place des panneaux de façade ne demande pratiquement pas de manipulation de l'extérieur. Ils sont hissés par un système de treuil roulant le long de la façade, accrochés aux moyens de deux crochets aux pattes de fixation des angles supérieurs puis rabattus de l'intérieur pour se « clipper » aux angles inférieurs.
Le réglage de la planimétrie s'effectue au niveau des pattes de fixation. Sur les faces externes les panneaux pèsent 800 kg chacun, dont 300 kg pour le panneau en verre feuilleté qui est absent sur l'intérieur du cube.
Le marbre. Une des principales difficultés consiste à obtenir un aspect homogène et une certaine régularité du coloris. Les plaques (0,70 × 0,70 sur la mégastructure et 0,99 × 0,70 sur les pignons) sont donc positionnées en fonction de leur nuance.

●
Setting into place of the façade panels entailed very little handling form the exterior. They were hoisted up the façade by a pulley, and hung by means of two hooks to the masonry anchors on the upper corners, then pulled into place from the interior to be clipped at the lower corners. They were brought into plane by regulating the masonry anchors. The panels on the external faces weighed 800 kilos each, including 300 kilos for the laminated glass panels with are not a feature of the cube's interior faces.
The marble. One of the major difficulties lay in obtaining a homogeneous appearance and a certain regularity in the colour. The plaques (70 × 70 cm on the megastructure, and 99 × 70 cm on the gables) were laid according to their shade.

d'autant plus nécessaire qu'il ne pouvait être question d'attendre la définition précise des plans des étages pour dessiner les façades. La répétitivité des panneaux exclut de toute façon une quelconque influence de l'intérieur vers l'extérieur. Ainsi, au sein de la maîtrise d'œuvre, le travail sur les façades s'est fait de manière pratiquement autonome par rapport à l'avancement des plans.

De nombreux détails sont conçus pour répondre aux contraintes techniques et esthétiques. La question de l'assemblage des panneaux intérieurs avec le capotage de l'embrasure a été particulièrement difficile à résoudre. En outre, les façades intérieures doivent intégrer divers équipements techniques qui ont été étudiés de manière décalée dans le temps, car leur choix a été fait lorsque les entreprises ont été désignées.

Par rapport à d'autres immeubles de bureaux, l'Arche se distingue par l'absence de mur-rideau, cette mince peau en verre, en métal ou en pierre qui recouvre certaines tours et qui est montée sur des rails métalliques accrochés aux planchers de béton. Cette technique est considérée comme très économique, car en montant la façade on ferme le volume en l'isolant et en assurant sa protection en une seule opération. La peau métallique de l'Arche, elle, recouvre une structure béton et protège l'isolation qui est posée à l'extérieur.

Après avoir fixé le dessin du calepinage et noté les marges de tolérances acceptables pour la structure béton, les différentes parties du puzzle sont étudiées, une par une, en distinguant les panneaux vitrés, le marbre et les caissons métalliques.

LES PANNEAUX VITRES

Dans l'étude de faisabilité, Spreckelsen préconise l'utilisation de glace claire pour les parties vitrées. Très rapidement, des calculs thermiques mettent en évidence le caractère irréaliste d'une telle proposition, qui transformerait le bâtiment en une gigantesque serre. A côté de la question de la réalisation et de la mise en œuvre des panneaux se pose celle du choix du matériau de vitrage lui-même.

Un certain nombre de caractéristiques contradictoires doivent être présentées par la glace des panneaux :
- une résistance de 200 kg à la dépression par m² ;
- une taille de 2,80 m × 2,80 m ;
- une bonne transparence ;
- une capacité de réflexion sans déformation ;
- une fixation invisible, donc un poids minimum.

Le verre trempé, qui présente une bonne résistance, ne peut être utilisé car il provoque des reflets importants. On décide d'employer deux verres collés, dont un réfléchissant vers l'extérieur, ce qui permet d'assurer une bonne résistance et une meilleure isolation thermique. Saint-Gobain collabore à la mise au point du panneau.

Si le choix du verre est difficile, celui de son mode de fixation ne l'est pas moins. Spreckelsen veut, sur les conseils de Paul Andreu, que les panneaux soient collés sur la structure d'accroche à la façade en béton. Cette technique, le *structural glazing*, employée dans les pays anglo-saxons n'est pas utilisée en France sur les immeubles de cette hauteur en 1984. Le verre collé a été abandonné une première fois à la suite du refus du CEP (Centre d'études et de prévention), le bureau de contrôle, d'agréer la procédure d'essais proposée par la maîtrise d'œuvre. Une nouvelle campagne d'essais commence le 22 novembre 1985 avec le Centre scientifique des techniques du bâtiment (CSTB) mais elle n'aboutit pas avant le mois de mai, date limite fixée pour tenir les délais de lancement de la fabrication des éléments de façade.

Parallèlement, des recherches sont faites pour mettre au point une parclose très fine destinée à fixer le vitrage sur son support de manière presque invisible lorsque les panneaux sont mis en place. Le problème consiste à prendre en compte les tolérances admises pour la construction des parties bétonnées, des mégastructures, des planchers et des murs.

De nombreuses heures d'études sont nécessaires pour résoudre les problèmes de structure, d'esthétique et de fonctionnement. La question des tolérances, que nous avons déjà abordée, est importante pour la conception des panneaux, car il faut prévoir des systèmes d'attache susceptibles d'absorber d'éventuelles irrégularités pour obtenir l'effet lisse réclamé par l'architecte. On doit aussi trouver des systèmes pour l'accroche, le montage, le réglage, le nettoyage et l'éventuel démontage en cas de besoin.

En ce qui concerne l'accrochage, on utilise un système qui n'entraîne pas de contrainte importante dans le béton. Il s'agit d'un caisson très rigide sans être lourd, avec un cadre rigidifié par des barres diagonales en acier et recouvert par le caisson inox. Après avoir dessiné les panneaux en tenant compte des différents paramètres, la maîtrise d'œuvre imagine une procédure, pour leur mise en place, qui évite au maximum les manipulations par l'extérieur pour

Considered thus, the Grand Arch seems to be a gigantic declension of the cube figure : squares, diagonals and pyramids. By playing on the scale, the various motifs regulate the position of the megastructures, that of the glazed panels, and that of the cross braces of the windows, a little like the way in which certain themes in architecture confer their shape on screen walls, beams and rampart crowns, as if each element contains the idea and shape of the whole, which composes itself using these figures and expresses them as a whole. Thus the Arch can be seen as the multi-directional assembling of square, cubic and pyramidal parts which fit together in a regular and ordered way to form the cube itself.

According to the definitive pre-design dossier, marble from Carrara was to surface the skew portals and light grey granite was to be the material for the plateau. The south and north internal façades as well as the roof deck were to be in aluminium while the façades of the horizontal and vertical megastructures were to be bronze-plated. But though the others were adopted, this proposal was abandoned on the advice of Ieoh Ming Pei because of the risk that the metal might blacken.

MARBLE AND METAL

The perfectly smooth aspect of the whole is in keeping with Danish design culture, as is evidenced by the finish of modern Danish furniture; joints are visible in the Arch, but they are recessed, and as if effaced.

This attitude towards technique, whether it be that of furniture or building, is something of a paradox. It poses the question of the modern use of traditional materials. One sometimes has the impression that in Denmark, while design calls on contemporary stylistics, construction is carried out using almost artisan-like techniques. The use of bricks – still very current – is a good example of this.

The choice of marble for the Arch posed this type of problem since it placed techniques implying rapidity and performance in the presence of a massive and relatively fragile material, which nonetheless has a strong symbolic connotation : this is monument material par excellence.

Elsewhere, the white Carrara marble of the spandrels is opposed to the mirror aspect of the lateral façades. Here it seems as if tradition and modernity have been conjugated in somewhat literal fashion. The marble which Michelangelo used for his "Pietà" refers to the past and to ceremonial architecture. Glass and steel on the contrary are products of modern technology, which assimilate the building to a futurist and sophisticated object. The use of these materials on the worksite meant that many different processes were used.

The choice of marble was particularly trying for the contracting authority, divided as it was between the exigencies of Spreckelsen and economic constraints. In effect, the marble Spreckelsen chose cost much more than that offered by the company doing the laying. While techniques for cutting and extracting marble have evolved, they remain identical in principle : quarrying meant digging into cliffs, cutting out layers, polishing them and then transporting to Paris the three hectares of surfacing necessary for the floors and façades; a slow and chaotic process indeed. On the site, hanging of the marble panels was done manually by slipping them on to rails set in the concrete. In the early stages, Spreckelsen had considered the possibiity of regulating the flatness of the panels by their corners; though it was abandoned, the studs remained as a trace of the studies done with this in mind.

Diametrically opposed to marble were steel and glass : industrial products; after the patient perfecting of a prototype, four thousand elements were manufactured to cover the four façades. Delivered in their assembled state, they incorporated their own integrated hanging and regulating system. The fluid nature of this work process is more in line with structural works, from a theoretical point of view at least, since the hazards of the worksite almost always run counter to rational and smooth application of imagined procedures.

THE METALLIC PANELS

One of the paradoxes of the building resides in the thorough dissimulation of its structure : Spreckelsen drew concrete façades entirely covered by marble, glass and metal. The study of their implementation carried out under the eye of Paul Andreu by François Deslaugier – chosen for his work on metallic structures – saw them evolve in both form and matter.

In the feasibility study submitted by the Danish architect in March 1984, the façades composed of precast concrete elements were to be assembled after construction of the

Les façades :
extérieur et intérieur.
●
*The façades :
exterior and interior.*

Le nuage est constitué
d'un réseau de biellettes,
de câbles et de toiles tendues.
La toile en fibre de verre
est accrochée aux poutres
en câbles et soulevée par des
bielles de tension aux
sommets desquelles
se trouvent des hublots
en altuglass. Chaque poutre en
câble consiste en deux câbles
en forme de courbe tendus
sur une bielle centrale.
Le flambement de la bielle
centrale est repris par
une série de biellettes
perpendiculaires. L'ensemble
est suspendu aux façades
par un double réseau
de câbles et de barres
à 8 mètres des parois.
●
*The clouds are constituted
by a network of small truss
rods, cables and stretched
fibre glass sheet. The sheet
was hung over cable beams
and lifted by the tension
trusses to the height of the
altuglass portholes. Each
cable beam consists of two
curved cables hung from
a central truss rod. The
buckling of the central truss
is offset by a series of small
perpendicular truss rods.
The entire structure is
suspended from the façades
by a twin network of cables
and bars 8 metres
from the walls.*

des raisons de sécurité. Le panneau est hissé le long du guide puis bloqué, rabattu et réglé de l'intérieur.

Le capotage du bâtiment ne concerne pas seulement les façades mais aussi le dessous du plateau haut du cube appelé le sous-toit. La réalisation du sous-toit est l'objet de nombreuses tergiversations. Au départ il est prévu un plafond suspendu. L'entreprise Bouygues propose un plafond en béton avec un aspect de caisson. Finalement, la maîtrise d'œuvre décide de reprendre en relief les caissons pyramidaux des fenêtres des façades internes du cube et dessine le plafond suspendu qui sera réalisé.

Là aussi, la principale difficulté à résoudre demeure la réalisation d'une parfaite correspondance entre les joints des panneaux des façades intérieures et ceux du toit. Toutes ces lignes doivent en effet se retourner parfaitement pour obtenir un effet semblable à celui d'une carrosserie d'avion ou d'automobile.

C'est à force d'obstination que Spreckelsen, Andreu et l'ensemble de la maîtrise d'œuvre ont maintenu la cohérence des différents choix techniques. L'attitude très rigide de la maîtrise d'œuvre lui a été reprochée. Pourtant, son intransigeance était absolument nécessaire pour assurer la réalisation d'une œuvre telle que la Grande Arche dans la mesure où les forces économiques et politiques ne vont pas toujours dans le sens de l'indispensable cohérence que réclame la qualité architecturale.

LES « NUAGES » ET LA TOUR D'ASCENSEURS PANORAMIQUES

A la différence de l'Arc de triomphe de l'Etoile, qui se présente comme une œuvre massive en haut des Champs-Elysées, l'Arche de la Défense possède des éléments ajourés, surajoutés à la structure principale. Ces structures secondaires, les « nuages » et la tour des ascenseurs, rendent plus complexes l'image de l'édifice, tout en rendant plus humaine sa monumentalité. Elles sont en effet un contrepoint à l'aspect massif du cube. Pour protéger le visiteur et permettre son ascension au belvédère, de nombreuses solutions ont été successivement étudiées.

Les « nuages » et la tour font l'objet d'un travail de mise au point, au sein de la maîtrise d'œuvre d'abord, puis avec les entreprises. Cette période de « design » dure presque quatre ans, de 1984 à

1988, jusqu'à la mise en place des éléments au cours de l'automne 1988.

L'étude de faisabilité montre des « nuages » réalisés en voile de verre qui protègent plusieurs zones, le dessous du cube mais aussi le parvis et les terrasses des immeubles « collines ». Les « nuages » sont constitués d'un vitrage supporté par une structure métallique fixée à des piliers en treillis à l'aide de barres obliques qui donnent à l'ensemble un aspect arborescent. A ce stade, en 1984, la disposition définitive des « nuages » n'est pas déterminée de manière précise.

Une solution variante est également indiquée, qui reprend l'idée de suspendre les « nuages » comme le propose l'esquisse rendue au concours. L'étude de faisabilité rejette cette solution pour des raisons de sécurité, car les tractions exercées sur la façade perturbent le jeu des forces dans la structure. On envisage néanmoins d'ajouter des câbles pour soulager la charge exercée sur les piliers dans la première solution.

En 1984, la tour d'ascenseurs comprend quatre ou cinq cabines pour atteindre le belvédère situé 90 mètres plus haut. Elle est formée de piliers verticaux reliés entre eux pour constituer les quadrilatères dans lesquels circulent les cabines. Au niveau des quatre mégastructures horizontales, la tour est fixée au bâtiment par des poutres haubanées.

En ce qui concerne les ascenseurs, différents projets sont étudiés par les Aéroports de Paris, François Deslaugier et le bureau d'études Coyne-Bellier en collaboration avec l'entreprise Otis et son sous-traitant pour les cabines. Le fonctionnement des cabines peut se faire en effet de plusieurs manières. Des crémaillères sont envisagées un moment puis abandonnées ; un système de contre-poids est également imaginé. Finalement, la maîtrise d'œuvre adopte le principe des cabines opposées pour la montée et la descente, comme pour un téléphérique, de manière à limiter la dimension des infrastructures.

La tour se modifie elle aussi[30]. Douze piliers forment cinq cages d'ascenseurs de 2,80 m × 2,80 m. Les piliers construits en précontrainte sont en acier inoxydable et accueillent des cabines en altuglass où seize personnes peuvent prendre place.

La conception des « nuages », quant à elle, évolue bien différemment. Après un travail de calcul et de conception mené avec les bureaux d'étude, une maquette est réalisée avec des « nuages » qui

---

30. La tour a été réalisée par la société CFEM (Compagnie française d'entreprises métalliques).

megastructure. Each square-shaped opening was to be closed by a panel both inside and outside, and the opening itself was to be surfaced with steel. But Bouygues built façade and structure simultaneously by pouring them on the spot, defending this practice by arguing its money and time-saving aspects. The metallic panels were thus hung once the concrete façade was finished, even if there was talk at one stage of hanging them before the pouring was over. This latter solution was scrapped though : it held risks for the workers on the lower floors, who could never be fully protected from accidents due to falling objects.

To design the panels going on the initial diagrams, François Deslaugier's team began working with Spreckelsen and trying to hit on the most precise way of measuring all the elements. What was at stake was giving the façade its final shape, bearing in mind that the building was to be thoroughly covered by a whole number of marble and glass elements.

This thought process, which builds on design of the exterior to define the interior, was all the more necessary given the fact that it was out of the question to wait for a precise definition of the floor plans to design the façades. In any case, the repetitivity of the panels excluded any influence working from the interior towards the exterior. Thus, for the architect-engineer, the work on the façades was done practically independently of the advancement of the plans.

A great many details were designed in response to technical and aesthetic constraints. The question of assembling the internal panels with the surfacing of the openings for instance was particularly difficult to deal with. Furthermore, the interior façades had to integrate diverse technical equipments that had been studied separately on the time scale, since they were chosen when the firms were initially designated.

Compared to other office buildings, the Arch is noteworthy for not having a curtain wall, that thin skin of glass, metal or stone that covers certain towers and which is hung on metallic rails set in the concrete floors. This technique is considered very economical because the volume is sealed by working up the façade, insulating it and ensuring its protection in a single operation. As for the metallic skin of the Arch, it covers a concrete structure and protects the insulation which is laid on the exterior.

Once the design of the leafing was fixed, and the acceptable margins of tolerance noted, the various pieces of the puzzle were studied one at a time by distiguishing the glazed panels, the marble and the metallic caissons.

THE GLAZED PANELS

In the feasibility study, Spreckelsen recommended the use of clear plate glass for the glazed parts. Thermal calculations soon showed though how unrealistic this proposal was, since it would transform the building into a gigantic hothouse. Along with the question of the construction and setting into place of these glazed panels was that of the choice of the glazing material itself.

A certain number of contradictory constraints had to be held to in the plate glass panels :
– a depression resistance of 200 kg per m² ;
– a size of 2.80 m x 2.80 m ;
– an excellent transparency ;
– a capacity for reflexion without deforming ;
– an invisible fastener, and thus a minimum weight.

Toughened glass, which presented good resistance, could not be used because it created too much reflexion. Hence the decision was taken to use two glued glass plates, one of which would reflect towards the outside, in order to ensure good resistance and better heat insulation. The Saint-Gobain company collaborated on perfecting this plate glass.

If the choice of the glass was difficult, its mode of fastening was to be no less so. On the advice of Paul Andreu, Spreckelsen wanted the panels to be glued to the hanging structure on the concrete façade. This technique, known as structural glazing, though current in Anglo-Saxon countries had not as yet been applied in France on buildings of this height in 1984. The glued glass solution was scrapped the first time round subsequent to the refusal of the CEP control centre to pass the trial procedure proposed by the architect-engineer for the works. A new set of tests got under way on November 22, 1985, conducted by the CSTB building techniques centre, but were still not conclusive in May – the deadline set to keep to the launching schedule for fabrication of the façade elements.

In parallel, research was carried out to perfect a very fine glazing fillet destined to fix the glazing to its support and yet remain

Le montage des nuages. Après la mise en place des poutres en câbles à l'aide d'un échafaudage, la toile est dépliée accrochée et tendue par le dessous à l'aide des bielles de tension.
•
Assembling the clouds. After setting into place the cable beams from a scaffold, the fibre glass sheeting is unfolded, hung and stretched from underneath with the aid of the tension trusses.

La tour des ascenseurs panoramiques est constituée de 12 piliers verticaux formant cinq cages d'ascenseurs de 2,80 m de côté. La tour est maintenue par des barres en acier fixées à la façade intérieure au niveau de chaque poutre horizontale de la mégastructure. Les piliers en acier sont réalisés avec un système de mise en tension qui permet d'utiliser des pièces plus fines. Le montage s'est fait simultanément par le haut et par le bas, la partie haute de la tour ayant été montée au sol avant d'être hissée jusqu'au toit.

●

The panoramic lift towers comprise 12 vertical pillars that form five lift wells of 2.8 metres square. The tower is stabilized by steel bars fixed to the interior facade at the heigh of each of the megastructure's horizontal beams. The steel pillars were built using a tensioning system that allows for the use of more finely machined parts. Assembly was done simultaneously from above and below, the upper part of the tower having been assembled on the ground before being hoisted to the roof.

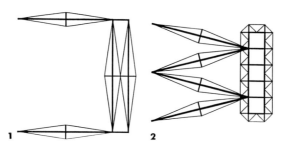

3

ressemblent à ceux de l'étude de faisabilité. Que ce passe-t-il alors ? Les opinions divergent. Selon Erik Reitzel, la maîtrise d'œuvre est d'abord favorable à la solution des « nuages » en verre posé sur le socle ou suspendu, mais en fait Spreckelsen n'est pas convaincu par les propositions du bureau d'études. Il dessine d'autres solutions et envisage des « nuages » légers en toile. A l'initiative de la maîtrise d'ouvrage, il rencontre Peter Rice[31] le 20 mars 1986 et imagine avec lui des alternatives aux « nuages » en verre. La SEM commande alors, avec l'accord de l'architecte, une étude de faisabilité à Peter Rice. Le verre a été abandonné essentiellement pour des raisons de coût, la solution des « nuages » en toile étant la moins onéreuse, mais aussi pour des raisons d'aspect. Cela permet sans doute d'expliquer la décision de la maîtrise d'ouvrage de passer un contrat avec Peter Rice pour les « nuages ». Par ailleurs, l'aspect des premiers « nuages » est un peu massif, sur la maquette en particulier. Peter Rice propose, lui, une grande structure en toile tendue suspendue entre les deux pattes du cube. Les toiles doivent « donner une échelle humaine dans un endroit hors d'échelle, en ménageant des trouées dans la toile pour garder la grande dimension de l'espace »[32]. De la transparence du verre, on passe donc à des percées dans la toile. Le projet de Peter Rice s'inscrit, on le voit, dans une démarche un peu différente.

Pour donner du volume à la toile, on la renforce avec des bielles et des câbles en acier prétendu, qui multiplient les points fixes d'accroche et répartissent les efforts sur les structures fixées aux façades par un double réseau de câbles.

Le dessin de Peter Rice pour les « nuages » consacre la dimension plurielle de la conception. Pourtant, Johan-Otto von Spreckelsen doit être considéré comme le créateur de l'Arche : il a trouvé la forme, peut-être la seule, qui pouvait résoudre le problème de la Tête-Défense.

Cette création architecturale peut s'assimiler à la production d'un concept, d'une image. Image dont d'autres intervenants ont pu s'emparer pour travailler à la réalisation concrète du projet. La force du concept ne doit pas cependant faire oublier la patiente mise au point effectuée par l'architecte. Aujourd'hui, au sein de la maîtrise d'ouvrage, on considère que l'ensemble des solutions techniques finalement adoptées étaient potentiellement présentes dans l'étude de faisabilité remise par Spreckelsen. Néanmoins, cette concrétisation a réclamé de longues heures de travail. Les équipes de la maîtrise d'œuvre et des entreprises ont travaillé avec acharnement à la mise au point de l'ensemble, et cela ne doit pas être oublié.

L'histoire de la réalisation de ce projet est révélatrice des ambiguïtés de notre système de production du bâtiment. L'Arche peut sans doute symboliser les difficultés rencontrées par l'architecture comme pratique et comme art.

Le bâtiment naît en effet d'un processus complexe qui mêle le politique et l'économique dans un jeu dont toutes les règles ne sont pas rationnelles. Pourtant, des stratégies divergentes ont su se plier à la rigueur d'une œuvre unique comme si, au-delà des différences, la force du concept avait permis l'émergence de valeurs communes.

Le choix de l'Arche pour célébrer le bicentenaire de la Révolution française apparaît, à ce titre, comme particulièrement pertinent. Après trois ans d'études et quatre ans de chantier, la Grande Arche, qui domine le parvis de la Défense de ses façades énigmatiques, n'est-elle pas déjà reconnue comme un nouveau monument d'une ville capitale ?

1. Un élément de la tour en élévation.
2. Le plan de la tour.
3. Le montage de la tour des ascenseurs.
●
1. Elevation of a tower element.'
2. Plan of the tower.
3. Assembly of the lift towers.

31. Il est le concepteur, avec Adrien Fainsilber, des serres du musée des Sciences et Techniques de la Villette et a été consulté pour la pyramide du Louvre.

32. P. Rice, « Stratégie de l'araignée », in *Architecture d'Aujourd'hui*, n° 252, tiré à part pour la SEM. T.D., 1988.

almost invisible once the panels were in place. The problem consisted in taking into account the tolerances allowed for the construction of the concrete parts, the megastructures, the floors and the walls.

Many hours of study were to go into solving problems of structure, aesthetics and functioning. The question of tolerances, which we have already mentioned, was of major importance for these panels since it was necessary to provide fastening systems that could absorb possible irregularities, in order to ensure the smooth aspect demanded by the architect. It was also necessary to find systems for hanging, assembly, regulation, cleaning and possible dismantling should the need arise.

For the hanging, the system used ensured there would be no important constraint on the concrete. It consisted of a very rigid but lightweight caisson, with a frame made rigid by diagonal steel bars covered by the stainless steel caisson. Having designed the panels keeping all the various parameters in mind, the architect-engineer conceived of a procedure for their setting into place which for security reasons would demand the least possible manipulation from the outside. The panel was drawn up along a guide rail, then blocked into place, fastened, and regulated from the inside.

Surfacing the building did not concern the façades alone but also the underside of the cube's upper plateau, known as the roof-deck. The construction of the roof-deck gave rise in itself to a good deal of beating around the bush. Originally, a suspended ceiling was to be built. The Bouygues firm proposed a concrete ceiling with a caisson aspect. Finally, the architect-engineer for the works decided to use again the pyramidal caissons in relief used on the windows of the cube's internal façades, and drew the suspended ceiling, which was built.

Here again, the main difficulty to be overcome was attaining a perfect fit between the panel joints of the interior façades and those of the roof. In effect, all of the lines had to fold back perfectly to obtain an effect similar to that of an aircraft's fuselage or an automobile's coach work.

By dint of stubbornness, Spreckelsen, Andreu and the entire staff of the architect-engineer for the works achieved coherence between the various technical options. On this point, we should remember that the architect-engineers in general were often reproached for their very rigid attitude. And yet – in a work like the Grand Arch – this uncompromising stance is absolutely necessary, since the economic and political forces in play do not always conspire towards the coherence vital to architectural quality.

THE "CLOUDS" AND THE SCENIC LIFT TOWER

Unlike the Arc de triomphe at l'Etoile, which presents itself as a massive work standing at the end of the Champs-Elysées, the la Défense Arch sports openwork elements added on to the main structure. These secondary structures – the "clouds" and the scenic lift tower – render the overall image of the edifice more complex but also confer a common touch to its monumentality. For the protection of the visitor, and in order to enable him or her to get up to the belvedere, a great many solutions were given an airing.

The "clouds" and the tower evolved to maturity thru the architects to begin with, and then with the firms. This design phase was to last almost four years, from 1984 to 1988, up until the setting into place of the elements in the course of autumn 1988.

The feasibility study shows the "clouds" as being a veil of glass protecting several zones : the lower part of the cube but also the open square and the terraces of the "hills" buildings. The "clouds" were to be made up of glazing supported by a metallic structure fixed to trellis-work pillars by oblique bars, that would give the whole a treelike look. At that stage, in 1984, the definitive layout of the "clouds" had not as yet been determined.

A variant solution was also indicated, which took up again the idea of suspending the "clouds", as proposed in the contest-winning sketch. The feasibility study rejected this solution for security reasons, since the tractions exerted on the façade would unbalance the play of forces in the structure. Nonetheless, the addition of cables to ease the strain exerted on the pillars in the first solution did at one time gain consideration.

In 1984, the lift tower consisted of four or five cabins ascending the ninety nine metres up to the belvedere ; these were slung between vertical pillars linked between themselves to constitute quadrilaterals, inside of which the lifts were to travel. The tower was fixed to

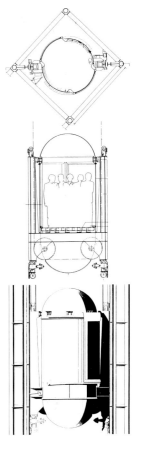

Les cabines fonctionnent en couple comme un téléphérique de manière à limiter les infrastructures et à éviter les contrepoids. La cabine est en altuglass elle fait 1,90 mètre de diamètre.

•

The cabins function by pairs like a ski-lift, which limits the amount of infrastructures and avoids the use of counterweights. Made of altuglass, the cabins measure 1.90 m in diameter.

Nuages et ascenseurs.
●
Clouds and scenic lifts.

the four horizontal megastructures by guyed beams.

Subsequently, various different projects were looked at by Aéroports de Paris, François Deslaugier and the Coyne Bellier design offices, in collaboration with the Otis firm and its subcontracting partner for the cabins. In effect, the cabins could function in several different ways. At one stage carriages were considered, then abandoned; a counterweight system also drew attention. In the end, the architect-engineer for the works adopted the principle of opposed cabins for ascent and descent, like those of a cable-car, in order to limit the dimensions of the infrastructures.

The tower too went thru changes[29]. Finally, twelve pillars formed five liftwells measuring 2.80 m × 2.80 m. Pre-stressed and made of stainless steel, the pillars channel the altuglass cabins which can carry sixteen people.

As for the "clouds", their design evolved quite differently. Subsequent to calculation and design work carried out by the design consultancies, a model was made with "clouds" that looked like those of the feasibility study. What happened then though? Opinions vary. According to Erik Reitzel, in the early stages, the architect-engineer for the works was favourable to the solution of glass "clouds" being set on a base or suspended, but Spreckelsen had doubts about the design office's proposals. He drew other solutions and thought about light "clouds" in canvas. On the initiative of the contracting authority, he met with Peter Rice on March 20, 1986, and, together, the two designers imagined alternatives to the glass "cloud"[30]. With the architect's consent, the SEM commissioned Rice to carry out a feasibility study. Glass was abandoned for reasons of appearance and essentially because of the cost; the canvas solution for the "clouds" being much less expensive no doubt explains the contracting authority's decision to settle a contract with Peter Rice for the "clouds". Elsewhere, the aspect of the first "clouds", especially on the model, was a little massive. For his part, Rice put forward a huge structure in canvas suspended between the cube's legs. These canvas sails were to "confer a human scale on a place

that is out of proportion by leaving holes in the canvas in order to maintain the huge dimensions of the space"[31]. The transparency of glass was thus replaced by holes in canvas. Clearly, Peter Rice's project was in line with a somewhat different approach.

In order to give the canvas volume, it was reinforced with truss rods and pre-stressed steel cables, which multiply anchoring points and distribute strain over the structure fixed on the façades by a twin network of cables.

While Peter Rice's drawing for the "clouds" testifies to the plural dimension of the design, Johan-Otto von Spreckelsen is rightly considered to be the creator of the Grand Arch : it is he who found the shape – perhaps the only one which could resolve the Tête-Défense problem.

As such, his creation is comparable to the production of a concept, of an image which the other participants were able to adopt in order to work out the project's concrete realisation. We should not forget the architect's patient work to bring it to maturity. Today, it is generally accepted that the entirety of the technical solutions adopted in the long run were potentially present in the feasibility study produced by Spreckelsen. Even so, teams from the architect-engineer for the works and the various firms were to work unstintingly to perfect the whole.

The story of this project reveals quite a few of the ambiguities of our building system. And no doubt, the Grand Arch also stands as a symbol of the difficulties of architecture as both practice and art. In effect, the building was born amidst a painful process that shuffled politics and economics in a game whose rules were far from being rational. And yet diverging strategies were forced to comply to the rigour of a unique work, almost as if beyond party differences the force of the concept had fostered the emergence of common values.

In view of this, the choice of the Grand Arch to celebrate the bicentenary of the French Revolution seems particularly pertinent. After three years in the study phase and four years on the worksite, these enigmatic façades rising over the open square at la Défense have doubtless already gained recognition as a new capital city monument.

29. The lift tower was built by the CFEM company (Compagnie française d'entreprises métalliques).
30. Rice is the designer with Adrien Fainsilber of the hothouses at the La Villette Science and Techniques museum and was consulted for the Louvre pyramid.
31. See Peter Rice "Stratégie de l'araignée" in Architecture d'aujourd'hui, n° 252, special edition for the SEM.TD, 1988.

Coupe est-ouest sur
l'immeuble sud, la fresque de
Jean Dewasne.
●
*East-West cross section
of the South building, the
mural by Jean Dewasne.*

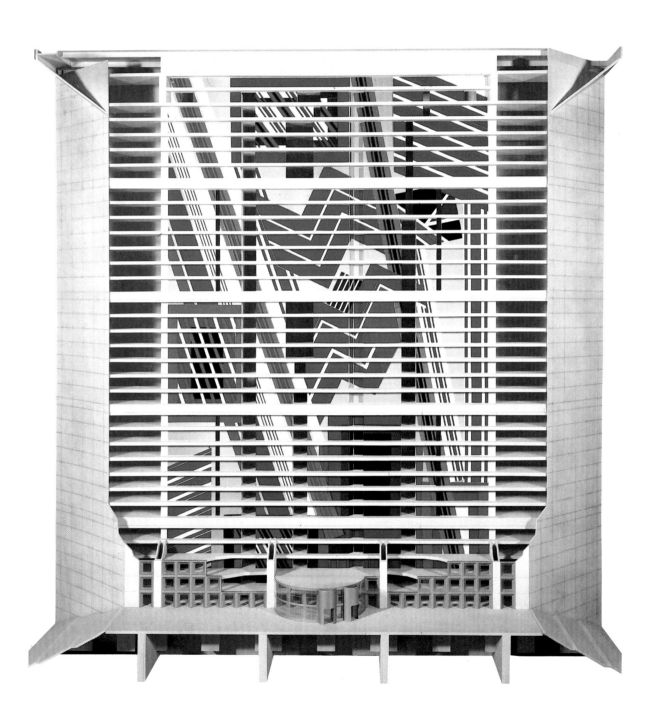

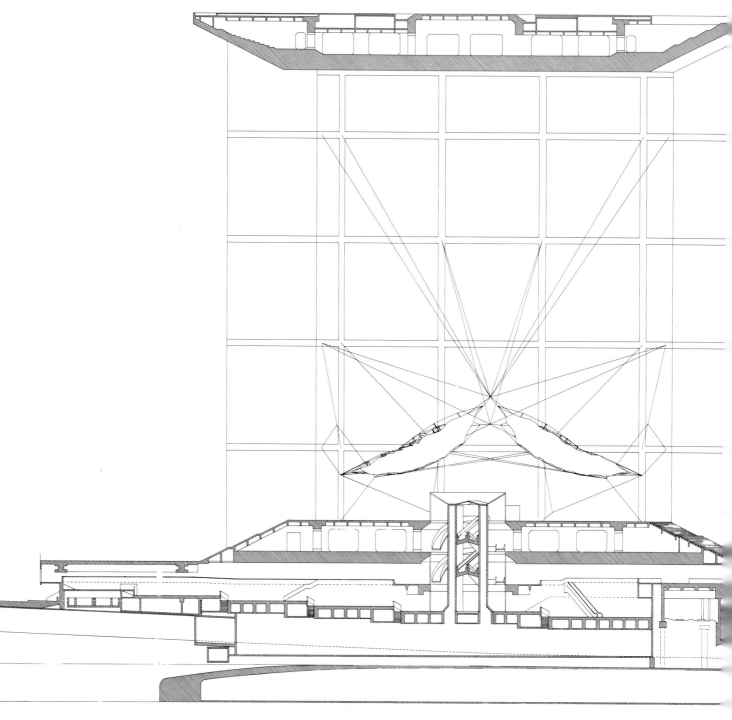

Coupe est-ouest. Le dessin
met bien en évidence les
relations du bâtiment avec
le contexte et plus
particulièrement avec les
sous-sols qui permettent une
liaison directe avec le RER
et les parkings.
•
East-West cross section.
This drawing shows up the
building's relations with the
context, and more especially
with the underground spaces
that link directly with the
express subway and the
parking lot.

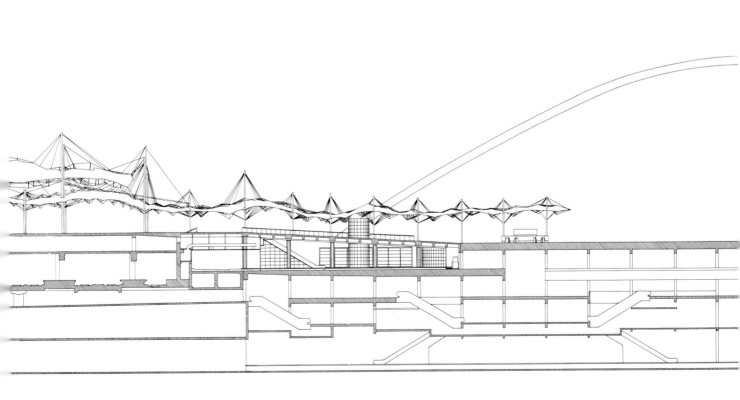

Façade intérieure sud.
●
South interior façade.

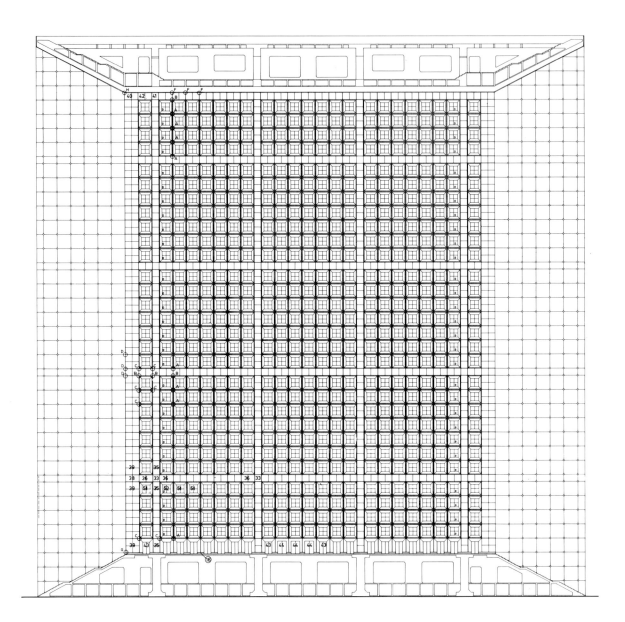

Façade extérieure nord.

•

North interior façade.

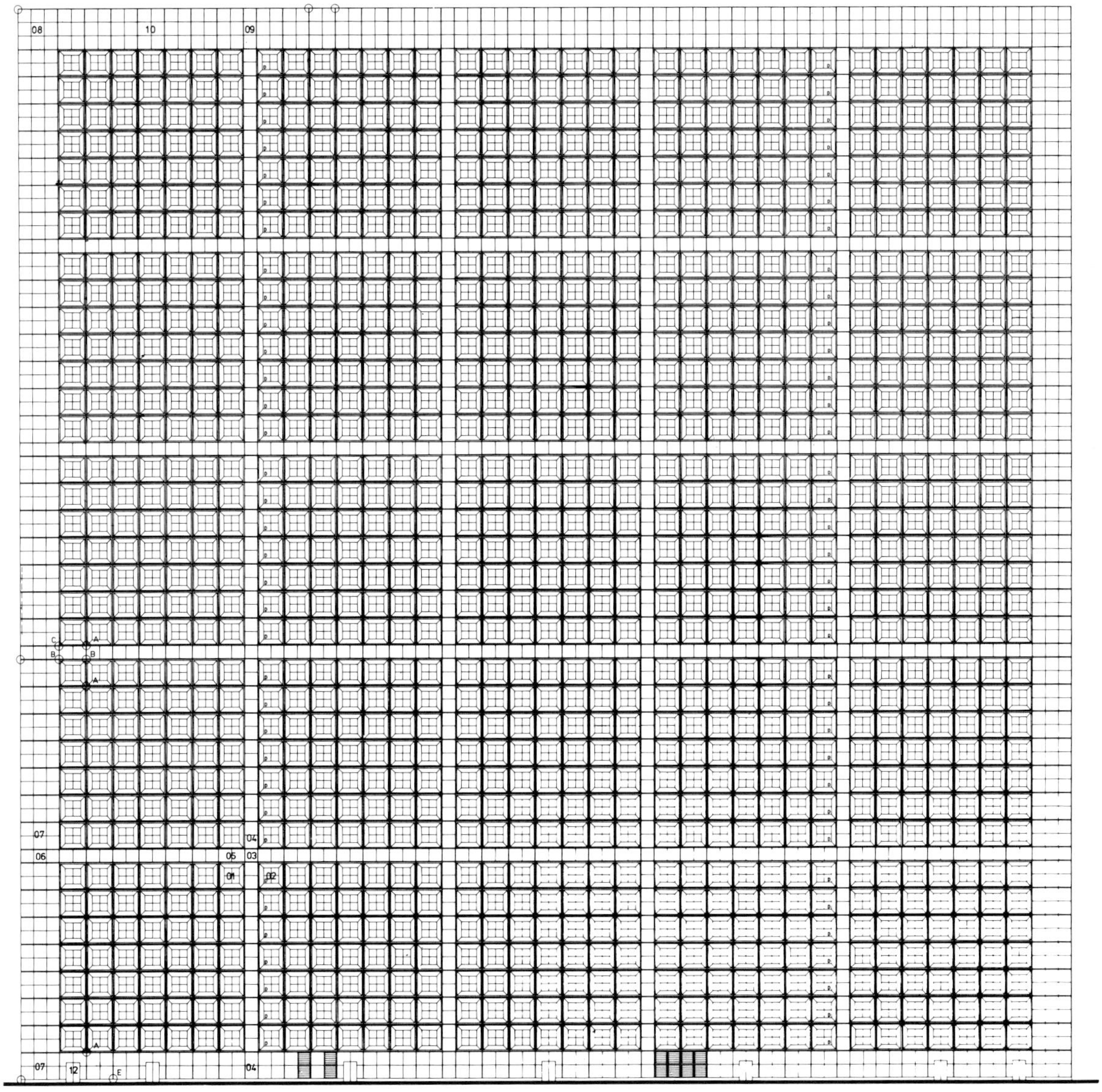

Ensemble vitré, façades
extérieures ; pièce de liaison
des panneaux à la façade
et entre eux.

●

*The glazed parts, exterior
façades, form a link between
the panels and the façade
and between themselves.*

1. Isolant laine de roche
2. Profil dormant
3. Cadre ouvrant
4. Rupture thermique
5. Barrière thermique
6. Profil porte-joints
7. Cadre de vitrage fixe
8. Cadre de retenue
mécanique résiduelle
9. Calage de vitrage et
isolant bronze/alu
10. Platine d'ancrage
11. Tôle aluminium
12. Mastic silicone de
collage du vitrage
13. Mastic silicone
d'étanchéité extérieure
14. Cadre acier
15. Joint cadre tubulaire
16. Boîtier support module
17. Tôle aluminium
18. Vitrage fixe : glaces
recuites feuilletées,
couche réfléchissante.
19. Allège béton.
20. Jointoiements
d'assemblage.
21. Joint cadre coupe-feu.

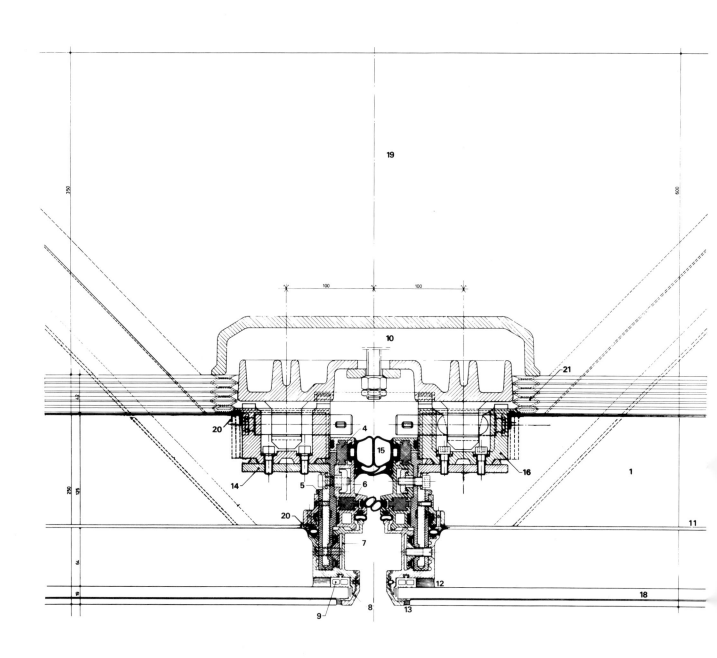

Ensemble vitré, façades
extérieures.
Elévation.
Coupe.
●
*Glazed work, exterior
façades.
Elevation.
Cross section.*

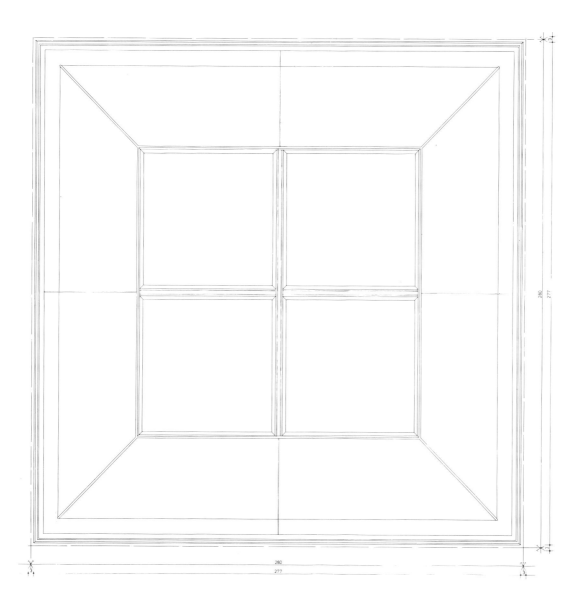

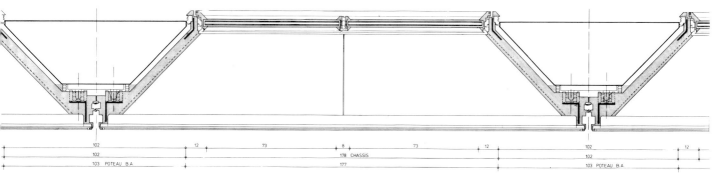

Plan du plateau.
Plan of the plateau.

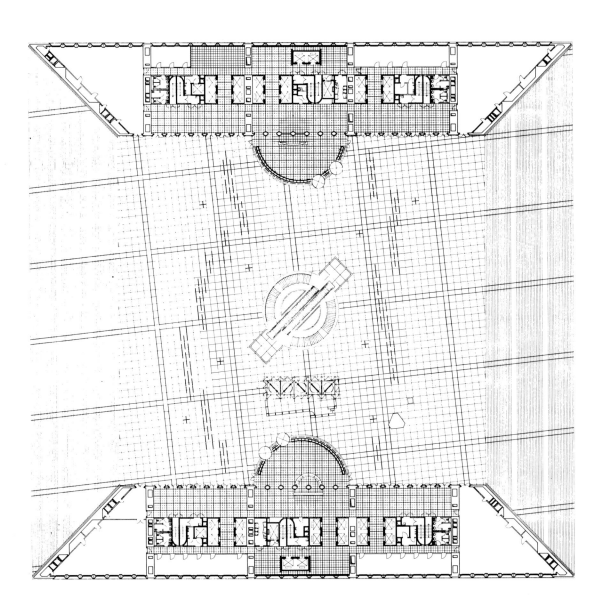

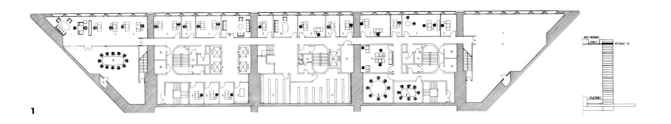

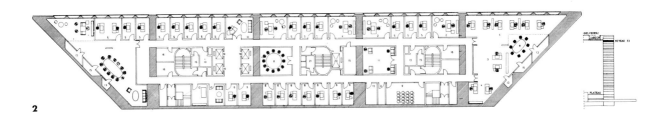

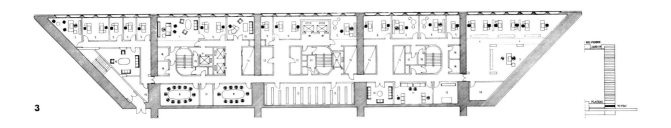

Plans des étages
aménagements possibles.
1. Plan des niveaux
en dessous du 3ᵉ.
2. Plan étage dans le toit.
3. Plan au niveau du toit.

●

Floor plans
Possible layouts.
1. Plan of the levels below
the 3rd.
2. Plan of a roof level.
3. Plan of the roof level.

Plan du toit, niveau des
salles et des patios.
Coupe est-ouest sur le toit.

● *Plan of the roof, room levels
and patios.
East-West cross section
on the roof.*

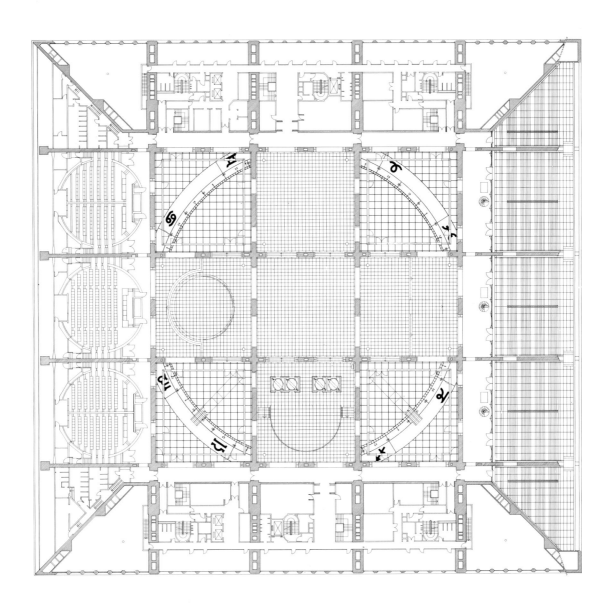

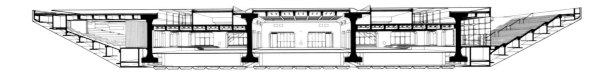

Plan du toit, vue d'avion.
●
Aerial shot of the roof plan.

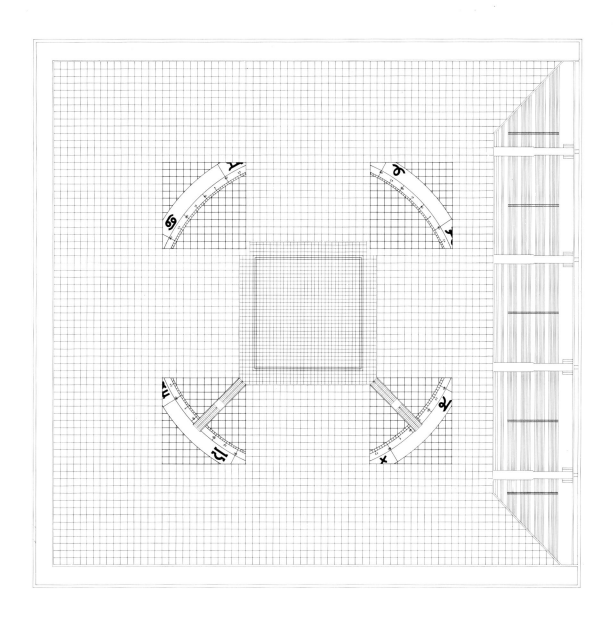

Architecture

Johan-Otto von Spreckelsen, architecte lauréat
du concours.
Paul Andreu, architecte.

Maîtrise d'ouvrage

Société d'économie mixte nationale Tête-Défense (SEM).

● Encadrement à la fin du chantier
Robert Lion, président,
assisté de Youssef Baccouche (chargé de mission)
Jean-Louis Subileau, directeur général,
assisté de Gilbert Mouillon (directeur adjoint).

Youssef Baccouche, directeur de la communication,
assisté de Claudine Colin et de Jean-Maurice Moulène.
Jean-Claude Barbat, directeur de la construction,
assisté de Jean-Pierre Matton et de Jacques Valet.
Gilbert Mouillon, directeur administratif et financier,
assisté de Jean-Joël Fines et de Hervé Robin.

Pierre Grelier, chef de projet, responsable du parvis
Jean-Pierre Matton, chef de projet, responsable des
« collines ».
Renaud Piérard, chef de projet, responsable des ouvrages
extérieurs, du socle et du foyer.
Jean-Pierre Porcher, chef de projet, responsable du toit
et de la préparation du sommet des chefs d'Etat
des sept pays industrialisés.

Maîtrise d'œuvre

● Architecture et Coordination
Aéroports de Paris – Paul Andreu,
directeur de l'architecture et de l'ingénierie,
assisté de Jean-Marie Chevallier, ingénieur en chef,
chef de projet.
Dimitri Georgandélis, ingénieur en chef, chef de projet
travaux.
Pierre Prangé, architecte principal, Michel Vermeulen,
ingénieur principal, responsables des études.
Jean Claude Flouvat, Georges Abbo, Maurice Kruk,
François Nicolle, François Tamisier, Vincent Jacob,
Pascale Gonon, Laurence Fidelle-Mézière, Pierre Proux,
Bruno Mary, Marie-Christine Olivier, architectes.
René Ficot, Antoine Figuereo, André Lormant, Paul Senet,
ingénieurs.

François Deslaugiers, architecte associé (façades
et ouvrages annexes)
assisté d'Alain Davy, Jean-Louis Leconte, François
Suchard.

● Ingénierie
– *Structures :*
Coyne et Bellier (Jack Picaut, directeur, Jean-René Walter,
Sohrab Baghery et Guy Colombet, ingénieurs)
assisté de Biancotto Sa (Laurent Biancotto, président
directeur général,
Jean-Pierre Airaudo et Paul Ciomac, ingénieurs), et d'Erik
Reitzel, consultant.
– *Génie Climatique :*
Trouvin Ingeneering (René Raghebom, directeur général
adjoint, Philip Cooper et Pierre Cousin, ingénieurs),
consultant.
– *Electricité :*
Serete (Jean-Claude Ferchaud, directeur, Jean-Claude
Roux, Alain Villeneuve et François Abiven, ingénieurs)
assisté de Serequip Sige (Jean-Paul André ingénieur)
et de Steensen Varming International, consultant.
– *Etudes accoustiques :*
Commins Bbm (Daniel Commins).
– *Etudes aérodynamiques :*
CSTB Nantes (Jacques Gandemer, Guy Barnaud, ingé-
nieurs).
– *Contrôle technique :* CEP, et APPAVE.
– *Ordonnancement, pilotage, coordination :*
Copibat international.
– *Programmation :* François Lombard, responsable.

● Conception des nuages
Paud Andreu associé à Peter Rice, ingénieur.

Architecture

*Johan-Otto von Spreckelsen, competition-winning
architect; Paul Andreu, architect.*

Contracting authority

Société d'Economie Mixte Nationale Tête-Défense (SEM)

● *Head officials on close of works*
*Robert Lion, president,
seconded by Youssef Baccouche (assignment head),
Jean-Louis Subileau, general manager,
seconded by Gilbert Mouillon (deputy manager).*

*Youssef Baccouche, director of communication,
seconded by Claudine Colin and Jean-Maurice Moulène.
Jean-Claude Barbat, director of construction,
seconded by Jean-Pierre Matton and Jacques Valet.
Gilbert Mouillon, director of administration and finance,
seconded by Jean-Noël Fines and Hervé Robin.*

*Pierre Grelier, project head, in charge of the open space.
Jean-Pierre Matton, project head, in charge of the "hills".
Renaud Piérard, project head, in charge of the external
works, base and lobby.
Jean-Pierre Porcher, project head, in charge of the roof
and of the preparation of the summit meeting between the
heads of State of the seven industrial powers.*

Architect for the works

● *Architecture & Coordination*
*Aéroports de Paris – Paul Andreu,
Director of Architecture & Engineering,
seconded by Jean-Marie Chevallier, Chief Engineer, Project
Head.
Dimitri Georgandélis,
Chief Engineer, Works Project Head.
Pierre Prangé, Head Architect,
Michel Vermeulen, Head Engineer, Studies Head
Jean-Claude Flouvat, Georges Abbo, Maurice Kruk,
François Laurence, Fidelle Mézière, Pierre Proux, Bruno
Mary, Marie-Christine Olivier, Architects René Ficot,
Antoine Figureo, André Lormant, Paul Senet, Engineers.*

*François Deslaugiers, Associate Architect (façades and
annexes)
seconded by Alain Davy, Jean-Louis Leconte, François
Suchard.*
● *Engineering :*
– *Structures :*
*Coyne et Bellier
(Jack Picaut, Director,
Jean-René Walter, Sohrab Baghery and Guy Colombet,
Engineers)
seconded by Biancotto SA
(Laurent Biancotto, Managing Director,
Jean-Pierre Airaudo and Paul Ciomac, Engineers),
and by Erik Reitzel, Consultant.*
– *Air Conditioning :*
*Trouvin Engineering
(René Raghebom, Assistant Managing Director,
Philip Cooper and Pierre Cousin, Engineers), Consultant.*
– *Electricity :*
*Serete
(Jean-Claude Ferchaud, Manager,
Jean-Claude Roux, Alain Villeneuve and François Abiven,
Engineers),
seconded by Serequip Sige (Jean-Paul André, Engineer)
and by Steesen Varming International, Consultant.*
– *Acoustics :*
Commins Bbm (Daniel Commins).
– *Aerodynamics :*
*CSTB Nantes
(Jacques Gandemer, Guy Barnaud, Engineers).*
– *Technical control :*
CEP, and APPAVE.
– *Timing, guiding, coordination :*
Copibat international.
– *Programming :*
Francis Lombard, Project Head.

● *Clouds design :*
Paul Andreu in association with Peter Rice, Engineer.

Travaux préparatoires	SGE-Tpi	**Preparatory Works**	SGE-TPI
Clos couvert		**Open-closed construction**	Bouygues
Fondations spéciales, terrassements, fondations structures, étanchéité	Bouygues	Special foundations, earthmoving, foundation structures, waterproofing	Bouygues
Façades d'aspect verrier	Sitraba, Sitraco	Glazed façades	Sitraba, Sitraco
Façades minérales	Bouygues	Stone façades	Bouygues
Aménagements extérieurs	Cocer	**External Layout**	Cocer
Revêtement extérieurs	Cocer	External coverings	Cocer
Mobiliers urbains	Sitraba	Urban furniture	Sitraba
Tours d'ascenseurs – ascenseurs	CFEM Industrie	**Lift tower – Lifts**	CFEM Industrie
Tours d'ascenseurs	CFEM Industrie	Lift towers	CFEM Industrie
Ascenseurs extérieurs	Ascinteur Otis	External lifts	Ascinteur Otis
Structures tendues, nuages	Viry, Koit	**Guyed structures, clouds**	Viry, Koit
Structures métalliques		**Metallic structures**	Voisin
Structures métalliques, verrières extérieures, menuiseries métalliques	Voisin	Metallic structures, external glazing, metallic finishings	Voisin
Menuiseries – Maçonneries	SGE-TPI	**Finishings – Stonework**	SGE-TPI
Maçonneries – Bloc portes	SGE-TPI, Bouygues Olin	Stonework-door units	SGE-TPI, Bouygues Olin
Menuiseries métalliques	Sitraba	Metallic finishings	Sitraba
Plomberie – Génie climatique	Lefort Francheteau	**Plumbing – Air conditioning engineering**	Lefort Francheteau
Equipement de cuisines	Petit et Valence	Kitchen Fittings	Petit et Valence
Plomberie – Sanitaires	Saga	Plumbing-Sanitary fittings	Saga
Protection incendie	Lefort Francheteau, Laurent Bouillet, Lefort Francheteau, TNEE	Fireproofing	Lefort Francheteau, Laurent Bouillet, Lefort Francheteau, TNEE
Génie climatique	Lefort Francheteau, CGCD, CGCE, Henri Thermique, Laurent Bouillet, TNEE	Air conditioning engineering	Lefort Francheteau, CGCD, CGCE, Henri Thermique, Laurent Bouillet, TNEE
Vide centralisé	Laurent Bouillet, CGCE	Centralised voids	Laurent Bouillet, CGCE
Transports mécanisés	Kone	**Mechanised transports**	Kone
Portes coupe-feu	Fichet, Gubri	Fire doors	Fichet, Gubri
Ascenseurs	Kone	Lifts	Kone
Monte-documents	Fluidelec, Samovie	Document dispatchers	Fluidelec, Samovie
Escaliers mécaniques	Kone	Escalators	Kone
Nettoyage des façades	Mannesman	Façade cleaning	Mannesman
Electricité	Entreprise industrielle	**Electricity**	Entreprise Industrielle
Distribution H.T	Verger Delporte	High tension distribution	Verger Delporte
Production de secours	Hennequin, Spie	Safety standby production	Hennequin, Spie
Gestion technique centralisée	Sodeteg	Centralised technical management	Sodeteg
Ditribution B.T	Satelec, Ent. industrielle	Low tension distribution	Satelec, Ent. Industrielle
Luminaires	Forclum	Light fittings	Forclum
Téléphone	Spie trindel	Telephone	Spie Trindel
Autocom	Matra	Autocom	Matra
Distribution de l'heure	Satelec, Ent. industrielle	Hour distribution	Satelec, Ent. Industrielle
Protection contre la foudre	Satelec, Ent. industrielle	Lightning protection	Satelec, Ent. Industrielle
Détection incendie	Verger Delporte, DEF	Fire detection	Verger Delporte, DEF
Sonorisation	Roiret	Soundproofing	Roiret
Surveillance TV	Satelec	Video surveillance	Satelec
Recherche de personnes	Satelec, Ent. industrielle	Paging systems	Satelec, Ent. Industrielle
Second-œuvre	SPR	**Finishings**	SPR
Revêtements scellés et souples	France sols, CMP, SIS	Sealed coatings, supple linings	France Sols, CMP, SIS
Plafonds suspendus	Wanner Isofi, Jacquemin, Deloffre Bonsauveur	Suspended ceilings	Wanner Isofi Jacquemin, Deloffre Bonsauveur
Cloisons amovibles	Hauserman	Mobile partitioning	Hauserman
Vitrerie miroiterie	Dutemple, Pinier	Glazing, mirrors	Dutemple, Pinier
Peinture	SPR, Sesini Rocchia Pain	Painting	SPR, Sesini Rocchia Pain
Plancher informatique	Wanner Isofi, Servoplan	Computer floor	Wanner Isofi, Servoplan
Aménagements intérieurs	Prisme	**Interior layouts**	Prisme
Menuiserie métallique	M2M	Metallic finishings	M2M
Revêtements sols et murs	Omnipierre	Floor & wall coatings	Omnipierre
Plafonds suspendus	Jacquemin	Suspended ceilings	Jacquemin
Génie climatique	Lefort Francheteau	Air conditioning engineering	Lefort Francheteau
Distribution électrique, luminaires	Verger Delporte	Electrical distribution, light fittings	Verger Delporte
Aménagements du toit	Dennery	**Roof layouts**	Dennery
Fresque Dewasne	Prisme	**Dewasne mural**	Prisme
Œuvre Reynaud	Unimarbres	**Reynaud mosaic**	Unimarbres

Nous avons utilisé les abréviations suivantes : d. pour droite, g. pour gauche, h. pour haut, b. pour bas, m. pour milieu. Les noms suivent l'ordre alphabétique.

●

We used the following abreviations : d. for right, g. for left, h. for above, b. for bottom, m. for middle. We chose the alphabetical order for the names.

ADP : 119, 208 ; Andrault et Parat/SEM et Sari : 81, 100 (b.) ; *Architectes :* 36-37 ; *Architecture d'Aujourd'hui :* 34 (h. et 3ᵉ photo g.) ; J. Biaugeaud/EPAD : 23 (b. d.), 32 (h. et m. g.) ; B. Boissonnet : 107 (d.) ; Bouygues : 127, 129 (d.), 157, 162 à 167, 169, 170 (h.), 171-172, 178 (g.), 179 (g.), 182-183 ; Bricage : 145 (d.), 173 (h.), 178 (m. ; d.), 180-181, 186-187 ; Chaix et Morel : 101 ; F. Chaslin : 35 (b.), 38, 39 (b., h. d. et 2 suivantes), 40, 41 (b.), 53, 97, 99, 100 (h.), 105 ; F. Chaslin/EPAD : 51 (b.) ; J.-M. Chourgnoz : 10-11 ; J. Coussi/EPAD : 32 (b.), 33 (h. et b.), 34 (sauf h. et 3ᵉ g.) ; Dumage/Studio Littré : 70-71, 93, 118 ; EPAD : 20 (b.), 22 (b. d.), 23 (h. et m.), 25, 29, 31, 32 (d.), 33 (m.), 35 (m. et h. g.), 38 (g.), 39 (h. d.) ; G. Fessy : 12, 103, 122, 192-193, 195, 198 (b.), 199, 204-205 ; P. Guignard : 8-9, 13 ; IFA : 20 (h.), 22 (m. et b. g.) ; IFA fonds Camelot : 22 (h.) ; P. Maurer/ADP : 14-15, 124-125, 145 (g.), 158-159, 170 (b.) 174-175, 179 (d.) ; ministère de la Construction/EPAD : 24 ; P. Muraro : 90 (d.), 136 à 139, 194, 196 (g.) ; V. Picon-Lefèbvre : 130 (g.) ; Paris-Match : 26-27 ; E. Reitzel : 54, 152 (g.), 155 (d.), 168, 196 (h.), 197 ; J.-P. Salomon/EPAD : 35 (h. d.), 41 ; Sari : 101 (h.), 102 ; Von Schaewen : 129 (g.), 135, 190-191 ; SEM : 4, 49, 57, 80 et 81 (h.), 82 (m. d.), 89, 92, 95, 107 (h.), 109, 111, 115 (d.), 141 ; SEM/Chouffet : 55-56, 90 (g.) ; Spreckelsen : 50, 51 (h.), 63, 80, 82 (h, b et m. g.), 83, 115 (h.), 116-117, 120, 154, 155 (g.), 161 ; Spreckelsen-Peter Rice : 114 ; M. Tscherniak : 23 (b. g.) ; Vasconi : 39 (m. d.).
Droits réservés : 4-5, 38 (d.), 39 (b.), 45, 47, 48, 91, 131, 133, 134, 142, 143, 147, 149, 152-153, 173, 176-177, 201, 202-203, 211.

Tous les documents graphiques dont l'origine n'est pas mentionnée ci-dessus ou dans les légendes ont été exécutés sous la responsabilité de l'EPAD, de la SEM ou de l'ADP.

●

All the graphic documents the origin of which is not mentioned here above or in the captions have been executed either under the responsibility either of the EPAD or under the SEM's and the ADP's.

Photographie de la couverture :
P. Guignard/Graphix

●

Photograph of the front cover :
P. Guignard/Graphix

Achevé d'imprimer
sur les presses
de MAME IMPRIMEURS, à Tours
Nº d'impression : 22884
Dépôt légal : juillet 1989
Photocomposition et Photogravure-MCP/PHIP Orléans